JD47.201410

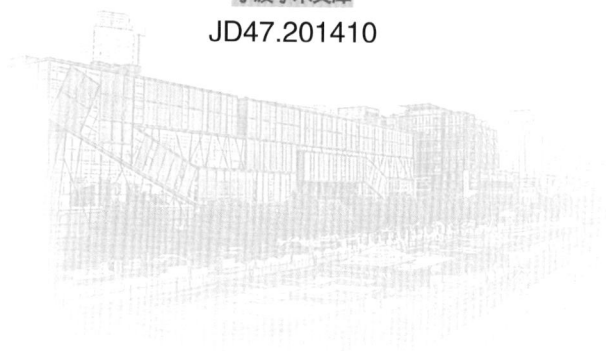

宁波家族企业传承模式
及典型案例研究

NINGBO JIAZU QIYE CHUANCHENG MOSHI
JI DIANXING ANLI YANJIU

王扬眉　王海波　刘美玲　李爱君　焦百强　著

ZHEJIANG UNIVERSITY PRESS
浙江大学出版社

图书在版编目(CIP)数据

宁波家族企业传承模式及典型案例研究 / 王扬眉等
著. 一杭州:浙江大学出版社,2016.10
ISBN 978-7-308-16253-1

Ⅰ.①宁… Ⅱ.①王… Ⅲ.①家族一私营企业一企业
管理一研究一宁波 Ⅳ.①F279.245

中国版本图书馆 CIP 数据核字(2016)第 233141 号

宁波家族企业传承模式及典型案例研究

王扬眉 王海波 刘美玲 等著

责任编辑	杨利军
文字编辑	陈 翮
责任校对	沈巧华
封面设计	春天书装
出版发行	浙江大学出版社
	(杭州市天目山路 148 号 邮政编码 310007)
	(网址:http://www.zjupress.com)
排 版	浙江时代出版服务有限公司
印 刷	杭州日报报业集团盛元印务有限公司
开 本	710mm×1000mm 1/16
印 张	16
字 数	269 千
版 印 次	2016 年 10 月第 1 版 2016 年 10 月第 1 次印刷
书 号	ISBN 978-7-308-16253-1
定 价	48.00 元

浙江大学出版社发行中心联系方式 (0571)88925591;http://zjdxcbs.tmall.com

前　言

　　家族企业是当代企业群体中数量最庞大、内部结构最复杂、规模差异最显著、生存性质最特殊的企业形态。宁波作为全国民营经济最发达、家族企业最集中的地区之一,凭借其体制机制的先发优势迅速发展,产生了雅戈尔、韵升、华茂、方太等一批典型的家族企业,这些企业成为宁波民营企业中的佼佼者。如今,宁波有 82% 的家族企业进入交接班阶段,有 96% 的企业在交接班问题上选择代际传承。随着创业者的年龄日益增长,许多家族企业都面临着权力交接、领导人换代等紧迫问题;家族企业二代群体也面临着是否成为父辈事业接班人的抉择以及如何实现在财富自由后实现人生超越等挑战。家族企业的成功传承和可持续发展,不仅关乎家族和企业的命运,也关乎中国民营经济的健康发展,更关乎中国经济的未来,因而一直都是家族企业研究者关注的焦点。

　　家族企业除了拥有与非家族企业共性的资源外,还有一些特殊的资源;受中国传统文化、宁波商帮文化和家族文化的多重影响,宁波的家族企业在成长过程中形成了其特有的家族性资源。在家族企业传承中,受家族性资源的影响,不同的家族企业接班人形成了不同的传承观念,其在市场及环境等因素的综合影响下带领家族企业走上了不同的发展道路。由此可见,资源观是一种合理的理论视角,可以帮助我们对家族企业传承的本源进行审视:什么样的家族性资源造就了家族企业的成功传承? 面对家族企业传承中的普遍难题,宁波家族企业是如何应对的? 家族性资源在家族企业传承过程中是如何被传递的? 家族性资源的导入是否有助于增强下一代的传承意愿? 不同的传承途径是否会影响家族企业业态? 宁波家族企业代际传承的成功要素有哪些？对这些问题进行分析和梳理可以帮助我们深入探索宁波家族企业的传承机理。

本书以资源观为理论视角，从家族性资源的传承和家族企业资源支配方式的差异性入手来探讨宁波家族企业的传承机理以及在传承过程中发生的业务形态的变化。通过深入访谈、文献资料查找和数字资源检索，获得宁波本土六个成功传承的家族企业（浙江野马电池有限公司、宁波华联电子科技有限公司、宁波易中禾生物技术有限公司、宁波夏厦齿轮有限公司、浙江爱妻电器有限责任公司、宁波东方电缆股份有限公司）的案例资料；运用扎根理论研究方法和案例研究方法，对案例的原始资料进行开放性译码分析、主轴译码分析，得出案例的主范畴；结合自我认知理论和资源基础观理论，分析家族性资源（即知识性资源、社会网络资源和企业家精神资源）对继承者自我角色认知影响，以及继承者在传承过程中如何调整其支配企业资本、技术、团队、管理、品牌等资源的方式；进而分析继承者如何企业资源的重新配置，使企业在传承过程中逐渐发生业务转移、业务演进或业务聚焦等变化，以此探究宁波家族企业成功传承的原因以及影响因素。

成功传承后的案例家族企业在产品、技术、管理、市场、品牌等方面获得了演进、转移和聚焦发展，企业的核心竞争力进一步提升。这些家族企业必将助力宁波经济的发展，并为其他家族企业的代际传承提供借鉴。

作者

2015 年 9 月

目 录

第一章 绪 论

家族企业的成功传承和可持续发展,不仅关乎家族和家族企业的命运,也关乎中国民营经济的健康发展,更关乎中国经济的未来。因此,探索家族企业传承的创新模式,研究其在传承中和传承后如何保证企业的持续发展和再次腾飞,是经济转型时期家族企业发展的重要议题。

第一节 研究背景

一、家族企业在经济发展中发挥着重要作用

家族企业在吸纳社会就业、增加财政收入、搞活市场经济、促进经济增长等方面有着重要作用,是当前最为常见的一种企业类型,普遍存在于经济发达的日韩、欧美等国家和地区,以及以中国为代表的发展中国家。企业财产所有权和经营管理权由家族及其成员控制的企业在世界 500 强中占到近四成;在市场经济高度发达的美国,九成以上的企业实行的是家族制管理;我国的民营企业中家族企业的比例也高达 70%(港澳台地区未统计在内)。在世界范围内,能够传到第二代的家族企业只有三成左右,能够传到第三代的家族企业不足 13%,只有不足 5%的家族企业能够传承到三代以后并实现进一步发展。综合来看,家族企业只有不足 25 年的生存与发展时间。在我国,根据统计,300 多万家民营企业中 90%以上是家族企业,其中 60%在 5

年内破产,85%在10年内消亡,民营企业的平均寿命只有2.9年。① 由此可见,无论在社会主义市场经济尚处于初级阶段的中国,还是在市场经济发达的日韩、欧美等国家和地区,家族企业的生存、发展以及传承过程中都有着极高的淘汰率。

我国改革开放30多年来,我国的经济环境发生了翻天覆地的变化,家族企业在很多领域都如雨后春笋般涌现出来,也因此塑造和成就了一批优秀的家族企业创始人,其个人的建树和成绩有目共睹。根据《福布斯》杂志的统计,截至2014年7月31日,中国2528家A股上市企业中,1043家为国有公司,1485家为民营企业,后者占比达58.7%;在民营企业中,又有747家家族企业,占民营上市企业的50.3%,比2013年上升了0.6个百分点。而且,从财务数据看,上市家族企业的表现优于非家族企业,其总资产收益率达5.0%,明显优于国有上市企业1.8%和民营上市非家族企业1.6%的回报率。②

然而,自20世纪90年代末以来,许多辉煌鼎盛的家族企业出现了急剧衰败的现象,短短几年间就退出了所在行业与市场,在人们的视线里逐渐消失。随着企业员工关系的复杂化、经营管理难度的增加以及经营规模和资本规模的扩大,家族企业选择和培养继承人,进一步实现企业财产所有权和经营管理权的换代传承变得更加紧迫。家族企业的传承和可持续发展,不仅关乎家族和家族企业的命运,而且已经成为中国民营经济健康发展的重大命题,关乎中国经济的命运。因此,建立何种成功传承模式,通过何种机制实现家族企业的权力交接,传承与交接后如何保证企业的持续发展等,都是值得探讨的研究问题,具有广泛、深远的社会意义。

二、宁波家族企业面临传承高峰

20世纪80年代以来,家族制管理是我国大部分民营企业生产经营以及发展壮大的最佳选择,这是因为在企业初创阶段家族制管理创造了极高的效率,而且部分企业的家族制管理还在继续创造着高效率,从而推动了企业的高速发展。作为中国民营经济的重要发祥地之一,宁波凭借其体制机制的先发优势迅速发展,产生了雅戈尔、韵升、华茂、方太等一批典型的家族企

---

① 企业问题:中国家族企业的镜子[EB/OL]. (2014-06-15)[2016-02-01]. http://www.cnwnews.com/html/finance/cn_cjsd/csdc/20140614/614096.html.

② 福布斯2014年中国家族企业调查报告[EB/OL]. (2014-09-17)[2016-02-01]. http://www.forbeschina.com/review/201409/0037397_3.shtml.

业,这些企业成为宁波民营企业中的佼佼者。随着创业者年龄的日益增长,许多家族企业都面临着权力交接、领导人换代等紧迫问题。家族企业二代群体也面临着是否成为父辈事业接班人的抉择,及如何在财富自由后实现人生超越等挑战。本书课题组走访与调研的数据显示,宁波现有的家族企业中,10%的家族企业初步完成了传承接班,其他大量的家族企业正面临或即将面临传承问题。这表明,宁波家族企业的传承并不顺畅,宁波民营企业的长远发展还存在较大的隐忧。

家庭成员对传承过程的满意度和企业绩效往往被用来评价企业传承效果(Stafford 等,1999)。满意度主要通过家族企业成员及企业职工的主观感受等进行评价,企业绩效主要通过资本、竞争力、财务状况等客观表现进行评价。前者具有主观性,难以通过客观量化指标进行评价,而后者可以通过企业资产规模、创新能力、盈利能力等常用客观量化指标进行评价。从宁波的家族企业传承实践看,部分家族企业在传承后,企业资本增加,竞争力提高,财务状况显著改善,企业传承效果较好;部分家族企业在传承后,市场占有率降低,盈利能力下滑,竞争力下降,企业传承效果较差;还有部分家族企业,由于创业者没有制订传承计划或继承人缺失等原因,企业经营脱离实业,从事投机活动,有的甚至大量资本转移,可以说企业传承失败。

从企业绩效表现看,已完成传承的宁波家族企业,其传承效果差异显著,如有的企业传承失败,企业萎缩甚至消亡;有的企业传承成功,企业的资本实力及竞争力有了较大提升,财务状况显著改善。这些成功传承的企业对分别原有业务进行了转移、演进或精简。不同的传承模式,相同的传承效果,这究竟是家族企业发展中的偶然,还是存在着某些普适性的规律呢?当下,宁波家族企业面临传承高峰,挖掘并探究企业成功传承的规律对于家族企业、宁波民营经济乃至中国民营经济的可持续发展都是非常有意义的。

第二节 研究思路与研究内容

基于上述现实背景,本书以家族企业传承模式作为研究内容,以资源基础观为视角,探究宁波家族企业成功传承的原因以及影响因素,以期为宁波众多即将面临传承问题的家族企业提供参考和借鉴。

家族企业(代际)传承通常被界定为企业经营权和所有权从一代人向下一代人传递(Churchil, Hatten, 1987; Harvey, Evans, 1994; Kimhi, 1997;

Burkart,2003)。Dumas 等(1996)对家族企业传承内涵持"二维观",认为除了权力传承外还包括管理诀窍传承。Drozdow(1998)和 Kaye(1996)将家族企业传承的内涵进一步拓展,认为家族企业传承是多项核心要素的转移。基于此,本书认为,家族企业传承是多要素的传承,而要素即资源。因此,家族企业传承实际是资源的传承。家族企业的资源根据特性又可分为家族性资源和企业资源,家族性资源主要包括企业家默会知识、社会网络关系及企业家精神和家族文化等,企业资源主要指企业在发展中的资金、技术、品牌、市场、管理团队等要素内容。

依据自我效能和自我认知理论,家族企业传承中,继承者对家族性资源的接受、掌握程度将直接影响继承者的自我效能感,影响继承者对自身的角色定位,进而影响其支配企业资源的方式,最终产生不同的企业资源配置效果。由于继承者对企业资源的支配方式不同,家族企业传承呈现出不同模式,企业业务形态与传承前相比会发生转移、演进或精简等改变。因此,本书基于家族企业资源传承的视角,通过深入访谈、文献资料查找和数字资源检索,获得宁波本土 6 个成功传承的家族企业的案例资料,运用扎根理论研究方法和案例研究方法,对案例的原始资料进行开放性译码分析、主轴译码分析,得出案例的主范畴;结合自我认知理论和资源基础观理论分析家族性资源(即知识性资源、社会网络资源和企业家精神资源)对继承者自我角色认知的影响,以及继承者在传承过程中如何调整对企业资本、技术、团队、管理、品牌等资源的支配方式,进而分析继承者如何通过企业资源的重新配置,使企业在传承过程中逐渐发生业务转移、业务演进或业务聚焦等变化,以此探究宁波家族企业成功传承的原因以及影响因素。

基于上述研究思路,本研究主要研究内容安排如下:第一章为"绪论",主要阐述家族企业传承的时代背景,以及主要的研究视角、研究思路、重点研究内容。第二章"基于不同视角的家族企业传承模式研究综述"主要对家族企业及家族企业传承的内涵进行了界定,并对基于不同视角的家族企业传承模式的研究现状进行了系统回顾。第三章"基于资源视角的家族企业传承研究进展"重点阐述资源基础观理论对家族企业研究的适用性、家族资源和家族性的内涵、家族性资源的优势以及继承者的自我效能理论。第四章"扎根理论研究与案例研究相结合的研究方法"主要介绍本采用案例法和扎根理论法研究家族企业传承的必要性,研究对象的选取、研究资料的收集方式和研究资料的分析方法。第五章至第十章分别选取了浙江野马电池有限公司、宁波华联电子科技有限公司、宁波易中禾生物技术有限公司、宁波夏厦齿轮有限公司、浙江爱妻电器有限公司、宁波东方电缆股份有限公司作为典型案例,运用扎根理论和案例研究相结合的方法对以上六个案例企业进行了深度剖析,得到了案例的主轴译码和选择性译码。第十一章对六大案例进行了分类,并主要就家族企业演进传承模式、转移传承模式、聚焦传承模式进行了两两比较研究。第十二章基于资源基础理论对六大案例企业进行了横向综合研究,从继承者资源要素和家族输入资源要素两个方面挖掘宁波家族企业成功传承的关键要素。

第二章　基于不同视角的家族企业
传承模式研究综述

　　家族企业是一种传统而又普遍的企业组织形态。各国的家族企业各有其特点和发展轨迹。西方国家从 20 世纪 60 年代起就将家族企业研究作为一个独立的研究领域(Bird 等,2002),代际传承是其中的一个研究焦点(Zahra,Sharma,2004;Debicki 等,2009);我国的家族企业研究则起步较晚。1999 年以来,世界各地的家族企业迎来了接班高峰,与此同时,发展中国家如印度、菲律宾,发达国家如新加坡、韩国等,均开始了对家族企业接班问题的研究和理论探讨。

第一节　家族企业的内涵

　　家族企业就是家族控制和管理的企业(Drucker,1974)。国外对家族企业的研究相对较早,对家族企业概念的界定基本上是围绕着家族成员参与企业经营管理的程度、家族对企业的控制程度(所有权、经营权以及所有权与经营权的统一)、社会关系网络和社会文化这三个角度展开的。如哈佛大学教授罗伯特·唐纳利(Donnely,1964)认为,家族企业是指同一家族中至少有两代人参与这家公司的经营管理,并且由于两代人的衔接,公司的政策和家族的利益相互影响。这一定义强调同一家族至少有两代人参与企业的经营。美国著名企业史学家钱德勒(Chandler,1987)从企业发展阶段理论出发,认为家族企业往往存在于企业初创期,企业创始人及其最亲密的合伙人(或家族)始终掌握着大部分股权,他们与职业经理人关系密切,且保留对高层管理问题,特别是有关财务政策、资源分配和高级人员选拔问题的主要决策权。可以看出,这里的"家族"也不是纯粹意义上的家族,而是"准家族",即创业合伙人共同控制企业,且家族企业并不掌握企业的全部经营权和控制权。盖尔西克(1998)提出,家族企业是指家族拥有企业的所有权,而不是指企业以家族命名或家族中有几位成员为企业的高层领导。也有学者从社会关系网络与社会文化的角度来界定家族企业,其切入点是家族,关注"家"这一社会组织细胞及其特定的"家文化"含义。如美国学者汉密尔顿(Hamilton)认为,中国家族企业的界限通过一系列随着时间、地点的变化而扩张或收缩的联系表现出来,企业的界限经常是模糊的,因为它们不能完全通过财产权、所有权、控制权来定义,而是由通过认知性的社会关系使人们联系在一起的网络来定义的。英国学者雷丁(Redding,1993)则认为,华人家族企业实质上是一种文化的产物,这种文化表现在:实行家长式领导(一种风格独特的、仁慈的独裁领导);企业所有者的亲属负责经营管理,并有强烈的奉献精神;对立于公正态度的"人情至上"等。

我国学者主要从管理权和经营权角度来界定家族企业。如孙治本(1995)提出要以经营权为核心来定义家族企业。他认为,当一个家族或数个具有紧密联盟关系的家族直接或间接掌握一个企业的经营权时,这个企业就是家族企业。潘必胜(1998)根据家族渗入企业的程度,将家族企业分为三种类型:(1)所有权与经营权全为一个家族所掌握;(2)家族掌握部分所有权和主要经营权;(3)家族掌握部分所有权而基本不掌握经营权。叶银华(1999)认为,家族的临界持股比例与临界控制程度可以作为界定家族企业的依据,具备以下三个条件就可认定为家族企业:(1)家族的持股比例大于临界持股比例;(2)家族成员或具二级亲[①]以内之亲属担任董事长或总经理;(3)家族成员或具三级亲以内之亲属担任公司董事席位超过公司全部董事席位的一半以上。叶银华把家族企业看作一个连续分布带,认为家族企业是家族资产占控股地位、家族规则与企业规则的结合体,其所有权和控制权表现为一种连续的状态,包括所有权与控制权不可分离的紧密持有形式到企业上市后,家庭成员对资产和经营管理保持临界控制权的企业,一旦突破

---

① 　一级亲指父母、子女以及兄弟姐妹;二级亲指祖父母、外祖父母、叔(伯)、姑、姨、舅;三级亲指表兄弟姐妹、堂兄弟姐妹。

了临界控制权,家族企业就演变为公众公司。但如何评价临界持股比例的标准,叶银华的研究并没有涉及。

目前,一般笼统认为家族企业就是企业资产所有权和经营控制权都归家族所有的企业,鉴于中国的绝大多数家族企业集所有权和控制权于一体,本书的研究将聚焦于这些纯粹的家族企业。

第二节　家族企业传承的内涵

代际传承事关家族企业的可持续发展,在未来相当长的一段时期内,代际传承都将是家族企业进行事业传递的主要方式。代际传承指企业在代与代之间所进行的接班和传递,集中表现为家族企业高层领导者的更替,是家族企业高层最为关心的战略问题之一(Brockhaus,2004;杨玥,2011;魏志华等,2013)。关于家族企业代际传承的核心要素和关键内容,国内外学者进行了大量探讨,大部分学者认为,代际传承实现了企业所有权和经营权的代际传递。

家族企业传承通常有广义和狭义两种定义。广义上的家族企业传承是指领导权从创始人兼所有者到继承人(家族成员或非家族成员的职业经理人)的传递(Beekhard,Burke,1983)。按照继承人和传承人是否存在血缘、姻缘关系,家族企业传承可分为内部传承和外部传承。内部传承包括长子继承、择优继承以及诸子析产(何莹、赵曙明、王德才,2013);外部传承基本上就是职业经理人接管企业,并且中国的企业倾向于对职业经理人进行泛家族化治理。狭义上的家族企业传承是指领导权或管理权从某个家庭成员向另一个家庭成员的传递,相当于广义传承定义中的内部传承。成功的内部传承能够保留家庭特有的异质性知识(Habbershon,Williams,1999;Bjuggren,Sund,2001;Debicki等,2009),帮助家族企业取得或维持相对于非家族企业的竞争优势(Cabrera等,2001;Anderson,Reeb,2003;Villalonga,Amit,2006)。

不难发现,无论是广义定义还是狭义定义,对家族企业传承中所传递的内容都没有给出明确界定。早期研究将传承简单视为一维或二维概念,认为传承的是不同组合形式的所有权和管理权,研究者根据研究目的选择组合形式就可以了。Cabrera等(2001)在其研究中对传承内容作了表面化描述,但事实上家族企业会向继承人传递一系列要素以保证交接后继承人权威的确立。除了所有权和管理权外,使命、价值观、内隐知识网络、社会资本、创新精神等,都是家族企业在继承人的社会化过程中向其传递的要素。

第三节　基于不同视角的家族企业传承模式研究综述

传承是家族企业持续成长过程中面临的最大挑战之一,因而一直是家族企业研究者关注的焦点。对家族企业而言,传承远远不只是一般企业中老领导人的退出和新领导人的进入这么简单,整个传承过程中要重视企业所有权以及公司的发展愿景。为了丰富相关研究,许多学者将研究重点放在家族企业传承模式研究上(Stewart,2008),即研究不同国家家族企业所有权转移的模式有何不同,而不同的所有权转移模式对家族企业传承有什么样的重要作用,又是如何影响家族企业继承人的选择。

一、基于家庭视角的家族企业传承模式研究

家族企业权力的代际传递是指企业的所有权和经营权由家族企业的创始人传递给继承人的过程,这实际上是家族的财产、声望和社会地位的传递过程,它以继承人进入家族企业为始点,以创始人完全退出企业、继承人接掌企业大权为终点。家族企业权力代际传递的时间,短则需要 3～5 年,长则需要 10～20 年。代际转移的形式也多种多样,有的是父亲直接传给儿子,有的是由祖父传给孙子,也有的是兄弟之间传递。不管形式有多么不同,代际传递的最终目的是保证家族企业的延续(晃上,2002)。陈凌(2006)对"子承父业"模式在家族企业传承中的影响和作用进行了探讨与分析。王陆(2015)指出,20 世纪 80 年代以来,我国的家族企业从无到有开始发展,但是至今为止,进入第一代和第二代交接阶段的家族企业中发展较快的,大部分仍然处于第一代的创业过程中。因此,在我国家族企业的传承过程中过急过早地考虑所有权与经营权的分离,不利于家族企业的发展,家族企业传承的首要选择仍然会是"子承父业"模式。韩朝华等(2005)、刘学方(2006)、余向前(2007;2008)、窦军生等(2009;2011)、王晓婷(2010)、李先耀(2013)采用实证、博弈及因素分析方法对家族企业接班问题进行了研究,均认为中国家族企业"子承父业"模式有其重要意义。

围绕着家族企业传承,国内学者也先后提出了一些传承模式。李强(2006)、李春棉(2009)在研究中发现,我国家族企业的传承大多数还是采用

"子承父业"模式。他们从在任者的角度,将传承分为"辅助登基式""撒手不管式""垂帘听政式"三种不同的模式。陈凌(2006;2012)基于对方太企业传承模式的研究,提炼出了家族企业"带、帮、看"的"三三传承"模式。在我国职业经理人逐渐兴起的背景下,部分学者开始提出并专门研究职业经理人模式。张珉(2004)构建了家族企业与职业经理人的博弈模型,将法律环境、企业资产的特性、职业经历背叛的一次性收益、集体惩戒机制、经理的耐心和关系的不确定性等因素引入模型,认为尽管很多时候职业经理人的能力比家庭成员更强,但只有当家族企业规模大于临界规模时,企业才会选择雇佣职业经理人。余向前(2007)从企业继承人与职业经理人的博弈展开研究,认为选择职业经理人来管理企业是家族企业发展的必然趋势,但企业在什么情况下会选择职业经理人、选用职业经理人的优势和风险、影响职业经理人在家族企业中发展的因素等,还涉及较多的信任扩展问题。此外,随着社会观念的变化,家族企业在继承人的选择上更加开放。邱国珍(2010)、宁泽逵(2011)、魏晋童(2011)的研究中都涉及女性继承人,表明家族企业传承的研究领域进一步细化。

二、基于过程观的家族企业传承模式研究

为了解家族企业传承并探索最佳传承实践,国外学者构建了一系列模式理论,主要集中为代际传承的影响因素和过程方面。

代际传承的影响因素方面,Handler(1989)认为,家族企业成功的管理继承体现在家族成员对继承过程的满意和继承过程中企业绩效的提高。Sharma(2003)通过实证研究,分析了继承者个人的接受程度、接管企业的意愿、在位者离任倾向、继承计划及家族成员对家庭参与企业的赞成度等五方面对继承过程的影响。Venter 等(2005)将企业的持续盈利性作为继承成功的维度进行了深入分析。Morris 等(1997)认为,家庭关系是家族企业传承最主要的影响因素。他们还证明,家庭关系是影响继承平稳度的重要因素。Longenecker 等(1978)将继承划分为七个阶段。Gerisck(1997)提出了家族企业的三级发展模型,即 Gerisck 模型。这一模型深刻地揭示了家族企业中所有权、家庭与企业三者发展的空间关系。Carock—Ward(2002)从生命周期角度研究了家族成员继承与企业发展的关系,构建了 Carock—Ward 模型。他认为,个体的生命周期发展轨迹遵循一定模式,而行业与组织的生命周期发展轨迹则较难预测。因此,家族企业的传承进度应该与行业以及个体的生命周期相协调。Bruno Dycka 等(2002)将继承过程比喻为接力赛跑,

因此继承过程受次序、时机、技巧和沟通这四个因素的影响,在传承过程中企业应根据自身情况确定传递时机、技巧和沟通方式。Murray(2003)基于对 5 个家族企业长达 5 年纵向案例分析,将家族企业的传承过程分为准备、触发开始、休整、探索、触发结束、选择及承诺 6 个阶段,强调在整个传承过程中,家族企业系统都需要完成一些独特的任务,以适应所有权和领导权从一种形态向另一种形态的转变。不难看出,Murray 对家族企业传承过程的理解更具全局性,研究视角更为宏观。Lambrecht(2005)提出了多代传承理论,家族成员个体、家族和企业由内到外构成三环,时间轴贯穿其中。多代传承理论突破了以往研究中把继承看成一个短期的过程的观点。

近年来,国内学者基于过程观的家族企业传承研究渐入佳境,取得了不少具有创新性的研究成果,深化了我们对家族企业传承复杂性和动态性的认识。已有研究主要从微观层面展开,如分析传承计划的制订和实施,识别传承的不同维度和阶段,提炼传承的影响因素及其作用机制,总结成功传承的实践经验和理论价值。苏启林、欧晓明(2002)点评了 Stavrou 的四因素分析模型、Matthews 的认知归类路径分析模型、Dunn 的焦虑分析模型。张兵(2004)详细介绍了 Gerisck 的三极发展模型、Longenecker 的七阶段接班模型、Davis 的生命阶段模型、Handler 的三阶段模型等。窦军生(2006)介绍了 Churchill、Handler、Gerisck 和 Murray 等的传承阶段模式,还根据浙江省部分家族企业的传承实践,构建了四阶段研究模型。孙海法、黄玉梅(2014)从继承者的角度探讨了家族企业领导力传承的机制,并辅以案例,进一步整合了领导力发展模型。

三、基于资源观的家族企业传承模式研究

资源基础观理论不仅让人们更关注资源本身的重要性以及资源能否以独特方式创造竞争优势,而且让人们更清晰地从内源观视角认识企业的复杂性。

现有文献中,有学者对资源的概念进行了界定。如 Wemerfelt(1984)把资源定义为:"作为一个公司的强处或弱点,在任何时候都可以被认为是企业半永久性的(有形或无形的)资产。"Barney(1991)认为,资源是"所控制的包括能力、组织流程、公司属性、信息、知识等所有资产,能让企业形成构想并实施战略以提高其效率和效力"。在这一定义中,他将资源分为三类,即物力资源、人力资源和组织资源。他同时指出,企业资源包含四个属性,即有价值的、稀缺的、难以完全模仿的和不可替代的,这四个属性决定资源具有竞争优势,并构成资源/能力分析的四属性框架,但 Barney 并没有将资源和能力具体区分开来。Schoemaker(1993)将总体资源划分为资源和能力两部分,认为企业资源是"企业拥有的或控制的可用资本",企业能力是"企业调配这些资源的能力"。Miller 和 Shamsie(1996)根据 Wemerfelt 对资源的定义,进一步区分了有形资源和无形资源,认为无形资源是以知识为基础的资源,有形资源是以财富为基础的资源。无形资源更有可能形成持续的竞争优势,因为其往往是未知的和难以识别的,是企业特有的资源;并且,由于无形资源难以复制甚至不可能复制,当企业发展面临不确定性时,这种无形资源更有可能帮助企业摆脱困境(Hitt 等,1999)。Alvarez 等(2002)将资源分为两类,即以所有权为基础的资源和以知识为基础的资源。他们同时指出,创业家(企业家)运用异质资源创造价值的过程,也是形成认知、理解市场机会和整合知识的过程。

资源基础观理论最重要的观点就是企业的内部资源和能力是具有异质性的,并由此形成企业独特的竞争优势(Barney,1991)。企业可以从这种异质性中获得持续的回报(Peteraf,1993)。所以,资源基础观理论的研究目的就是弄清楚企业怎样才能通过资源的异质性来获得并维持竞争优势(Barney,1991;Penrose,1959;Wemerfelt,1984)。资源基础观理论特别强调影响企业竞争优势的无形资源的独特性和复杂性,如家族企业的家族性资源,这说明资源基础观理论家族企业情境下非常适用。

随着研究的深入,国内学者也从资源观视角深入研究家族企业的信任、忠诚、承诺等方面区别于非家族企业的特点。责任、忠诚是家族企业的重要资源。陈寒松(2011)探讨了企业家精神的传承与创新,构建了企业家精神的多层次概念框架,并提出了传承和创新的路径。陈文婷(2012)拓展了家族企业代际传承强调所有权和控制权的转移这一传统的研究视域,对家族企业内部资源的传承创新机制进行了综述、分析与总结。王福民(2013)以我国代际传承成功的家族企业为研究对象,对家族性资源的各维度如何影响家族企业创业导向和绩效、家族企业创业导向的各维度如何影响企业绩效进行了理论和实证研究。陈忠卫,张琦(2014)认为,传承者与继承者之间的信任关系又会影响企业成长质量、传承过程、知识分享。徐萌娜(2014)认为,能够帮助家族企业形成竞争优势的家族性资源主要包括企业家精神、能力、责任、忠诚、社会资本和组织文化等要素。

本书所指的家族性资源是指特定家族企业中家族、家族成员和企业之间的系统作用所形成的独特的异质性资源,这些资源是有价值的、稀缺的、难以模仿和替代的,能帮助家族企业形成竞争优势(章小兵,2007;詹正茂等,2011;何轩,2014)。参考以往研究对资源的分类,本书将资源分为家族性资源和企业资源。家族性资源是以家族为基础而衍生的家族文化、知识精神及社会网络关系等。企业资源则是企业的资本、制度、团队及管理等。

　　综上所述,国外关于家族企业传承模式及可持续发展路径的大量研究是在发达的市场经济背景下进行的,其研究成果对我国家族企业传承指导性不强。而我国家族企业代际传承的相关研究还很不系统,基础理论薄弱,远远滞后于家族企业在我国快速发展及其经济社会推动作用不断加强的实际。国内现有研究或者浅尝辄止,或者仅介绍国外经验,真正扎根于中国、基于中国企业发展实际、从现象层面上升到理论层面的系统研究非常少(林海波,2015)。来自浙江大学的几位学者在家族企业代际传承方面进行了大量探索,如陈凌(2003;2013)、窦军生(2008;2010;2011)、朱素英(2006)、余向前(2007;2010;2013)及王晓婷(2010)。等先后就家族企业代际传承模式、企业家精神代际传承和传承时机选择等主题开展研究,其他学者陈文婷(2009;2011;2012)、何轩(2008;2009;2014)、于飞(2013)围绕家族资源尤其是隐性知识、传承意愿及传承中的信任关系等进行了研究,取得了许多有价值的研究成果,但这些研究还是以国外理论的直接借鉴为主,对本土化因素、本土化案例的细致考察略显不足。基于此,开展针对我国家族企业代际传承问题的本土化研究非常有必要。本书通过系统的理论分析以及对案例企业的广泛、深入调查,挖掘不同的家族企业传承中的阻碍因素,从而概括总结出更适合宁波特点的家族企业传承模式,在此基础上提炼出我国家族企业代际传承的本质规律。

第三章　基于资源视角的家族企业传承研究进展

第一节　用资源基础观研究家族企业问题的适用性

　　家族企业与非家族企业明显的区别就在于"部门之间近距离的互动,直接的沟通,更好的人际联系,更加统一的文化和更强的身份感"(Aragoʹn-Correa 等,2008),所以资源基础观是一个非常适用的理论视角,可以用来考察每个家族企业所拥有的一系列特质资源和能力,使其在不同的时空跨度中有不同的绩效表现和回报(Hitt 等,2001)。Gomez-Mejia 等(2007)的研究显示,家族企业相比非家族企业有其特有的优势,是因为企业的公众形象往往是由其家族资源禀赋驱动的。家族企业的隐性资源有着非同寻常的复杂性、动态性和丰富性,所以资源基础理论为家族企业研究者提供了合适的分析方法。

　　首先,作为理论框架的资源基础观有助于丰富家族企业理论,验证家族企业组织文化与创业精神之间的关系。家族企业研究人员基于资源视角来识别家族企业中具有竞争优势的资源和能力,指导家族企业的传承过程并对其进行有效管理,探讨家族对家族企业战略形成的影响以及这种影响如何作用于资源管理实践,设计家族企业资源管理的级向模型,研究家族企业高层管理团队的协同效应,等等。这些研究突出了资源基础观理论在家族企业研究中的重要贡献。

　　其次,在家族企业研究中,当家族与企业相互作用时,资源基础观强调这种内在机制的独特性和复杂性的重要意义,其中独特性就是指"家族性"。家族性是指特定家族企业中家族、家族成员和企业之间的系统作用所产生的资源束和能力(Habbershon,Williams,1999)。家族性在家族企业研究中日益受到关注,已经出现了一些探索性研究,而相关研究已发展成为家族企业研究的一个分支。

最后,家族企业选择用来有效管理其资源的战略与家族价值观、家族愿景相关(Chrismanetal,2003),而家族价值观本身就是一种特别的家族性资源,可以作为家族企业创新的一个动机(Poza,1988)。家族价值观是家族系统资源的一个重要部分,而家族系统资源能影响价值创造(Aldrieh,Cliff,2003)。家族企业的传承、资源、准则、态势和价值观会影响机会识别、创业决策、资源配置、创业战略等,是家族价值观形成过程中非常重要的变量(Klein,2005)。

从现有研究来看,家族性资源同价值创造过程相关联。家族性资源具有不可模仿性、不可替代性,如果家族企业能处理好财权交接和资源传递问题,其在一定条件下就能比非家族企业具有更强的竞争力(Sirmon,Hitt,2003)。目前,已有不少学者将资源基础观和知识观运用于家族企业的代际传承研究。本书借鉴这些研究成果,基于资源基础观和知识观,对案例企业进行深度挖掘,探讨如何对家族性资源进行战略性管理以使家族企业在代际传承中继续保持或创造竞争优势。

第二节　家族性资源的内涵

依据 Habbershon 和 Williams(1999)的观点,资源和能力的结合可以为一个企业带来与众不同的东西,作为家族参与的结果,最终形成企业中的"家族性"。更具体地说,"家族性"被定义为资源和能力的特定组合,是一个特殊的组织过程,因为家族、家族成员和企业在家族企业体系中形成了互动。这种互动可以帮助企业形成竞争优势,但也可能成为企业积累财富、有效实现代际传承的障碍。Salvato 等(2002)曾对家族企业的组织文化是否会影响企业家行为进行了研究。他们发现,组织文化的利己主义维度与企业家能力维度之间的关系是非线性的。利己主义倾向太弱会阻碍企业家创新,利己主义倾向太重又会抑制人与人之间的信任、承诺与合作,而信任、承诺与合作又是企业变革所必需的;他们还发现,企业家能力与组织文化的其他三个维度如外部倾向、家族精神等呈正向线性关系。Habbershon 等(2003)将家族性资源描述为独一无二的、不可分割的和起增效作用的。Zhara 等(2003)通过研究指出,家族性资源按照性质可分为五种,即人力资源、社会资源、生存力资源、忍耐性资源和管理结构资源,通过对家族企业这些独特资源的有效识别和利用,有助于家族企业形成并保持竞争优势,从而积累更优质的企业资源。Habbershon(2005)指出,家族性是一柄双刃剑,由于所处的环境和条件不同,它既有可能帮助家族企业获取特定的战略资源,也有可能成为家族企业获取资源的障碍。他对四家在行业内颇具影响力的家族企业进行了深度访谈,构建出了一个家族性资源与企业创新能力之间关系的理论框架模型。DeNoble 等(2007)认为,在家族企业中,战略性的资源包括社会资本和人力资本。根据资源基础观,家族企业继承者如何管理关键关系以及如何配置关键的家族性资源,对家族企业未来的资源获取和持续发展具有显著影响。窦军生等(2009)从企业家个体层面对家族性资源做了初步探索和研究,他们指出,在家族企业的代际传承中,企业家个体层面需要传承的三大类要素包括企业家默会知识、企业家关系网络以及企业家精神。陈文婷(2012)认为,家族企业传承过程中,知识转移、社会资本传承和企业家创新过程的传承是最为关键的三个环节。

参考以往研究对于资源的分类,本书将资源分为硬资源和软资源,硬资源是指以财富为主的资源,软资源则指以知识为主的资源,家族性资源即为基于知识、文化和精神的软资源。具体包括以下三种。

(1)知识资源。知识资源主要分为默会知识和显性知识。通常所说的知识是用书面文字、图片、数字等来表达的,这只是知识的一种显性形式,称为显性知识;还有一种知识是不能系统表述的,例如我们有关自己行为和经验的某些知识,这类知识可称为默会知识。默会知识的传递需要企业建立特殊的组织机制将"企业运营的常识和情境"社会化,而其传递的内容包括家族企业竞争优势的一个重要来源——独特的"家族性因素"。因此,家族企业若要实现代际持续发展,需要发掘一系列有助于创造价值以及维持家族与企业特殊关系的组织常规。

(2)社会资本。社会资本是指个体或团体之间的关联,如社会网络、互惠性规范以及由此产生的信任,是人们在社会结构中所处的位置给他们带来的资源。社会资本对企业发展的促进作用体现在以下两个方面:一是降低交易成本,从而促成企业之间的合作;二是增强知识的流动性,使知识在组织与个人之间共享,从而提高组织和个人的创新能力。对于家族企业而言,社会资本的传承具有非常重要的战略意义。家族企业的社会资本存量往往与企业创始人的任期紧密相关,创始人任期越长,企业的社会资本存量就越多。因此,如何将创始人积累的社会资本顺利传承给下一代,是家族企业必须慎重考虑的问题。

（3）企业家精神。早期研究中,学者们主要通过创业者的心理特征来认识企业家精神,如 Park 认为创业者的心理特征包括进取、和气待人、领导力强、负责任、组织能力强、勤勉、果断、坚韧等,Wood 和 Bandura 提出了创业者的自我效能感,Simon 认为创业者需要具有风险承担能力,McClelland 和 Burnham 强调权力动机,等等。由于个性特征并不能真正反映企业家精神的本质,人们开始通过创业者的行为方式来理解企业家精神。汪丁丁（2010）认为,企业家精神包含熊彼特的"创新精神"、诺斯的"合作精神"和韦伯的"敬业精神"。中国企业家调查系统（2009）的研究指出,可以从创新意识、冒险意识、机会敏锐性和挑战意识这四个方面界定企业家精神。朱素英（2006）从企业家能力的角度将家族企业的企业家精神界定为:企业家的专业知识水平、企业管理技能、实现创业创新的能力、处理内部人际关系的能力与动用外部社会关系资源的能力。不难看出,学者们比较一致地认为,企业家精神就是创业者具有的高风险取向、高成就需求、高内控力等特质。本书认为,企业家精神的内核是创新和敬业,创新代表企业家的愿景,敬业代表企业家的执行力。

第三节　资源观视角下的自我效能理论

自我效能是指个体对自身完成某项任务的表现或获得某种理想结果的能力的判断（Babdura,1986）。当个体对家族企业传承具有较强的自我效能感（即个人的能力以及实现家族企业持续发展的信念）时,其更有可能参与家族事业,并为家族企业发展做出各种努力。Jones（1986）发现自我效能感会影响新人对他们所处的新的组织的状况和角色的判断,如果将这一发现应用到家族企业研究中,可以推知,家族企业继承人的自我效能感影响着他们对企业的组织制度和未来发展的看法。

Wood 和 Bandura（1989）提出了自我效能感培养的三种途径。

（1）掌握经验。这是获得自我效能感最重要的途径。自我效能感以个体多次亲身经历某一类工作而获得的直接经验为依据,多次的失败会降低个体的自我效能感,多次成功的体验则会提高个体的自我效能感。

(2)替代性学习。指个体通过观察能力水平相当者的活动,获得的对自己能力的一种间接评估。替代性学习是一种间接经验,它使观察者相信,当自己处于类似的活动情境时,也能获得同样的成就水平,如继承者通过观察父辈的行为和处事方式来获得经验。

(3)社会说服。指通过他人的指导、建议、解释及鼓励等来改变人们的自我效能感。当个体总能获得外界的关心和支持时,他的自我效能感就会增强,如父辈对其表现的肯定、家族信任等。人们对自身能力的认知在很大程度上受周围人评价的影响,尤其是评价来自于有威信或对个体来说比较重要的人时。

在家族企业的传承中,领导力传承的重要任务之一是让继承者树立起自我效能感,有效地转变自身角色。Chrisman(2005)运用资源基础理论框架和社会、人力资本中的关键维度展开研究,认为具有传承意愿和能力的继承者必须认同自己的关系网络构建和知识构建能力。

从社会学的角度来看,继承者必须能够在主要的家族成员和股东中建立和保持信誉。如果继承者(新的领导)不积极改变组织现有的体系,那么领导权的过渡将变得异常艰难,也就很难将组织向前推进。

从知识角度来看,继承者期望将一般的商业技能(通常来自于正规的教育、培训和实践)与家族企业和特定产业的特殊技能(通常来自于与组织的接触,如继承者对家族企业和产业经营的耳濡目染,继承人在家族企业或者相关产业中的工作经验)相结合,所以自我效能感的获得也来自于这两方面知识的获得。

在资源观视角下,继承者并不是一个单纯的企业经理人,而是扮演着一个变革者或创业者的角色。所以,家族企业在传承中应该注重企业的革新能力而不仅仅是提升企业的运营效率。变革者、创业者和企业家的概念一直与创新紧密相联。变革者和创业者的商业嗅觉及制订创业战略计划的能力在创业活动中格外重要,变革者和创业者需要掌握大量的市场信息,培养自己捕捉机会的能力,评估有价值的机会并能迅速整合资源以充分利用机会。图 3-1 显示了基于资源观的家族企业继承者角色自我认知过程。

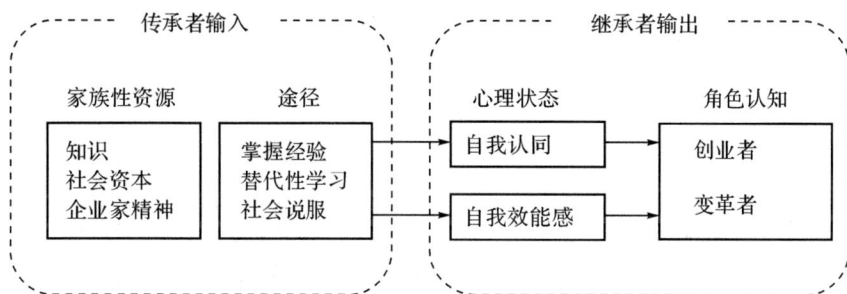

图 3-1　基于资源观的家族企业继承者的角色认知过程

　　综上所述,家族性资源通过经验掌握、替代性学习和社会说服实现了代际传递,使继承者获得了自我效能感。接管企业后,一部分继承人实现了家族传统行业中优势资源的持续增长,我们称他们为变革者;而另一部分继承人则开拓了新的行业机会,我们称他们为创业者。

第四章　基于扎根理论与案例研究方法
相结合的家族企业传承研究路径

　　问题导向是选择研究方法时应遵循的基本原则。"基于资源视角的家族企业传承"这一研究主题涉及的概念较丰富、研究内容较多,但理论成果还比较少,因此很难对其进行深入分析和探讨。本书试图采用案例研究和扎根理论研究(grounded theory)这两种定性研究方法,在文献研究、访谈资料的基础上,提炼出比较有说服力的理论成果。

第一节　案例研究方法与扎根理论研究方法相结合的必要性

　　每种研究方法都有其擅长的研究领域和研究主题,科学研究不能根据方法去找问题,而是根据问题的特性来选择方法。之所以主要使用案例研究法和扎根理论研究方法来展开研究,是因为"基于资源视角的家族企业传承"这一研究主题现有理论较少,需要从头开始提炼观点。我们借鉴案例研究方法选取案例,以案例研究方法的原则和要求指导案例的筛选,并选取多重案例以及单一分析单元进行深入研究。扎根理论研究方法可以运用于资料分析中,具体做法是将案例研究收集和整理到的资料,通过扎根理论研究方法中的多重译码分析技术,不断精简并转化为范畴,进而研究范畴之间的关系。

　　定性研究强调对实际情况的质的把握,关注事物的本质规律,它不是一种简单的研究工具,而是多种研究方法的组合。案例研究和扎根理论研究都是非常重要的定性研究方法,都非常重视从实地资料中归纳和提炼新的结论,不断发现事物的本质规律,因而两者具有极大的相似性和互补性。

案例研究方法出现得比较早,在医学领域和法学领域得到了很好的运用,后来在管理学领域逐渐得到发展。案例研究是一种实证探究方法,通过事先发展的理论命题来引导多重资料的收集和三角检定,能够在真实的背景下研究现象尤其是现象和背景的关系。案例研究是基于调查、分析、概括、归纳从而发现新知识的过程,不仅能验证既有理论和假设的真伪,还能促进新观点的生成和新理论的形成。案例研究方法有利于发现隐藏在案例背后的内在规律,能够充分描述现象发生时的具体过程以及相关要素的相互影响,将复杂、综合、动态的事件及其过程具体而细微地呈现出来,使研究者能够更细致地识别和归纳理论观点。但是由于在提炼研究结论的科学性和规范性上缺乏测度,所以案例研究方法曾一度为研究者所质疑。

扎根理论研究方法因其分析过程的严密性而被公认为是比较科学的定性研究方法。扎根理论研究方法具有理论建构的功能,适用于现有研究成果较少、很难通过理论演绎进行研究、需要从实地资料中逐步提炼理论观点的研究主题。扎根理论研究以资料分析的科学性、严密性和结论提炼的累积性、发展性为主要特点,非常注重从资料中识别、验证和发展理论,因此其在很大程度上补足了案例研究的一些不足。

由此可见,案例研究与扎根理论研究关系紧密,两者都基于案例选取和资料收集,以此才能开展后续分析工作。但需要特别指出的是,与案例研究方法在资料收集完毕后展开集中分析的思路不同,扎根理论研究方法的资料收集与分析是同时进行和连续循环的,研究者要以研究过程中分析所得的暂时性结论为指导,不断调整理论研究的重点及资料收集的方向,从而不断进行资料补充和理论提炼工作;此外,扎根理论研究方法不提倡也不支持验证既有假设,而案例研究则不然。

第二节　研究对象选取:案例研究方法

本书基于案例研究方法选取多个案例以及多个分析单元的案例研究类型,同时从多个方面确保研究的信度和效度。

一、案例研究设计的类型
问卷调查和其他数量统计研究方法通常使用统计性样本,统计性样本重视样本的数量规模;而案例研究则选取理论性样本,理论性样本重视样本的理论内涵。案例研究不遵从统计意义上的样本数量规则,即研究的有效性不取决于样本数量,而取决于样本内容和研究深度,这也是本书最终选定6个企业个案的原因。

根据案例数量和分析单元数量,可以将案例研究设计分为四种类型:(1)单个案例与单个分析单元;(2)单个案例与多个分析单元;(2)多个案例与单个分析单元;(4)多个案例与多个分析单元(Yin,1994)(见表4-1)。本书分析了家族企业传承的三种模式(即三个分析单元),每种模式下又选取了2个企业样本进行案例研究,因此,本书的案例研究设计类型属于第四种。

表 4-1　案例研究设计的类型

单一分析单元	1	2
多个分析单元	3	4
	单一的个案	多重个案

资料来源:Yin R. Case Study Research-Design and Methods[M]. Thous and Oaks ：Sage Publications,1994.

关于案例的组织方式,主要有三种:一是描述派,即对收集到的资料进行删减和整理,使结论既有描述成分又包含研究者的部分诠释;二是写实派,即研究者对收集到的资料不做任何分析和解释,只是如实记录观点和资料;三是理论派,即研究者通过对资料的诠释和概念化来提炼针对现实世界的理论。本书的研究属于上述第三种情况,并且运用了扎根理论研究方法来提炼理论观点。

二、案例企业的选择

在案例企业的选择上,课题组首先锁定宁波市的家族企业,再从中选出最具传承代表性且能够获取大量有价值的传承资料的家族企业。具体的选择标准为:传承表征、代际沟通、代际支持、企业主要管理者(见表4-2)。

表 4-2　案例企业的选择标准

选择标准	传承表征	代际沟通	代际支持	企业主要管理者
具体要求	非常突出	良好	资金、知识、社会网络	继承者

资料来源:课题组整理。

根据选择标准,课题组最终从宁波的众多家族企业中选出了6个正在传承或者已经完成传承的企业。案例企业具有多样性:(1)企业经营领域的多样性,有高科技企业、传统制造业企业和农业企业;(2)传承对象的多样性,有儿子接班、女儿接班、女婿接班和儿媳接班;(3)传承途径的多样性,有延续老业务、开拓新业务和精简业务。课题组对 6 个案例企业进行了编号,分别以 A、B、C、D、E、F 表示。表 4-3 是对这些个案的简要描述。

表 4-3　案例简要描述

案例企业	编号	经营领域	传承特点
浙江野马电池有限公司	A	电池	儿子接班
宁波华联电子科技有限公司	B	电子	儿媳接班
宁波易中禾生物技术有限公司	C	生物科技	女儿接班
宁波夏厦齿轮有限公司	D	齿轮	儿子接班
浙江爱妻电器有限公司	E	电器	女婿接班
宁波东方电缆股份有限公司	F	电缆	儿子接班

资料来源:课题组整理。

第三节　研究资料收集:深度访谈法

案例研究的资料收集来源包括企业现有文件、档案纪录、实地访谈、参与观察以及实体人造物资料等(Yin,1994)。资料的真实准确、丰富全面,是开展分析的前提,因此,从众多的资料来源中寻找最有效的获取方法,就成为研究准备工作的一个关键任务。

一、基于访谈方法收集资料

访谈是案例研究中直接接触企业、获取第一手资料最重要的一种方法。访谈既能及时辩明问题的特性,又具有很强的灵活性和可控性。在基于资源观的家族企业代际传承这一研究领域,很多新概念说法不一、模棱两可,而通过访谈中的互动探讨和深度挖掘,研究人员可以获得比问卷调查和二手资料分析更真实、有效的资料。同时,访谈过程还具有启发性和创造性,双方有更多机会发现实践中的新思想、新做法、新模式,甚至碰撞出思想的火花,研究人员可以对其加以整理,使之更系统、更有条理,进而升华至理论层次。

此外,访谈可能会增加研究者发掘理论空白点的机会,适合于对那些新现象和新事物的深入研究,这正好满足了本研究的要求。因此,本书课题组与家族企业成员进行了深层次沟通,听取了被访者的阐述,对资料整理中有疑问的议题,采取再次约见、电话询问和邮件互动等方式确认,最终收集到了大量有价值的、丰富的家族企业代际传承信息。同时,课题组也非常重视局外人士的观点、现场观察以及亲身体验。局外人士尤其是那些熟知本书案例企业且与案例企业没有利益关系的人(如与案例企业无利益关系的家族成员、合作伙伴等),往往能提供新的信息,给研究带来新的启示。此外,通过深入访谈和实地调研所获取的资料可以与通过其他方式采集到的资料进行比较和验证。企业内部的刊物、年度报告、历年总结、项目资料,企业官网信息以及媒体公开报道等,也是访谈和观察资料的重要补充。

二、案例资料的检验和呈现

三角测量法是科学研究中的一种精确测量距离和方向的方法,它可以通过数据资源的多样性(人、事件、地点等)、方法的多样性(观察和访谈等)、观察者的多样性、理论和数据类型的多样性(文本、数据等)等来实现。为确保案例数据的真实、准确、完整,本书使用三角测量法来规范资料整理,通过各类数据的集中和相互验证来提升资料信度。具体而言,课题组首先将深入访谈和其他途径获得的资料进行"原样复现",不加入任何主观评论。然后,对不同时段、通过不同渠道获取的资料进行比对、质证。资料整理体现了以访谈资料为核心的原则,因为经过精心设计和直接参与而获得的访谈资料更真实、准确。对资料整理过程中发现的疑点、难点,课题组都进行了追踪和资料补充,经过验证和补充的资料成为下一步骤中的分析对象。由于资料的收集、整理和分析不是分离而是互相关联、紧密联系的,待分析的资料也就具有了动态性。

在个案呈现上,课题组将个案描述和资料分析分开进行,即分别对6个案例进行整理并将其简述置于相关章节的扎根理论分析部分。同时,个案描述本身就是一个完整的故事脉络,没有加入研究者过多分析的个案描述本身就蕴含着大量有价值的理论信息。

第四节 研究资料分析:扎根理论法

本节主要介绍扎根理论分析技术的相关操作及示例,结合案例的具体分析则在后续各章中分别阐述。

一、扎根理论研究方法的分析流程

实地案例资料的分析技术主要通过扎根理论研究方法的资料分析流程来保证，是扎根理论研究方法的核心，也是其科学性、有效性的主要体现。扎根理论研究方法的资料收集和资料整理过程与案例研究方法没有太大区别，但其资料分析过程却有严格的规范和要求，与其他定性研究方法相比有其独特优势。

哥伦比亚大学的 Anselm Strauss 和 Barney Glaser 最早提出扎根理论研究方法，他们强调了扎根理论的资料译码分析技术，指出该技术是将收集和整理的文字资料逐步分解，归纳现象，将现象概念化，也就是把每一个单独的事件或现象用一个概念来概括，再以严格的逻辑方式将这些概念重新整合、归纳并提升为范畴。范畴是指能够反映一组概念的本质内涵的新概念。从实地资料中提炼出概念和范畴只是扎根理论研究方法的基本任务，通过系统思考和比较分析从而找出这些范畴的内在关系才是得出结论的关键，因为这些关系及其内在逻辑体现了实地资料的内在规律，识别出关系就等于提炼出了理论。

扎根理论研究的目的在于从理论层面上描述现象的本质内涵，从而提炼出一个能够解释资料的理论。为了推动研究进展，帮助研究者识别各范畴的关系，Strauss 提供了相应的支持工具，一是对这些范畴的属性及其具体表现进行挖掘，二是通过典范模型这一研究框架来建立相关范畴的联系。扎根理论研究方法不认为理论可以经由文献演绎而得出，强调从资料中提炼理论的重要性。但是，文献研究却是扎根理论研究方法的重要组成部分，理由主要有两点：其一，只有通过文献回顾和分析，研究者才能对既有成果进行评价，了解现有研究的优势及不足，从而识别出可能存在理论空白点的研究议题，或者确认是否真的存在既有理论无法有效解释的新现象，这是研究者对自己提出的研究主题进行价值判断的前提；其二，任何学科的研究工作都不是孤立的，而是与其他研究相互承接、彼此延续的，扎根理论研究方法不可能提出与既有研究成果毫无关系的理论。因此，扎根理论研究方法要基于文献研究寻找问题，并将研究结论与既有理论进行比较、互验，从而不断推动理论体系的完善和发展。

二、扎根理论方法的分析技术与步骤

扎根理论研究方法的精髓和关键是资料译码分析，资料分析的严谨性、逻辑性和渐进性，使其研究具有较强的说服力。译码是一种把资料分解、概

念化,然后再以一种崭新的方式把概念重新组合的操作过程,借此,理论从庞杂资料中被抽绎出来。扎根理论研究方法的资料分析过程主要包括三个连续的阶段和步骤,通过这些步骤,研究者对实地资料的分析逐渐集中,理论逐渐生成。将资料分析粗略界定为三个阶段,主要是为了方便理解,在实际的资料分析过程中,研究者可能需要在各个阶段来回转换,将补充资料和出现新结论时不断出现进行比较分析。下面对三个阶段加以简单介绍。

(一)第一阶段:资料的开放性译码过程

开放性译码是扎根理论研究方法中资料分析的第一步,是通过仔细检验而对现象进行命名或分类的分析工作,其主要任务是将大量的实地资料抽象和归纳为相对简化的概念和范畴,从而在不改变资料内容的基础上,将资料整体数量逐步降低。开放性译码看起来容易,实际上却非常耗费精力,工作比较繁重,尤其要求研究者具有非常强的概念整合能力,能够提出最恰当的、最能够反映资料内容的概念。开放性译码要求依据循序渐进的基本原则,将整理好的案例资料逐级缩编,从而上升到概念和范畴层次,再对这些概念和范畴进一步做比较分析,将类似的概念和范畴进行统合,实现资料的持续提炼。开放性译码的目的在于指认现象、界定概念、挖掘范畴,也就是处理聚敛问题。开放性译码可以进一步细分为以下几个任务,即定义现象(概念化)、挖掘范畴、为范畴命名。

扎根理论研究方法所说的概念和范畴,可以来自实地资料、理论文献,也可以是研究者自己提出或研究团队研讨得出。无论如何,这些概念和范畴都必须具有很高的抽象度、很强的概括性,要能够真实、准确地反映实地资料的本质,而不仅仅是源自实地资料的关键词。很多时候,提炼概念和范畴非常困难,要历经很多曲折,为了找到最合适的概念和范畴,研究者需要对资料进行仔细琢磨,不断对提出的概念和范畴与实地资料进行比较、核对。由于研究者找到了更贴切的概念,或者对资料有了新的理解,开放性译码阶段的概念和范畴可能会处于动态变化之中。

这个阶段之所以叫做开放性译码,部分原因是,这一阶段还是资料分析的初级阶段,提炼理论的具体方向并不明确,概念之间的关系还没有理清,只是松散的、孤立的概念群。研究者的任务,由从实地资料中找寻理论,转化为分析、研究和考察概念之间的关系,尤其是范畴(更高级的概念)之间的各种关系和联结。基于这一译码分析得出的概念和范畴都逐次暂时替代了大量的实地资料,研究者对这些资料的提炼、缩编和理解也在逐渐深入。没有实地资料的概念化和范畴化,扎根理论研究的后续分析是没有基础的,也是无法进行的。通过概念化和范畴化,研究者将收集来的实地资料转化为众多便于比较和分析的单元,不断熟悉资料内容,不断对各种假设和现象提出质疑,这促使研究者在探索中不断感知范畴之间的内在关系,为下一阶段的分析奠定了坚实基础。

(二)第二阶段:资料的主轴译码

扎根理论研究方法的开放性译码阶段,研究者从资料中提炼出了很多范畴,从而对实地资料进行了一定程度的精简,但挖掘出的众多范畴都是独立的,其内在关系并不明朗。为了找到范畴之间的关系,将独立的范畴联结起来形成理论性的结论,研究者需要运用扎根理论研究方法第二阶段的分析技术以及典范模型工具来实现以上目标。

扎根理论研究方法第二阶段即主轴译码是将开放性译码阶段提炼出的众多范畴联结在一起的创造性分析过程,其主要任务是识别和建立范畴之间的关系。其中,典范模型是扎根理论研究方法中一个非常重要的分析工具,它构建了一个包含因果条件、现象、脉络、中介条件、行动/互动策略、结果六个方面的理论框架,这六个方面具有内在的逻辑关系,可以将众多范畴联系起来。典范模型的主要分析思路是:研究者可以利用产生某个事件的条件、事件所依托的脉络(也就是该事件在维度上的位置)以及在事件中行动者采用的策略和采用后的结果,将范畴安排至典范模型六个方面的不同位置,这些位置即体现了范畴之间的关系。基于典范模型分析,研究者不但可以识别范畴关系,而且还可以进一步加深对范畴的理解和把握。由于在该阶段分析中可能会产生多个典范模型框架,于是扎根理论方法提出者又将每个模型所反映的问题用一个更高阶的范畴来概括,并称之为"主范畴"。那些被安放到条件、脉络、策略和结果等位置的范畴虽然也是范畴,但都是与这个主范畴关系密切并用来帮助解释和推出该主范畴的,故将它们称为"副范畴"。

通过典范模型分析,研究者对主范畴有了更加全面、更加准确的了解,这其实也展示了研究者对实地资料的比较和判断。主轴译码并不是要把范畴联系起来构建一个全面的理论架构,而只是要发展主范畴和副范畴。换言之,主轴译码要做的仍然是发展范畴,只不过概括和提炼的程度更进一步而已。需要注意的是,某一范畴能在不同的典范模型中发挥不同的作用,也就是说,某一范畴在分析某个典范模型(对应主范畴 A)时可能是原因,而在分析另一个典范模型(对应主范畴 B)时则可能成为结果。研究者可以把同一范畴反复置于不同典范模型的不同位置,当然其基本原则是有必要建立这个新的典范模型,或者研究者确实发现这些范畴之间能够相互连接从而构建一个新模型。

(三)第三阶段:资料的选择性译码过程

经过扎根理论研究方法的第一阶段和第二阶段分析,尤其是识别和建立范畴关系的典范模型分析,研究者对实地资料本质内涵的挖掘越来越理论化。在对实地资料、概念、范畴,尤其是范畴关系的不断考察与比较中,扎根理论分析进入了第三阶段——选择性译码。选择性译码的主要任务是从实地资料中提炼出核心范畴,核心范畴要比主范畴更高一个层次,能够完全反映一个案例的实际情况。同时,在选择性译码阶段,研究者还要运用所有实地资料以及由此挖掘出来的范畴、范畴之间的关系等各阶段的研究结论,最终开发出案例的故事线。选择性译码阶段可以再次使用典范模型工具,从而将多个主范畴的关系识别出来,其范畴统合过程与主轴译码差别不大,只不过它所处理的分析层次更为抽象。核心范畴及故事线的提炼,使得研究者对实地资料的分析更进一步,案例研究的理论基本形成。根据扎根理论研究方法的观点,围绕核心范畴、主副范畴以及所有范畴和概念构建起来的内在联系,就是研究者从实地资料中归纳出来的理论。个案主轴译码和选择性译码分析已经提出了一些基本结论,但为了丰富理论内容,增强理论的说服力,研究者还有必要开展多重案例研究,从而将每一个案例得出的结论再进行比较分析。理论构建的过程是通过资料与理论的互鉴,不断将资料转化为抽象度较高的概念及范畴,并不断识别概念之间关系的过程。

第五章　案例一：浙江野马电池有限公司

第四章的研究设计已经对本书的研究方法和案例选取进行了详细介绍，因此，本章的主要任务是对精选案例的访谈资料进行系统整理和深入分析，从而归纳出具有个案特质的"基于资源观的演进式传承"案例研究结论。本章分析的案例是浙江野马电池有限公司，作为国内知名电池生产企业，浙江野马电池有限公司的代际传承活动非常引人注目。该公司在代际传承过程中对原有业务进行了技术上的演进，这不但增强了公司的竞争力和可持续发展能力，而且为公司顺利实现代际传承奠定了基础，公司也因此成为民营企业代际传承的榜样和典范。

第一节　浙江野马电池有限公司案例简要呈现

一、浙江野马电池有限公司发展历程概述

浙江野马电池有限公司前身为创建于 1992 年的宁波电池总厂联营三分厂，1996 年联营三分厂转制为宁波市力达电池有限公司，2002 年更名为浙江野马电池有限公司（后简称"野马"），是专业研发、生产、销售各种规格型号干电池的民营企业，是中国电池工业协会常务副理事长单位，属于高新技术企业。公司注册资金 880 万元，占地面积 170 亩，为独立核算的民营股份制企业，拥有自营进出口权；2000 年 8 月，公司通过 ISO 9000 质量管理体

系认证;现有员工1200余人,其中工程技术人员200余人。企业内设原电池工程技术中心,技术力量雄厚,专业生产无汞P型高功率锌锰电池、扣式锂电池,并从加拿大引进具有国际先进水平的LR6、LR03无汞碱锰高速电池生产线,共拥有各种电池生产线36条,年生产能力20亿只,是目前我国规模最大的碱性电池生产企业之一,也是最早生产无汞绿色环保电池的企业之一。野马的产品获评中国名牌产品、浙江省科技进步二等奖、浙江省著名商标等,其中R6P、R03P型电池经国家轻工业质量检测中心抽检,多次名列国内第一,CR锂锰电池、R6、R03镍氢电池被评为宁波市新产品;产品远销欧美、日本、东南亚等60多个国家和地区,并在国内20多个大中城市建立了30多个销售分公司和多个营销网点,已形成了一个内外销并举、遍布国内外的销售网络,大大提升了野马产品的市场占有率和知名度。

1992年至1996年是公司的创业期。筹建初期的野马,只是一家总资产不到70万元、年总产量73万只、年销售额12万元、年利润仅3万元的简陋小厂。当时,市场经济在神州大地春潮涌动,野马创始人余元康以敏锐的洞察力,准确把握市场脉络,驾驭着"野马"这艘船,顶住市场大潮的冲击,越过激流险礁,终于获得了创业抢滩的成功。企业总资产从1992年的69万元递增到1996年的1047万元,增长了14倍多;年销售额从12万元递增到1578万元,增长了130倍多;年总产量从73万只递增到7245万只,增长了98倍多;利润从3万元递增到117万元,增长了38倍。经过这五年的艰苦奋斗,野马终于站稳脚跟,筑基成功。1996年,野马成功转为股份合作制企业。

1997年至2001年是企业的成长期。在这段时期,野马的创始人经过深刻思考后,制订了符合企业成长的新的经营方针——"科技兴厂、志在一流",以及新的经营目标——五个"一流"(一流人才、一流设备、一流产品、一流环境、一流效益)。通过贯彻实施新的经营方针和经营目标,企业的总资产从1997年的1182万元递增到2001年的5406万元,增长了约3.57倍;年销售额从2471万元递增到6403万元,增长了约1.59倍;年总产量从7729万只递增到22000万只,增长了约1.85倍;利润也增长了约4.83倍。这一阶段,企业发展大事迹有:1997年,与其他企业共同研制的无汞无镉绿色环保电池,荣获宁波市与浙江省科技进步二等奖。1998年,荣获宁波市江东区重点骨干企业称号。1999年,荣获江东区科技型企业称号。2000年,获中国电池工业协会理事单位、先进单位称号;同年8月,顺利通过了ISO 9000质量管理体系认证;同年年底,企业顺利迁至投资3000万的福明路新厂区。

2001 年，成立区级工程技术中心，与河北工业大学合作的国内第一条每分钟产量达 60 只的锂锰扣式电池生产线，被列入宁波市年度新产品计划；这一年，野马还投资 3000 万引进了具有国际先进水平的 LR03 碱性生产线一条，从而使企业产品结构从单一走向多元。

　　2002 年到 2006 年是企业的发展期。野马采取了一系列经营决策与措施：一是自培与引进相结合，培育和充实各类人才；二是狠抓新技术项目研发，提升产品的科技含量；三是继续狠抓品质管理，强调"顾客满意、尽善尽美"；四是继续提高碱性产品的结构比重，投资 3000 万再引进具有国际先进水平的 LR6 碱性生产线一条；五是对碳性电池的生产和包装设备进行第二次全面技改更新，以提升设备的机械化和自动化程度；六是实施企业现代管理机制，配置现代化办公设施。上述经营决策的实施，使企业的总资产从 2002 年的 8525 万元递增到 2006 年的 22881 万元，增长了约 1.68 倍；年销售额从 9543 万元递增到 33024 万元，增长了约 2.46 倍；年总产量从 31500 万只递增到 65001 万只，增长了约 1.06 倍。经济效益亦有较大幅度的增长。这一阶段，企业发展大事迹有：2002 年，获评江东区高新技术企业，研发的无汞无镉无铅 P 型电池被列入年度市级新产品计划；9 月，更名为浙江野马电池有限公司。2003 年，野马商标获评宁波市知名商标和名牌产品，同年，企业获市级高新技术企业称号。2004 年，野马商标获评浙江省名牌产品；企业获评浙江省高新技术企业称号、年度全国对外贸易信用 AAA 级企业，并被中国质量检验协会认定为质量检验合格单位。2005 年，公司入选国家统计局权威发布的首届中国制造业 1000 家"最具成长性中小企业"，被宁波市政府授予"宁波市成长之星企业"称号；3 月，通过 ISO 14001 环境管理体系认证；9 月，野马商标获中国名牌产品称号；10 月，野马创始人被选为中国电池工业协会副理事长；同年，企业总投资 1 亿元的新厂区在宁波市镇海区落成，并于 12 月顺利搬迁完毕。2006 年，野马商标被认定为浙江省著名商标，野马品牌被评为宁波市重点培育和发展的出口名牌；同年 6 月至 9 月，公司新增 LR20、LR14、LR61 三条国产碱锰电池生产线，为企业进一步扩大碱性电池比重，完善产品结构，起到了重要作用。

　　2007 年是企业承前启后、开拓创新的新时期。"思路决定成败"，2007 年至今，企业采取了一系列新的经营决策：一是加强管理团队建设，通过有计划的岗位培训、管理制度修订和组织结构调整等方式，使管理团队实现年轻化、知识化；二是加强技术创新和技术队伍建设，以出成果、出项目、出人才为根本目标；三是加强设备技改投入，通过提高设备的机械化、自动化水平提高产品性能、产能,调整产品结构;四是强调"开源",将销售目标分解到个人,并实行营销的"利益最大化"原则,也就是坚持"无利不干、持平不做、微利可为"的原则,这也符合经营上的"盈亏平衡"原理;五是强调"节流",抓好企业的成本管理,通过控制用资计划审批以加强财务核算管理,通过降耗挖潜降低成本;六是加强企业内部管理,力求在经营现实的基础上进行管理模式创新。通过这六条经营决策的贯彻实施,企业总资产从 2007 年的 29993 万元递增到 2011 年的 57414 万元,增长了 91.42%;年销售额从 40676 万元递增到 79063 万元,增长了 94.37%;年总产量从 73830 万只递增到 156510 万只,增长了约 1.12 倍。企业利润亦有新的增长。这一阶段企业发展大事迹有:在企业品牌、知名度方面,2007 年,野马产品获国家免检产品称号;2008 年,企业获评宁波市"两创"示范企业、浙江省知名商号、浙江省重点出口名牌和市级工程技术中心;2009 年,获评国家高新技术企业、中国电池行业 AAA 信用等级企业;2010 年,获省级工程技术中心称号;2011 年,野马商标荣获浙江省著名商标和省重点出口名牌称号,企业荣获宁波市级治安安全单位称号、中国出口信用保险的 AA 级大客户称号;2010 年至 2012 年,公司自主研发 LR6、LR03 高功率高速自动化生产线 4 条,达到国际领先水平,年增产能 7.2 亿只;2013 年,公司在设备改进和研发上又取得了一次阶段性的成果,LR03 和 LR6 碱性新自制生产线经过数次改进之后成功验收,设备精确度更高,性能较以往几条生产线都有所提高。在技术研发方面,获国家发明专利 3 项、国家实用新型专利 13 项。在设备技改方面,对碳性电池的生产设备再次进行了全面技改,并以涂胶封口代替传统的沥青封口,填补了国内空白,达到了环保无公害的可喜效果;同时,企业组建了设备研制专题小组,成功研制了 3 条性能不低于进口全自动碱锰电池的生产线。在优化企业管理方面,5S 现场管理更加巩固和完善,绩效考核、标准化管理、班组建设以及中层管理团队建设等方面也取得了一定的成效。公司的发展历程如表 5-1 所示。

表 5-1 浙江野马电池有限公司发展历程

年 份	标志性事件
1992 年	1 月，公司成立
1995 年	开始生产无汞无镉环保电池
1996 年	11 月，转制为宁波市力达电池有限公司
2000 年	8 月，公司通过 ISO 9000 质量保证体系认证； 12 月，总投资 5000 万的福明路新厂区落成，公司顺利搬迁，并完成第一次技改
2001 年	自行开发研制的锂锰扣式电池被列入宁波市年度新产品； 12 月，成立宁波市江东区原电池工程技术中心
2002 年	9 月，更名为浙江野马电池有限公司
2003 年	8 月，自行开发研制的无汞无镉无铅锌锰电池通过新产品鉴定
2005 年	3 月，通过深圳环通认证中心审核，获得 ISO 14001 环境管理体系认证； 9 月，野马牌碱锰电池被认定为中国名牌产品； 12 月，公司总投资 1 亿的骆驼新厂区落成，并顺利完成搬迁；公司完成第二次技改
2006 年	1 月，公司实行全员劳动合同制，并为全体员工缴纳社会统筹保险； 6 月，LR20、LR14 碱锰电池生产线试产成功； 9 月，LR61 碱锰电池生产线试产成功，进一步完善了公司的产品结构
2007 年	国内首先采用防爆结构并获专利
2008 年	产品完全达到欧盟 RoHS 指令* 标准
2009 年	9 月，被评为国家级高新技术企业
2010 年	第一条自制高速自动化生产线研制成功，并投产使用
2011 年	公司内部全面推行 5S 现场基础管理制度； 获评宁波市安全生产标准化市级企业
2012 年	中国质量诚信企业复评通过； 获评出口产品质量安全示范企业
2013 年	成功研制 1 条国内最先进的 LR61 全自动生产线和 4 条 LR61 全自动点焊组装线，同年获评宁波市外贸创新优势企业

* RoHS(The restriction of the use of certain hazardous substances in electrical and electronic equipment)即"在电子电气设备中限制使用某些有害物质指令"，简称 RoHS 指令。

目前，公司产品销往欧盟、北美、东南亚等 70 多个国家和地区。野马秉承"事事力达圆满，处处精益求精"的工作精神，满足客户不断变化的需求，通过技术创新、管理创新，为客户提供品质一流的绿色能源产品，并适时开发质高品优且具有不同用途、适销对路的新产品投放市场，不断提高产品结构的系列化程度和产品的技术含量,高度重视名牌产品后续工程的投入,以提高企业在国内外市场的竞争力。同时,全力抓好企业的文化、诚信、商标、营销等名牌发展战略辅助系统建设,以充分发挥野马产品的名牌效应。目前,企业的规模、效益、信誉、产品质量在国内同行业中处于领先地位。

二、浙江野马电池有限公司代际传承简介

野马电池有限公司创始人为余元康,继承人为余谷峰,二人为父子关系。余元康从慈城技工学校毕业后攻读电子专科,之后到国有单位宁波电池厂上班,时年18岁,他的兴趣爱好和专业就是做电池。1983年,余元康从宁波电池厂辞职,到宁波福民路上开了一家电池厂;1992年,创立宁波电池总厂联营三分厂;1996年,联营三分厂转制为宁波市力达电池有限公司;2002年,更名为浙江野马电池有限公司,余元康任总裁、董事长。因为是技术出身,余元康工作比较务实,企业在他的精心经营下规模逐渐扩大。公司最开始是一个村办企业,后来搬到福明路,占地20亩。2003年,由于经营规模迅速扩大,厂区又不够用了,企业于2006年搬至镇海区。这一年余元康年满60岁,他决定退休享受生活,彻底退出野马公司,于是将公司的管理权、经营权全部交给儿子余谷峰。余谷峰于2006年从父亲余元康手中开始全面接管公司的业务,其传承的过程可以用"顺畅"和"水到渠成"来形容,在宁波家族企业传承中堪称典范。用余谷峰自己的话说,传承过程非常自然,主要归功于父亲做得好,60岁准时退休,将公司全权交给他打理,这一点不是所有企业家都能够做到的。

余元康18岁就在宁波电池厂工作,1983年"下海",一直兢兢业业经营着公司。余谷峰用"务实"和"勤劳"这两个词来形容父亲,父亲没有为他设计特别的受教育路线,甚至在他毕业后也没有为他安排工作,而是让他自己去找机会,自由发展。余谷峰自谋职业,做过营业员、销售员等。在外面打拼过,见过世面,就知道赚钱的不易、人情世故的复杂。这其实也是余元康有意识地让儿子出去锻炼。经历了社会就业艰辛的余谷峰,在30岁时才进入父亲公司工作,从头做起,从最基层的车间做起。当时公司从加拿大引进了生产设备,余谷峰就跟着国外专家一起上下班,在生产线上安装设备。6年的车间工作他对电池生产的来龙去脉有了全面的了解,对产品、技术工艺管理也有了较深的了解,从原来的门外汉变成了专家。这6年的车间经历也让余谷峰学到了电池生产的"DNA"和父亲经营这家企业的"DNA"。余谷峰认为自己的为人和做事的方式很大程度上是从小到大耳濡目染的结果。他从小就在电池的世界里长大,对电池有一份独特的感情,而父亲这种顺其自然的培养方式让他在早期的职业生涯中充分体会到了工作和打拼的艰辛,更感受到父亲创业和守业的不容易,也深切感受到自己对这份家族事业的责任。

余谷峰在非常了解设备的情况下接管野马,后扩大生产,在此期间带领野马自主研制生产设备。引进一条生产线设备需要 3000 万元,野马购买了2 条后,自己设计了 5 条,而这 5 条生产线设备对野马的升级起到了决定性的作用。产品的性能稳定,生产成本下降,竞争力就会大大提高,企业发展就有了后劲,现在很多世界知名超市的电池都是野马生产的。此外,余谷峰接手野马后,一直专注于电池产业,没有在公司的业务上进行多元化的扩张,如进入房地产领域、进行金融投资等。他认为各行各业赚钱是容易的,天下赚钱都不容易,都要冒风险,所以他不进入自己不熟悉的行业和产业。他凭着自己对电池的深厚感情,一直在这一领域钻研,进行产业升级。

第二节　浙江野马电池有限公司案例典型性分析

一、产业代表性

野马所在的行业是电子制造业,而电子制造业属于技术密集型产业,其发展状况在一定程度上反映出一个国家或地区的经济及技术发展水平。欧盟的绿色贸易壁垒、中国电池出口退税制度取消、原材料价格上涨、国外出现企业垄断高端市场等问题制约着中国电池行业发展,导致产品更新换代不及时,生产自动化、机械化程度不高等问题。当前,中国已成为全球最大的电池生产国和最大的电池消耗国,随着电子制造产业技术进步与纵向专业化分工的深化,这类行业的做大做强代表着中国制造业未来的发展方向。

二、企业代表性

野马电池有限公司成立于 1992 年,现有员工 1200 余名,是专业生产和销售各种规格型号的无汞锌锰干电池、无汞碱锰电池、无汞扣式锂锰电池的股份制民营企业,是中国电池工业协会常务理事单位。产品有 68% 远销欧盟、北美、日本以及我国香港地区,并在国内 20 多个大中城市建立了销售分公司和办事处,是目前我国规模最大的碱性电池企业之一。公司现有各种生产线 26 条,其中有两条是从加拿大海霸公司进口的具有国际先进水平的

LR6、LR03 无汞碱锰电池生产线。公司年生产能力 15 亿只,先后通过了 ISO 9001 质量体系认证、ISO 14000 环境管理体系认证。曾获省级三优企业、诚信单位、高新技术企业和市级模范集体、先进职工之家、民企文化建设先进单位等一系列荣誉称号。作为一家以技术创新为发展主线的公司,野马成立了从事新产品研究开发的江东原电池工程技术中心,每年从销售收入中抽出 5% 以上的资金用于新产品的研发。其中,R6P 型电池经国家轻工业电池质量监督检测中心抽检,质量多次名列国内第一;CR 锂电池被评为宁波市新产品。

三、传承代表性

(一)宁波家族企业传承的先锋

浙江野马电池有限公司的代际传承在宁波属于传承的"第一代",传承时间较早,传承过程顺利,继承人已经完全接手和管理企业的运营,企业业务稳步发展,企业在技术、规模和市场方面也取得了突破性的进展,传承效果良好。

(二)以技术创新为载体的家族企业演进传承代表

浙江野马电池有限公司的核心业务是电池,这在父辈和子辈的经营过程中都没有发生变化,并且和父辈一样,子辈也是专注于电池产业的持续升级。也就是说,家族企业的传统产业,父辈经营的核心业务,通过继承者在传承过程中的一系列变革举措得以延续和发展,从而使家族企业规模更大、技术更高级、市场份额更大、现代化水平更高。浙江野马电池有限公司就是家族企业业务演进的代表。余谷峰接手野马后,一直专注于做电池产业,没有在公司的业务上进行多元化的扩展,如进入房地产领域、进行金融投资等。他凭着自己对电池的深厚感情,一直在这一领域钻研,进行产业升级,使企业在品牌、技术方面获得了长足的发展,企业知名度显著提高。

(三)以产业情感和传承责任培养为核心的传承计划

创始人(余元康)没有为继承者(余谷峰)设计特别的受教育路线,甚至在他大学毕业后也没有为他安排工作,而是让他自己去找工作,自由发展。继承者在外面打拼过,见过世面,就知道赚钱的不易、人情世故的复杂。这其实也是创始人有意识地让继承者出去锻炼,经历社会就业的艰辛。继承者 30 岁时才进入公司工作,从头做起,从最基层的车间做起,在生产第一线安装设备,琢磨电池生产的工艺。6 年的车间工作中,继承者对电池生产的来龙去脉有了全面的了解,对产品、技术工艺管理也有了较深的了解,由原来的门外汉变成了专家。这6年的车间经历也让继承者学到了电池生产的"DNA"和创始人经营这家企业的"DNA"。继承者认为自己的为人和做事的方式很大程度上是从小到大耳濡目染的结果。继承者从小就在电池的世界里长大,对电池有一份独特的感情,而创始人这种顺其自然的培养方式让继承者在早期的职业生涯中充分体会到了工作和打拼的艰辛,更感受到创始人创业和守业的不容易,也深切感受到自己对这份家族事业的责任。

(四)基于家族信任和特定家族文化的持续传承

余谷峰于2006年从父亲余元康手中开始全面接管公司的业务,其传承的过程可以用"顺畅"和"水到渠成"来形容,在宁波家族企业传承中堪称典范。用余谷峰自己的话来说,传承过程非常自然,主要归功于父亲做得好,60岁准时退休,将公司全权交给他打理,充分体现了家族的信任,这一点不是所有企业家都能够做到的。余谷峰和弟弟每天晚上在父亲家里吃饭,在饭桌上谈谈每天碰到的问题和工作情况,很多时候都能达成共识。创始人更像是继承者的朋友,接班初期,创始人和继承者每天都会聊天,这种沟通其实是很好的铺垫,避免了长期沟通不畅可能导致的冲突。一起吃饭、饭间聊天的过程,也是父子在为人处世、工作等各方面沟通的过程。余谷峰认识的人很多也是余元康认识的,这就是一个圈子,交集、补集、并集都在,体现了家族企业传承的可持续性。

四、传承效果分析

(一)企业效益提高

余谷峰正式接手野马以后,在经营上采取了新的决策。决策覆盖了技术创新、人才投入和管理、市场营销领域。通过六条经营决策的贯彻实施,企业的总资产从2007年的29993万元递增到2011年的57414万元,增长了91.42%;年销售额从40676万元递增到79063万元,增长了94.37%;年总产量从73830万只递增到156510万只,增长了约1.12倍。企业经济效益亦有新的增长。

表 5-2　2009—2013 年浙江野马电池销售业绩一览表

年　份	销售额(亿元)	产值(万元)	市场覆盖率
2009 年	4.42 亿	46046	北美 40%,欧洲 40%,其他地区 20%;2009—2013 年的波动不是很大。
2010 年	6.18	63614	
2011 年	8.03	78972	
2012 年	7.47	72771	
2013 年	7.61	85082	

在企业品牌、知名度方面,2007 年,野马产品获国家免检产品称号;2008年,企业获评宁波市"两创"示范企业、浙江省知名商号、浙江省重点出口名牌和宁波市工程技术中心;2009 年,荣获国家高新技术企业称号、中国电池行业 AAA 信用等级企业称号;2010 年,获浙江省工程技术中心称号;2011年,野马商标荣获浙江省著名商标和浙江省重点出口名牌称号,企业荣获宁波市治安安全单位称号、中国出口信用保险公司 AA 级大客户称号。

在技术研发方面,获国家发明专利 3 项、国家实用新型专利 13 项。2012 年,被中国出入境检验检疫协会评为中国质量诚信企业,通过国家级高新技术企业复评。2013 年,被宁波市人民政府评为 2012 年度外贸创新优势企业。2014 年,通过浙江省知名商号复评,并被评为镇海区出口十强企业。

在设备技改方面,再次对碳性电池的生产设备进行了全面技改,并以涂胶封口代替传统的沥青封口,填补了国内空白,达到了环保无公害的可喜效果。同时,企业组建了设备研制专题小组,成功研制了 3 条性能不低于进口全自动碱锰电池的生产线。

在优化企业管理方面,5S 现场管理更加巩固和完善,绩效考核、标准化管理、班组建设以及中层管理团队建设等方面也取得了一定的成效。

（二）家族和谐

从余家"餐桌上的持续传承"这一传统来看,其家族之和谐毋庸置疑。余谷峰的弟弟承担着野马对外销售的所有业务,兄弟二人配合很默契,责权明晰,这在家族企业中也是很少见的。创始人能够在 60 岁准时退休,可见其对继承者的充分信任。创始人的彻底退休,使得接班的过程更为顺利。

（三）企业员工满意

野马为员工提供了花园式的工作环境,车间和办公环境舒适、安全、洁净;员工的精神状态积极向上,具有主人翁意识。野马加强管理团队建设,通过有计划的岗位培训、管理制度修订和组织结构调整等方式,使管理团队实现年轻化、知识化,以出成果、出项目、出人才为培养目标。公司人力资源部 2013 年开展的员工工作满意度调查显示,89％的员工对目前企业的状态表示满意,公司人员流动保持平稳。

第三节　浙江野马电池有限公司代际传承
资料的开放性译码分析

一、开放性译码的定义现象和标签分类

为了便于资料分析,本书将野马案例称为个案 A。为了保证实地资料提炼的连续性、渐进性,本书将个案 A 的资料开放性译码分析细分为四个步骤,即贴标签(定义现象)、初步概念化、概念化和范畴化。本小节先介绍前两个步骤,具体思路如下。

首先,将实地资料置于表格之中,为了提高分析的精确度和严密性,便于对资料进行逐句定义,在表格第一栏,即整理后的实地资料部分,在每句话后面都标注"(ax)";其次,将表格第二栏"开放性译码"分为"贴标签(定义现象)"和"初步概念化"两部分内容,体现传承过程中的关键信息以及传承的过程;再次,用第二栏的"ax＋概念"对应第一栏的"句子＋(ax)",于是,第一栏的整体内容就转换为由第二栏"贴标签(定义现象)"部分的描述群表示;最后,提炼中难免会出现多个标签指代同一现象的情况,或者多个标签具有本质一致性的情况,因此,对"贴标签(定义现象)"一栏的内容进行重新归类,用第三栏的"aay＋概念",这一概念指代前面那些本质类似的标签(比如 bx1、bx2、bx3 等),于是 aay 就成为一个表达同类定义的初步概念,,而这些定义的归类在本质上反映了对现象的归类。

总之,经过对资料进行逐句贴标签(定义现象)和初步概念化,最终得到147 个标签和 73 个初步概念。贴标签(定义现象)和初步概念化详见表 5-3。

表 5-3 个案 A 的开放性译码表:贴标签(定义现象)和初步概念化

个案 A 的代际传承访谈资料	开放性译码	
	贴标签 (定义现象)	初步概念化
余元康从慈城技工学校毕业后攻读电子专科(a1),之后到国有单位宁波电池厂上班,时年 18 岁,从这时起他就开始与电池打交道了(a2)。1983 年,余元康从宁波电池厂辞职(a3),在宁波福民路上开了一家电池厂。筹建初期的电池厂只是一家总资产不到 70 万元、年总产量 73 万只、年销售额 12 万元、年利润仅 3 万元的简陋小厂(a4)。那时,市场经济在神州大地春潮涌动,创始人余元康以敏锐的洞察力,准确把握住市场脉搏(a5),使企业总资产从 1992 年的 69 万元递增到 1996 年的 1047 万元,增长了 14 倍多;年销售额从 12 万元递增到 1578 万元,增长了 130 倍多;年总产量从 73 万只递增到 7245 万只,增长了 98 倍多;利润从 3 万元递增到 117 万元增,长了 38 倍(a6)。企业终于站稳脚跟,筑基成功(a7)。1996 年,企业转制为宁波市力达电池有限公司,2002 年更名为浙江野马电池有限公司,余元康任总裁、董事长(a8)。	a1 父专业学习 a2 父专业经验 a3 父果断辞职 a4 父艰苦创业 a5 父洞察机会 a6 企业迅速成长 a7 企业站稳脚跟 a8 企业转制更名	aa1 父行业专业背景(a1 a2) aa2 父果断决策(a3) aa3 父实干务实(a4 a9 a10) aa4 父洞察机会(a5 a8) aa5 企业初期发展(a6 a7 a12 a13)
因为是技术出身,余元康比较务实,也不善言辞(a9)。与说相比,他喜欢想,更偏爱去做(a10)。他经常深入车间第一线,亲自监督产品质量,把关技术改革,对这份事业可谓全身心地投入(a11)。企业在他的精心经营下,规模逐渐扩大,最开始是一个村办企业,后搬到福明路,占地 20 亩(a12)。2003 年,由于经营规模迅速扩大,厂区又不够用了,企业遂于 2006 年搬至镇海区(a13)。余元康充分认识到,制造业要在竞争中脱颖而出,必须进行技术创新(a14)。虽然只是一节小小的电池,但它的技术要求却一点也不低,好电池既要符合环保要求,又要具备体积小、容量大、经久耐用的优点(a15),还必须以优惠的价格来吸引消费者(a16),且电池生产的每个环节都需要有相应的高技术来支撑(a17)。所以,经营好一家电池厂,光靠一股创业激情是远远不够的,"工欲善其事,必先利其器",这个"器"就是先进的技术(a18)。创业初期,野马的确没有雄厚的资金保障,但企业仍然将盈利所得的大部用到了技术投入上。不管是 1 万、2 万还是 10 万、20 万,只要有一点盈利,除支付掉必需的开支外,野马都一分不少地将其用在了技改投入中(a19),而且十年如一日,这样的循环投入方式一直	a9 父务实内向 a10 父实干敬业 a11 父深入一线 a12 企业规模扩大 a13 企业迁址 a14 父技术创新意识 a15 父产品领先意识 a16 父市场意识 a17 技术支撑 a18 父重视技术 a19 父投资技术	aa6 父重视一线(a9 a11) aa7 父技术创新理念(a14 a22) aa8 父产品领先意识(a15 a16) aa9 父技术领先意识(a17 a18) aa10 父技术投资(a19 a20 a26) aa11 父技术和人才价值取向(a21 a28)

支撑着企业技术创新(a20),即使在创业初期碰到资金周转不灵时,野马的也没有停止技术投入。企业的理念是,资金再紧也不能紧在技术改革上(a21)。例如,建厂七周年时,野马已经对原有的设备工序彻底更新了三次,平均两年更新一次(a22),并花巨资从加拿大引进了两条世界领先水平的高速电池生产线(a23)。这样的生产线当时在国内还只有六条(a24)。技术的大投入,使野马从原来的劳动力密集型企业向科技型、高新技术型企业转型(a25)。随着规模的不断扩大,企业对技术改革的投入也不断增加,仅在技术设备上的投入就已经超过1亿元(a26)。野马在人才上舍得花重金,非常注重一流人才的引进和利用(a27)。1992年企业创立之初,资金比较困难,但还是引进了60余名大专、本科毕业生以及10余名拥有高级职称的高级人才,这在当时也是比较少见的(a28)。随着技改的深入,野马每年都会对科技人才提出新的要求,科技人才的比重也会随之增加(a29)。2001年,野马成立了江东原电池工程技术中心(a30),专门从事新产品研发工作(a31);在引进具有国际先进水平的LR03碱性锌锰电池生产线后的第二年,就将高科技研发人员的数量扩充了近一倍,由原来的20名增加至37名,占到了职工总人数的8.14%。2003年至2005年,野马的高端人才队伍继续壮大(a32)。 　　野马有一支先进的科研队伍,队伍成员实力相当这支队伍的一项重要任务就是研制无污染且高性能的环保电池(a33)。在这支队伍的努力下,野马研制的无汞无镉绿色环保电池,提前十年就达到了国家对电池汞含量的要求,这项技术不但获得浙江省科技进步二等奖(a34),为公司带来了源源不断的订单(a35),更重要的是为保护自然环境作出了一定贡献(a36)。野马多年来以环保安全为目标持续改进的产品,从无汞电池到无汞无镉电池再到无汞无镉无铅电池(a37),它们的环保标准一直处于国内领先地位(a38),并且还在一步步走向更高的标准(a39)。为了减少企业的环境污染,2004年9月野马还实施了ISO 14000环保管理体系认证(a40)。野马商标获评宁波市知名商标和名牌产品(a41),企业获评宁波市高新技术企业(a42)。2004年,企业获得了浙江省高新技术企业称号和浙江省名牌产品称号(a43),获评年度全国对外贸易信用AAA级企业(a44),并被中国质量检验协会认定为	a20 父持续投资技术 a21 父技术优先战略 a22 父技术更新迅速 a23 父引进国外技术 a24 国内生产技术领先 a25 企业转型升级 a26 技术投入巨大 a27 父重视人才 a28 父重金求才 a29 科技人才比重大 a30 组建研发团队 a31 新产品研发 a32 研发人员迅速扩充 a33 父环保理念 a34 环保技术突破 a35 订单增加 a36 父社会责任 a37 产品持续升级换代 a38 环保标准国内领先 a39 精益求精 a40 引入环境管理体系 a41 品牌荣誉 a42 技术荣誉 a43 高新技术企业定位 a44 信用荣誉	aa12 父引进国外技术引进(a23) aa13 企业技术优势(a24 a34 a42) aa14 企业转型升级(a25 a37 a43) aa15 父人才意识(a27 a29) aa16 父人才投资(a28 a32) aa17 组建研发队伍(a30 a32) aa18 环保产品研发(a31 a38) aa19 市场拓展(a35) aa20 父社会责任感(a36) aa21 父精益求精理念(a22 a39) aa22 父环保理念(a33 a40) aa23 企业产品质量认可(a45 a47)

续表

质量检验合格单位(a45)。2005 年,公司入选国家统计局发布的首届中国制造业 1000 家最具成长性中小企业,被宁波市政府授予宁波市成长之星企业称号(a46);3 月,通过 ISO 14001 环境管理体系认证(a47);9 月,荣获中国名牌产品称号。工作环境方面,野马为员工提供了花园式的工作环境(a48),让员工有一个舒适、安全、洁净的工作场所,也要求员工自觉自愿地保护环境(a49),如员工会很自觉地将操场上的废纸捡起来扔进垃圾箱(a50)。 2006 年,余元康年满 60 岁,决定退休享受生活(a51),去老年大学学绘画(a52)。他对儿子余谷峰的接班表现出极大的信心(a53),所以 60 岁一到便彻底退出野马公司,将公司的管理权、经营权全部交给儿子余谷峰(a54)。余谷峰于 2006 年从父亲余元康手中开始全面接管公司的业务(a55),当时的野马已经是一个比较成熟的公司(a56)。余元康没有为儿子设计特别的受教育路线(a57),甚至在他大学毕业后也没有为他安排工作(a58),而是让谷峰自己去找工作,自由发展(a59)。余谷峰自谋职业,做过营业员、销售员等(a60)。在外面打拼过,见过世面,就知道赚钱的不易、人情世故的复杂(a61)。这其实也是父亲有意识地让儿子出去锻炼(a62)。经历了社会就业的艰辛,余谷峰 30 岁时才进入公司工作(a63)。他从头做起,从最基层的车间做起(a64)。当时公司从加拿大引进设备,余谷峰就跟着国外专家一起上下班,在生产线上安装设备(a65)。6 年的车间工作中,他对电池生产的来龙去脉有了全面的了解,对产品、技术工艺管理也有了较多的了解,从原来的门外汉变成了专家(a66)。余谷峰认为,对事物从源头开始了解,就知道它的基因是什么、精华是什么、核心是什么(a67)。这 6 年的车间经历让余谷峰学到了电池生产的"DNA"(a68)和父亲经营这家企业的"DNA"(a69)。余谷峰认为自己的为人和做事的方式在很大程度上是从小到大耳濡目染的结果(a70)。他从小就在电池的世界里长大(a71),对电池有一份独特的感情(a72),而父亲这种顺其自然的培养方式(a73),让他在早期的职业生涯中充分体会到了工作和打拼的艰辛(a74),更感受到父亲创业和守业的不容易(a75),也深切感受到自己对这份家族事业的责任(a76)。	a45 质量荣誉 a46 成长潜力认可 a47 环境管理认证 a48 花园式工作环境 a49 员工环保意识 a50 员工环保行为 a51 父 60 岁退休 a52 父晚年兴趣 a53 父信任子 a54 父彻底交权 a55 子全面接管 a56 交接时成熟稳定 a57 自由式培养 a58 社会打拼 a59 自己谋生 a60 子工作经验丰富 a61 子体验社会艰辛 a62 父亲"无为"的传承计划 a63 子 30 岁入企业 a64 子车间基层工作 a65 子与外国专家共事 a66 子行业知识积累 a67 子基层经验 a68 子电池知识 a69 子经营知识 a70 子耳濡目染 a71 子儿时的参与 a72 子电池情结 a73 父宽松教育 a74 子体验生活 a75 子体会父亲不易 a76 子传承责任	aa24 企业花园式工作环境建设(a48) aa25 企业环保文化(a49 a50) aa26 父果断退休(a51 a52) aa27 父信任子(a53) aa28 交接彻底(a54 a55) aa29 交接企业稳定(a56 a77 a79) aa30 自由式培养(a57 a59 a73) aa31 子社会打拼(a58 a60 a74) aa32 子社会经验积累(a60 a61) aa33 家族传承计划(a62 a63) aa34 子家族企业基层锻炼(a64) aa35 子接触先进技术(a65) aa36 子专业知识积累(a66 a68)

野马的制度、产品都比较成熟，接班时的团队也比较成熟(a77)，而且大多是大学刚毕业，正是打拼事业的黄金年龄(a78)，并且人员相当稳定(a79)。	a77 成熟的工作团队 a78 人员年轻 a79 人员稳定	aa37 子行业管理经验积累(a67 a69 a99)
父子间的沟通方面，余元康是搞技术当老板出身，余谷峰也是技术出身(a80)，很多问题摆在眼前时，父子二人就一起探讨(a81)。其实很多事情如果把问题讲清楚了，答案是对是错就在那里(a82)，所以父亲更像一个朋友(a83)。余谷峰和弟弟每天晚上在父亲家里吃饭(a84)。这样他们自己不用做饭，父母也改善了伙食(a85)。而且谈论每天碰到的问题和工作情况(a86)，很多时候能潜移默化地达成共识(a87)。余谷峰说："接班初期，我和父亲每天都会聊(a88)，比如，今天我们生产很忙，在忙什么产品(a89)；比如我弟弟说我们现在生意很好，可能顾客还会下单(a90)。每天的沟通就是很好的铺垫，避免了长期沟通不畅可能导致的冲突(a91)。父母和子女之间的关系往往会受制于很多东西，在我们家，钱不是问题那就没问题了(a92)。"一起吃饭、饭间聊天，双方在为人处世、工作等各方面都在潜意识地沟通(a93)。余谷峰认识的人很多也是余元康认识的，这就是一个圈子，交集、补集、并集都在了(a94)。余元康会将一些政府的资源、银行的资源介绍给余谷峰(a95)。余谷峰自己也积极参加了一些企业家协会，如宁波"创二代"联谊会、宁波民营企业家协会等(a96)，通过这些平台，他认识了更多的新生代企业家，大家互相学习、取经(a97)。余谷峰已经成为圈子里颇有号召力的"老大哥"了(a98)。	a80 父子都是技术出身 a81 父子共同探讨 a82 摆事实讲道理 a83 父子朋友关系 a84 家庭晚餐 a85 双赢搭伙 a86 饭桌闲聊 a87 沟通默契 a88 每日交流 a89 交流企业日常运营 a90 交流企业状况 a91 沟通矛盾少 a92 气氛和谐 a93 家庭晚餐聊天 a94 父子有共同的社交圈 a95 社会资源共享 a96 子积极拓展社交圈子 a97 同行交流学习 a98 子社会号召力 a99 子熟悉业务	aa38 子儿时的参与(a70 a71) aa39 子电池情结(a72) aa40 子家族传承的责任(a75 a76) aa41 基于技术的沟通(a80 a82) aa42 利益一致的沟通(a81 a83) aa43 家族晚餐(a84 a85 a86 a93) aa44 家族氛围(a86 a87 a88) aa45 沟通效率高(a88 a91) aa46 饭桌上的公司状况交流(a89 a90)
因为非常了解设备(a99)，余谷峰接手企业后就扩大了生产(a100)，在此期间带领野马自主研制了生产设备。引进一条生产线需要3000万元，野马购买了2条(a101)，后来又自己设计了5条，而这5条生产设备对野马的升级起到了决定性的作用(a102)。公司花了5年时间和巨额资金研了国内首条碱性电池生产线(a103)，并申请了相关技术专利(a104)。生产线的投运，实现了产量从每分钟400节到每分钟600节的突破，产品合格率在99%以上(a105)，与进口设备的费用相比，成本节省了2/3以上(a106)。最重要的一点是，从以前根据设备制造产品到现在根据市场来生产产品，野马掌握了市场主动权(a107)。产品的性能稳定，生产成本降低，竞争力就会大大提高，企业发展扩张就有了后劲(a108)。因为懂技术，所以决策时就敢拍	a100 子扩大生产 a101 子引进设备 a102 企业自主研制设备 a103 时间资金投入研发 a104 获得研发专利 a105 生产效率突破 a106 生产成本降低 a107 掌握市场主动权 a108 企业进一步扩张	aa47 家族凝聚力(a93 a139) aa48 家族社会网络共享(a94 a95) aa49 家族社会网络拓展(a96 a97) aa50 家族社会影响力(a98 a140)

续表

板(a109)。而一个领导人熟悉业务,敢于拍板是非常重要的(a110)。在余谷峰的带领下,企业蓬勃发展,现在很多世界知名超市的电池都是野马生产的(a111)。余谷峰经常深入生产一线,了解产品和员工,及时发现并解决问题(a112)。课题组采访当天,余谷峰就去车间巡视了(a113)。他认为,"企业发展一靠市场,二靠一线,所有的员工都要为一线服务"(a114)。因为其对员工一如既往的重视和关怀(a115),和员工沟通交流,帮助员工一起解决问题,慰问一线员工(a116),所以野马的员工流动性不大,相对来说是比较稳定的(a117)。	a109 子知识支持下的果断决策 a110 及时把握机遇 a111 子拓展国际市场 a112 子深入一线 a113 子车间巡视 a114 子服务一线的理念 a115 子注重基层交流 a116 子关心员工 a117 人员稳定	aa51 家族分工明确 (a144 a145 a146) aa52 企业进一步扩张(a100 a108) aa53 子生产技术革新(a101 a102) aa54 子注重研发(a103 a104) aa55 技术创新成果 (a105 a106 a107)
余谷峰接手野马后,一直专注于做电池产业,没有在公司的业务上进行多元化的扩展,如进入房地产领域、进行金融投资等(a118)。他认为没有什么行业赚钱是容易的,赚钱都不容易,都要冒风险(a119),所以他不进入自己不熟悉的行业和产业(a120)。他凭着自己对电池的深厚感情,一直在这一领域钻研,进行产业的升级(a121)。	a118 子专注产业 a119 子务实踏实 a120 产业不熟不做 a121 产业升级	
余谷峰接手后,企业在品牌、技术方面获得了长足的发展,企业知名度显著提高(a123);2009 年,荣获国家高新技术企业称号、中国电池行业 AAA 信用等级企业称号(a124);2010 年,获省级工程技术中心称号;2011 年,野马商标荣获浙江省著名商标和省重点出口名牌称号,企业荣获宁波市级治安安全单位称号、中国出口信用保险的 AA 级大客户称号(a125);2010 年至 2012 年,公司自主研发 LR6、LR03 高功率高速自动化生产线 4 条,达到国际领先水平,年增产能 7.2 亿只;2013 年,公司在设备改进和研发上又取得了一次阶段性的成果。(a126)	a122 产品信誉 a123 创新荣誉 a124 技术荣誉 a125 品牌荣誉 a126 生产技术不断升级	aa56 子把握时机(a110 a121) aa57 市场拓展(a111) aa58 子重视一线(a112 a114)
4 年来,余谷峰一直在上海交通大学读 MBA (a127)。他坦言:"在求学的过程中老师讲的不要有判断性思维对我启发很大,发现很多事情都没有对错(a128)。在读书期间能脱离公司事务是种享受;听知识给自己充充电,也很好用(a129)。我们有位老师是数学专业的,他就讲到,诺贝尔奖获得者中有许多是数学家,很多管理上的问题通过数学就能解决。以前我觉得数学知识只在买菜中派得上用场,原来数学还有这么大的用处,包括拍卖行业等,有很多的数学原理在里面。数学知识已经被潜移默化地运用到我的管理当中了(a130)。"	a127 子持续学习 a128 子思维提升 a129 子活学活用 a130 子数学化管理理念	aa59 子关心员工(a115 a116) aa60 子实干精神(a113 a119) aa61 企业凝聚力(a117)
谈到公益活动,余谷峰认为,公益活动的宗旨是让穷困的人知道,幸福要靠自己创造,而不是靠		

别人的施舍,要通过付出来有尊严地获得报酬(a131)。可以帮助他们组织一场演唱会,让观众去欣赏,哪怕这个演唱会很烂,至少他们会觉得是通过劳动获得了报酬;还可以让他们一起参与建造校舍,通过搬砖等劳动付出获得报酬(a132)。现在有部分接受助学的大学生,学成毕业之后不认可资助人,因为他们觉得资助人是利用他们的贫困来体现自身的价值。因此,余谷峰认为,企业更重要的是合法纳税,由国家去做公益(a133)。当然,作为企业家也应该知恩图报回馈社会(a134)。野马多次出资、参与环保行动,以提升市民的环保意识,减少环境污染(a135)。如2011年儿童节期间,野马组织来自全国各地的小朋友到电池生产车间参观并与企业负责人、环保人员面对面交流,通过现场体验的方式让小朋友认识环保电池;2014年,企业出资捐助了广西省百色市巴别中心小学(a136)。 　　从访谈中可以看出,余谷峰是一位非常幽默、热情、健谈的企业家(a137),有着自己独到的见解(a138)。他认为,一个人的性格行为与其家庭有很大的关系,什么样的家庭出什么样的人(a139);父亲在业界就是一位德高望重的企业家(a140)。他也认为,20年的企业,要靠制度来管理,而不是靠人的管理(a141)。 　　余谷峰认为创二代也分好几类。第一类就是像他这样的,应该说是创二代中的"先驱"(a142),与其他人比起来,余谷峰年纪算是比较大的;第二类中大多数是三十几岁;还有一类是刚刚大学毕业的。这三类其实是有很大区别的,有不同的故事,余谷峰的传承代表了一个年龄阶段的典型(a143)。余谷峰还有一个弟弟,兄弟俩感情非常好(a144),在公司分工明确,他掌握全局,弟弟主管外销(a145)。兄弟俩的夫人各有事业,不在家族企业中工作(a146)。在江东区,不少家族企业接班中有很多遇到了大问题,当地政府部门如工商联、政协等都认为余谷峰是子承父业中最成功的一个(a147)。	a131 公益心得 a132 付出回报 a133 企业社会角色 a134 企业社会责任 a135 宣传环保 a136 关注儿童 a137 子幽默健谈 a138 独到见解 a139 家族深刻影响 a140 父亲声誉 a141 制度管理 a142 传承先驱 a143 接班代表 a144 兄弟情深 a145 分工明确 a146 妻子不插手 a147 成功传承的典范	aa62 行业专注(a120 a118) aa63 企业在产品、技术、品牌持续升级(a122 a123 a124 a125 a126) aa64 企业潜力(a46 a78) aa65 子持续学习(a127 a128) aa66 子引入先进理念(a129 a130 a141) aa67 子公益理念(a131 a132) aa68 企业社会责任感(a133 a134) aa69 公益实践(a135 a136) aa70 子个人特质(a137 a138) aa71 传承先锋(a142 a143) aa72 成功传承(a147) aa73 子知识支持下果断决策(a109)

二、开放性译码的概念化和范畴化

个案 A 的资料开放性译码分析的第二步为对初步概念进行概念化和范畴化。具体分析思路如下:对已经得出的初步概念继续提炼和归类,这里之所以经由初步概念过渡到概念,而不是从现象直接跨越到概念,是为了让资料的概括、精炼过程自然舒缓,不至于造成太大的跳跃。概念化和范畴化对英文字母标识的使用与上面贴标签部分同理,也是使用字母代替后面引领的句子或词语进行缩编。

由于本次研究的重点是家族企业传承的资源和路径,所以对于传承前后的企业发展状况我们只缩编到初步概念化,用于体现传承的效果。对于家族企业传承资源和路径的相关内容,经过概念化和范畴化这一过程,抽象出 44 个概念和 17 个范畴,于是,概念和范畴逐次替代了资料内容,而我们对资料的精炼和缩编也逐渐深入,我们分析和研究复杂庞大资料数据的任务进而简化为考察这些概念,尤其是范畴间的各种关系和联结。初步概念的概念化以及概念的范畴化详见表 5-4、表 5-5。

表 5-4　个案 A 的开放性译码表(续):初步概念的概念化

初步概念	概念化
aa1 父行业专业背景(a1 a2)	A1 父精通行业(aa1)
aa2 父果断决策(a3)	A2 父洞察机会(aa4 aa12)
aa3 父实干务实(a4 a9 a10)	A3 父果断务实的领导风格(aa2 aa3 aa26)
aa4 父洞察机会(a5 a8)	A4 家族企业成长(aa5 aa19 aa23)
aa5 企业初期发展(a6 a7 a12 a13)	A5 父重视技术创新(aa7 aa9)
aa6 父重视一线(a9 a11)	A6 父重视一线(aa6)
aa7 父技术创新理念(a14 a22)	A7 父市场竞争理念(aa8 aa9)
aa8 父产品领先意识(a15 a16)	A8 父技术人才的价值取向(aa11 aa16)
aa9 父技术领先意识(a17 a18)	A9 企业竞争优势(aa13 aa18 aa23)
aa10 父技术投资(a19 a20 a26)	A10 企业转型升级(aa14)
aa11 父技术和人才价值取向(a21 a28)	A11 父以人为本(aa15 aa17)
aa12 父国外技术引进(a23)	A12 父环保理念(aa18 aa20 aa22)
aa13 企业技术优势(a24 a34 a42)	A13 父精益求精(aa21)
aa14 企业转型升级(a25 a38 a43)	A14 企业环保文化(aa24 aa25)
aa15 父人才意识(a27 a29)	A15 家族信任(aa27 aa28)
aa16 父人才投资(a28 a32)	A16 交接时企业稳定(aa29)
aa17 研发队伍构建(a30 a32)	A17 交接时管理团队稳定(aa64)
aa18 环保产品研发(a31 a37)	A18 无为培养(aa30)
aa19 市场拓展(a35 a41)	A19 子社会经验积累(aa31 aa32)

续表

初步概念	概念化
aa20 父社会责任感(a36 a40)	A20 传承提上日程(aa33 aa34)
aa21 父精益求精理念(a22 a39)	A21 子行业知识积累(aa34 aa35)
aa22 父环保理念(a33 a40)	A22 子管理经验积累(aa37 aa65 aa66)
aa23 企业产品质量认可(a45 a47)	A23 子家族产业情结(aa38 aa39)
aa24 企业花园式工作环境建设(a48)	A24 子家族传承责任(aa40)
aa25 企业环保文化(a49 a50)	A25 基于家族利益的沟通(aa41 aa42)
aa26 父果断退休(a51 a52)	A26 晚餐沟通(aa45 aa46)
aa27 父信任(a53)	A27 家族沟通文化(aa43 aa46)
aa28 交接彻底(a54 a55)	A28 家族和谐氛围(aa44 aa47)
aa29 交接企业稳定(a56 a77 a79)	A29 家族社会网络共享和拓展(aa48 aa49)
aa30 自由式培养(a57 a59 a73)	A30 家族社会影响力(aa50)
aa31 子社会打拼(a58 a60 a74)	A31 家族分工(aa51)
aa32 子社会经验积累(a60 a61)	A32 企业持续发展(aa52 aa55)
aa33 家族传承计划(a62 a63)	A33 子技术革新(aa53 aa55)
aa34 子家族企业基层锻炼(a64)	A34 基于知识的果断决策(aa74)
aa35 子接触先进技术(a65)	A35 产品、技术、品牌升级(aa55 aa56 aa63)
aa36 子专业知识积累(a66 a68)	A36 市场拓展(aa57)
aa37 子行业管理经验积累(a67 a69 a99)	A37 子重视一线(aa58 aa59)
aa38 儿时的参与(a70 a71)	A38 子实干专注的领导风格(aa60 aa62)
aa39 子电池情节(a72)	A39 企业凝聚力强(aa61)
aa40 子家族传承的责任(a75 a76)	A40 行业专注(aa62 aa64)
aa41 基于技术的沟通(a80 a82)	A41 社会公益活动(aa67 aa69)
aa42 利益一致的沟通(a81 a83)	A42 子社会责任感(aa68)
aa43 家族晚餐(a84 a85)	A43 子个人禀赋(aa66 aa70)
aa44 家族氛围(a86 a87 a90)	A44 第一代成功传承典范(aa72 aa73)
aa45 沟通频率高(a88 a91)	
aa46 饭桌上的公司状况交流(a89 a90)	
aa47 家族凝聚力(a93 a139)	
aa48 家族社会网络共享(a94 a95)	
aa49 家族社会网络拓展(a96 a97)aa50 家族社会影响力(a98 a140)	
aa51 家族分工明确(a144 a145 a146)	
aa52 企业进一步扩张(a100 a108)	
aa53 子生产技术革新(a101 a102)	
aa54 子注重研发(a103 a104)	
aa55 技术创新成果(a105 a106 a107)	
aa56 子把握时机(a110 a121)	
aa57 市场拓展(a111)	
aa58 子重视一线(a112 a114)	

续表

初步概念化列表	概念化
aa59 子关心员工(a115 a116) aa60 子实干精神(a113 a119) aa61 企业凝聚力(a117) aa62 行业专注(a118 a120) aa63 企业在产品、技术、品牌持续升级(a122 a123 a124 a125 a126) aa64 企业潜力(a46 a78) aa65 子持续学习(a127 a128) aa66 子引入先进理念(a129 a130 a141) aa67 子公益理念(a131 a132) aa68 企业社会责任感(a133 a134) aa69 公益实践(a135 a136) aa70 子个人特质(a137 a138) aa71 传承先锋(a142 a143) aa72 成功传承(a147) aa73 子知识支持下果断决策(a109)	

表 5-5 个案 A 的开放性译码表(续):概念的范畴化

概 念	范畴化
A1 父精通行业(aa1) A2 父洞察机会(aa4 aa12) A3 父果断务实的领导风格(aa2 aa3 aa26) A4 家族企业成长(aa5 aa19 aa23) A5 父重视技术创新(aa7 aa9) A6 父重视一线(aa6) A7 父市场竞争理念(aa8 aa9) A8 父技术人才的价值取向(aa11 aa16) A9 企业竞争优势(aa13 aa18 aa23) A10 企业转型升级(aa14) A11 父以人为本(aa15 aa17) A12 父环保理念(aa18 aa20 aa22) A13 父精益求精(aa21) A14 企业环保文化(aa24 aa25) A15 家族信任(aa27 aa28) A16 交接时企业稳定(aa29) A17 交接时管理团队稳定(aa64) A18 无为培养(aa30) A19 子社会经验积累(aa31 aa32) A20 传承提上日程(aa33 aa34)	AA1 经验型专业知识的积累和传承(A1 A19 A21 A22) AA2 技术创新理念(A5 A33) AA3 以人为本的理念(A6 A11 A37) AA4 社会责任感(A12 A41 A42) AA5 把握机遇(A2 A34) AA6 企业交接时状态稳定(A16 A17) AA7 传承责任的培养(A8 A20 A23 A24) AA8 家族信任(A15 A31) AA9 领导风格一致(A3 A13 A38) AA10 基于晚餐沟通的家族文化(A25 A26 A27 A28) AA11 以技术为主导的家族企业演进发展(A4 A9 A10 A32 A35 A36) AA12 产业情感(A22) AA13 行业长期专注导向(A7 A8 A40) AA14 家族社会网络和影响力(A29 A30) AA15 家族企业实力提升(A14 A39) AA16 个人禀赋(A43) AA17 成功代际传承(A44)

续表

概　念	范畴化
A21 子行业知识积累(aa34 aa35)	
A22 子管理经验积累(aa37 aa65 aa66)	
A23 子家族产业情结(aa38 aa39)	
A24 子家族传承责任(aa40)	
A25 基于家族利益的沟通(aa41 aa42)	
A26 晚餐沟通(aa45 aa46)	
A27 家族沟通文化(aa43 aa46)	
A28 家族和谐氛围(aa44 aa47)	
A29 家族社会网络共享和拓展(aa48 aa49)	
A30 家族社会影响力(aa50)	
A31 家族分工(aa51)	
A32 企业持续发展(aa52 aa55)	
A33 子技术革新(aa53 aa55)	
A34 基于知识的果断决策(aa74)	
A35 产品、技术、品牌升级(aa55 aa56 aa63)	
A36 市场拓展(aa57)	
A37 子重视一线(aa58 aa59)	
A38 子实干专注的领导风格(aa60 aa62)	
A39 企业凝聚力强(aa61)	
A40 行业专注(aa62 aa64)	
A41 社会公益活动(aa67 aa69)	
A42 子社会责任感(aa68)	
A43 子个人禀赋(aa66 aa70)	
A44 第一代成功传承典范(aa72 aa73)	

三、浙江野马电池有限公司的代际传承主轴译码分析

经过对个案 A 相关实地资料的开放性译码分析,研究者提炼出了 17 个范畴,实现了对案例的初步归纳,但这些范畴是孤立的,其内部关系并不能识别。而主轴译码的任务就是将这些独立的范畴联结起来,选择性译码则能进一步对资料进行重新整合和提炼。

主轴译码阶段主要使用典范模型分析工具来引导研究者对范畴关系的系统梳理。研究者根据典范模型在因果条件、现象、脉络、中介条件、行为(互动)策略、结果六个方面的要求,将开放性译码中的范畴编排到相对应的位置,建立范畴关系。主轴译码阶段的每一个典范模型都对应一个主范畴,而被安置于模型中不同位置的、源自开放性码分析的那些范畴则称之为副范畴。运用典范模型对 A 公司的范畴关系进行识别,得出 2 个主范畴,分别为"基于知识性资源的代际认同"典范模型及"技术为主导的演进"典范模

型。范畴关系如表 5-6、表 5-7 所示。

表 5-6 主范畴："基于知识性资源的代际认同"典范模型

因果关系	AA8 家族信任（A15 A31）	现　象	AA7 传承责任的培养（A8 A20 A23 A24）
脉　络	AA1 经验型专业知识的积累和传承 AA10 基于晚餐沟通的家族文化（A26 A27 A25 A28）	中介条件	AA16 个人禀赋（A43） AA14 家族社会网络和影响力（A29 A30）
行为（互动）策略	AA9 领导风格一致（A3 A13 A38） AA2 以技术创新理念（A5 A33） AA3 以人为本的理念（A11 A6 A37）	结　果	AA17 成功代际传承（A44） AA15 家族企业实力提升（A14 A39 A44）

对于野马电池的创业者而言，家族环境是其成功不可或缺的因素。家族团结、和睦、明确的分工，家族成员间顺畅的沟通等坚定了继承者传承父业的信心。父子两代在家庭晚餐时自然、深入地沟通，在传承意愿、经营理念和价值观等方面达成共识，耳濡目染中继承者逐渐产生了传承责任感。在这种责任感的引领下，继承者从企业基层做起，刻苦学习，完成了经验型专业知识的传承；加之继承者的个人禀赋和家族社会网络资源的共享与拓展，领导风格、经营理念等方面产生了广泛的协同效应，在创始人年满 60 岁退休之际，传承人顺利接班，并成为宁波家族企业第一代代际传承的典范之一。

表 5-7 主范畴："技术为主导的演进"典范模型

因果关系	AA12 产业情感（A22）	现　象	AA5 把握机遇（A2 A34）
脉　络	AA2 以技术创新理念（A5 A33） AA3 以人为本的理念（A11 A6 A37） AA14 家族社会网络和影响力（A29 A30）	中介条件	AA6 企业交接时状态稳定（A16 A17）AA16 个人禀赋（A43）
行为（互动）策略	AA13 行业长期专注导向（A7 A8 A40） AA4 社会责任感（A12 A41 A42）	结　果	AA11 以技术为主导的家族企业演进发展（A4 A9 A10 A32 A35 A36） AA15 家族企业实力提升（A14 A39 A44）

由于从小在父母创业环境中的耳濡目染，天天和电池打交道，继承者很小就参与到家族企业的经营中，所以对电池产业产生了很深的产业情感，这种产业情感引领着继承者专注行业并进行长远规划，避免了发展过程中的

短视现象,在技术创新和以人为本理念的指引下,继承者顺着企业交接时良好的发展态势,抓住新机遇,践行企业社会责任感,使企业走上了以技术革新为主导的家族企业演进发展的道路,同时企业的综合实力也得到了提升。

四、浙江野马电池有限公司的代际传承选择性译码分析

"基于知识性资源的代际认同"和"技术为主导的演进"是浙江野马电池有限公司代际传承的主要特征。在传承过程中,继承者 6 年的基层工作积累的行业知识和管理经验,代际之间的理解、信任和对彼此价值观、经营理念和领导风格的认同,是继承者在接手企业后专注产业,走技术革新道路的基础,使家族企业发展更加稳健;而由于继承者对行业的专注和长期导向,家族企业在技术演进的道路上获得了长足的发展,这又进一步证明了代际传承的成功。所以本研究认为,可以用"基于知识性资源代际认同的技术为主导的演进传承"来描述浙江野马电池有限公司代际传承的传承主线。

第四节 浙江野马电池有限公司传承路径与模式分析

在这一部分,我们基于扎根理论分析所得到的 17 个范畴,结合资源观视角下继承者的角色认知理论,对 17 个范畴从家族性资源、传承途径和传承效果三个方面进行分类,我们将野马的"基于知识性资源代际认同的技术为主导的演进传承"过程分为家族性资源、传承路径、内外因和传承绩效四个部分来进行分析和梳理,详见图 5-1。

一、家族性资源的代际认同

(一)扎实的行业知识

野马两代人都对电池有着相当扎实的专业知识,创始人余元康早年在电池厂工作,积累了丰富的一线知识,后来"下海"创业也是一心做电池。他不仅熟悉电池的生产、工艺和性能,还对电池生产技术的革新具有敏锐的洞察力。继承者余谷峰从小就在父母创业的环境中长大,对电池有一种特殊的情结,在这一情结的引导下,他在基层踏踏实实地工作了 6 年。从跟随国外专家钻研技术,到引入先进生产线,再到后来自己研发生产线,无不说明其扎实的行业知识。

(二)以技术、人才、社会责任为导向的经营理念

以技术、人才、社会责任为导向的经营理念在创始人余元康领导野马电

```
┌─────────────────────────────────────────────────────────┐
│ AA1 经验型专业知识的积累和传承（知识性资源）              │
│ AA2 技术创新理念（知识性资源）                            │
│ AA3 以人为本的理念（知识性资源）                          │
家族性资源  AA4 社会责任感（知识性资源）                    │
│ AA9 领导风格（知识性资源）                                │
│ AA12 产业情感（企业家精神）                               │
│ AA13 行业长期专注导向（企业家精神）                       │
│ AA5 把握机遇（企业家精神）                                │
│ AA14 家族社会网络和影响力（社会网络资源）                 │
└─────────────────────────────────────────────────────────┘
```

家族性资源

AA1 经验型专业知识的积累和传承（知识性资源）
AA2 技术创新理念（知识性资源）
AA3 以人为本的理念（知识性资源）
AA4 社会责任感（知识性资源）
AA9 领导风格（知识性资源）
AA12 产业情感（企业家精神）
AA13 行业长期专注导向（企业家精神）
AA5 把握机遇（企业家精神）
AA14 家族社会网络和影响力（社会网络资源）

传承路径

AA7 传承责任的培养（掌握经验）
AA8 家族信任（社会说服）
AA10 基于晚餐沟通的家族文化（社会说服/替代性学习）

内外因

AA16 企业交接时状态稳定（环境福利）　　自我角色认知（家族企业变革者）　　AA15 个人禀赋（个人福利）

传承绩效

AA17 成功代际传承
AA11 以技术为主导的家族企业演进发展
AA15 家族企业实力提升

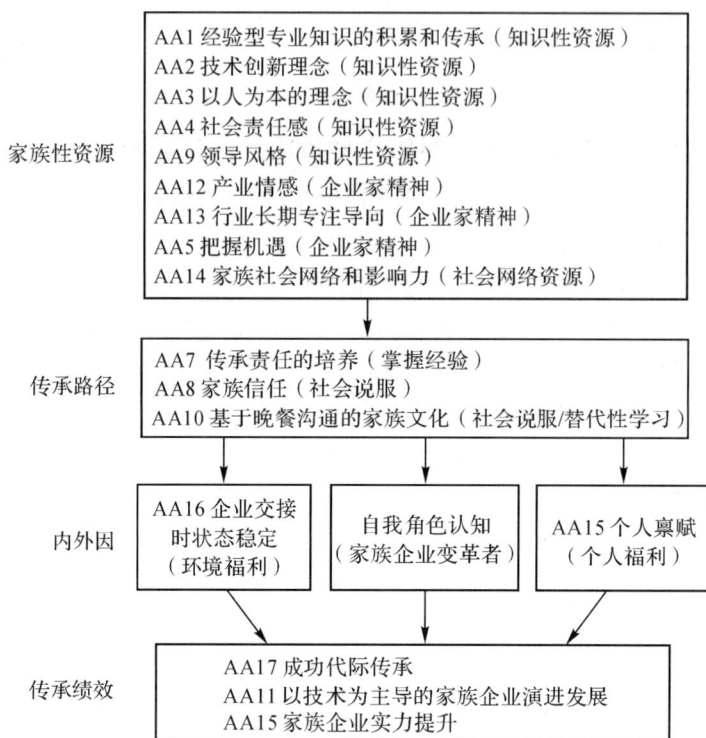

图5-1　"基于知识性资源代际认同的技术为主导的演进传承"过程分析

池时期就已经形成。创始人对技术的重视表现在：在创业初期，尽管资金困难，创始人仍然将企业的盈余投入到技术研发中；在后续的经营中，创始人持续不断地投资技术创新，并从国外引入先进的技术和设备。创始人以人为本的理念主要体现在高薪引进高级技术人员，组建研发团队，尊重和重视技术人才。创始人的社会责任意识主要体现在，其在经营初期就意识到要获得消费者和市场的认可，必须处理好电池的污染问题，承担一定的社会责任，因此企业引入了环境管理体系认证，确保电池生产的绿色环保。在继承者余谷峰接手企业后，我们也不难发现，继承者在技术、人才和社会责任方面所持的理念与创始人一脉相承。在技术上，余谷峰不满足于引进国外的先进设备，开始自主研制，积累了多项研发专利，并依靠先进的技术打开了国际市场。在人才方面，余谷峰重视人才，经常和一线员工近距离接触、交流，引入人才的同时更是花大力气留住人才、服务人才。

(三)行业专注和实干精神

父子二人的专注精神主要体现在他们一直专注于做电池产业,不断钻研产业技术和开拓创新,引领产业转型升级,而没有在公司的业务上进行多元化的拓展,如进入房地产领域、进行金融投资等。实干的企业家精神是主导这一切行为的根本。父子二人都保持着深入一线和员工交流的习惯,亲力亲为搞技术,这些都体现了父子俩不浮于表面、深入基层的实干精神。

(四)产业情结

一方面,继承人从小就在电池的世界里长大,对于父辈创业的过程他历历在目,深切感受到了其中的艰辛,因此他对电池也产生了一份独特的感情。另一方面,继承人一直在国内学习和生活,没有长时间的出国留学经历,所以和家族以及家族产业持续性地联系在一起。这种深厚的产业情结是培养传承责任感和产业专注度的情感纽带。

二、有效的传承路径

(一)传承责任感的培养

创始人早期并没有为继承人铺设好就业道路,而是任其发展,在继承人毕业后让其凭着自己的能力在社会上闯荡。这种自由放任型的培养方式让继承人充分体会了工作的酸甜苦辣,也深知父亲当年创业的不容易,家族传承的责任感逐渐产生。从自我效能理论来看,这是一种替代性的学习,继承人从家族企业中走出来,通过社会上的工作体会到企业经营的艰辛,感受到创始人经营家庭企业之不易;通过社会学习,获得对自己能力的一种间接评估。正是有了这段经历,在进入家族企业后,继承人能够沉下心来从事6年的基层工作。

经历了社会就业艰辛的余谷峰,在30岁时才进入公司工作。他从头做起,从最基层的车间做起。例如,当时公司从加拿大引进设备,余谷峰就便跟着国外专家一起上下班,在生产线上安装设备。6年的车间工作中,他对电池生产的来龙去脉有了全面的了解,对产品、技术工艺管理也有了较多的了解,从原来的门外汉变成了专家。这6年的车间经历让余谷峰学到了电池生产的"DNA"和父亲经营这家企业的"DNA"。创始人让继承人扎根基层是源于对技术的重视,因为技术是企业成长和发展的源头,精通技术就等于抓住了企业发展的源头。从自我效能理论来解读,这是通过掌握经验来获得自我效能感,而积累经验是获得自我效能感最重要的途径。继承人多次深入电池生产一线而获得直接经验,这提高了其接手企业的信心。

继承人早期的社会磨炼,让其感受到了创造财富的艰辛和不易,深切体会到父亲对整个家族的贡献,从而对家族事业产生了一种珍惜感和责任感。在责任感的指引下,继承人沉下心来,进入家族企业扎扎实实做了6年的基层工作,进一步增强传承家族事业的使命感。

(二)有效的家族沟通模式

在本案例中,有效的沟通模式主要体现在和谐自然的沟通氛围。"餐桌上的沟通"是野马家族传承的沟通特点,父子间谈论每天碰到的问题和工作情况,很多时候在潜移默化中达成共识。每天的沟通就是很好的铺垫,避免了长期沟通不畅可能导致的冲突。一起吃饭、饭间聊天的过程中,父子双方在为人处世、工作等各方面都在潜意识地沟通。正如余谷峰所说,"除了聊聊家长里短,更是一个自然而然与父亲沟通、向父亲讨教的过程,在这种自然融洽的气氛中沟通会更有成效"。在这个过程中,其父亲向余谷峰传授经验、分享社会资源,其指导、建议、解释及鼓励能够改变余谷峰的自我效能感。当余谷峰总能获得父辈的关心和支持时,其自我效能感就会增强。

(三)家族信任

野马在传承过程中的家族信任主要体现在两个方面:一是余元康在60岁准时退休,享受生活,将公司的管理权、经营权全部交给余谷峰,家族企业交接的彻底性体现了父亲对儿子的信任和信心,这极大地提升了余谷峰的自我效能感;二是明确的家族分工,余谷峰和弟弟感情非常好,在公司分工明确,互相协作,他掌握全局,弟弟主管外销。兄弟俩的夫人各有事业,不在家族企业中工作,也不参与家族企业的任何决策。这样,家族成员在相处中可能产生的矛盾在野马家族都避免了。

三、重要的传承中介

(一)继承人的自我效能感

本案例中,继承人自我效能感的获得主要通过社会说服、掌握经验和替代性学习。其中最重要的获取渠道是社会说服,包括父亲豁达、父亲信任、交接彻底,继承人责任感的树立,家族晚餐文化、家族成员合理分工、家族沟通顺畅等。这种基于家族和谐氛围的社会说服让继承人获得了传承的动力,增强了自我认同,从而提升了自我效能感。

(二)交接时企业的稳定状态

在家族企业交接之际,野马已经是一个成熟的家族企业,拥有稳定的市场和管理队伍,并且刚刚搬迁新址,应该说创始人是在将公司方方面面都理顺了的情况下把一个局面良好、运作健康的企业交给继承人。这为传承后企业的后续演进式发展带来了环境福利,使继承人在接班初期不必面对复杂局面,在稳定的状态下放手钻研技术,专心技术革新。

（三）继承人的个人禀赋

继承人在实干的同时还是一位幽默健谈的企业家,其在社交方面比其父亲更具开拓力,此外,继承人还在上海交大接受过进一步的学习,并能将课堂上所学的知识和理念应用到企业管理实践中,做到了活学活用。继承者的这些个人禀赋也为家族企业的持续发展提供了个人福利。

第五节　宁波野马电池有限公司代际传承总结与评价

一、以知识性资源为主导的家族性资源传承

在本案例中,知识性资源得到了有效的传承,而我们在对比中发现,父子形成了共同的价值观、经营理念和经营意识。其一,都关注技术创新。余谷峰和父亲一样,认为只有重视创新的企业,才能够实现稳健发展。他重视自主知识产权,坚持走原始创新之路,接手野马后的一系列动作都可以反映出他对技术创新的重视。其二,都注重承担社会责任。余谷峰多次出资参与环保行动,以提升市民的环保意识,减少环境污染。其三,都重视人才。和父亲一样,余谷峰保持着深入生产第一线的习惯,了解产品和员工,和员工一起及时发现并解决问题,注重技术人才的内部培养和提拔,使企业员工具有较高的企业忠诚度。此外,和父亲创业初期将盈利所得首先投入在技术和人才上一样,余谷峰投入5年时间和巨额资金研发了国内首条碱性电池生产线,并申请了相关技术专利,从以前根据设备制造产品到现在根据市场来生产产品,公司掌握了市场主动权。在这样的传承过程中,继承人形成了和父亲一样的以技术、责任、人才为导向的经营理念。

在译码分析过程中,我们发现创始人对技术创新的持续关注、对人才的重视和对社会的责任感等经营理念在代际传承过程中都被很好地传承下来,这些经营理念属于知识性资源中的默会知识。默会知识在野马电池传承过程中之所以能被有效传承,是因为传承途径主要以"社会说服"为主,也就是通过他人的指导、建议、解释及鼓励等来改变个体的自我效能感。当个

体总能获得外界的关心和支持时,他的自我效能感就会增强。人们对自身能力的评价在很大程度上受周围人评价的影响,尤其当评价来自于有威信或对个体来说比较重要的人时。对余谷峰而言,父亲余元康无疑就是具有威信且重要的人,父亲所采用的社会说服是基于父亲对其充分信任基础上的沟通和鼓励,不是强势的说服,而是朋友式的交谈和潜移默化的影响,因此余谷峰更容易认同父亲的价值观、经营理念和策略,从而在传承过程中将默会知识有效传承下来。

显性知识的传承则有赖于继承人经验的积累,本案例中继承人积累经验的途径包括家庭自由式教育、继承人基层锻炼、家族沟通、社会资源传递等。其中继承人接受的家庭自由式教育和基层锻炼是其早期积累知识和获取经验的关键途径,而家族沟通和社会资源传递则是知识和经验持续积累的关键途径。

传承者的信任和继承者的责任感是家族企业知识转移的动力所在;和谐的家族晚餐文化、兄弟之间明确的分工克服了知识转移中存在的不信任和模糊性,为知识转移提供了良好的情境;家族内部的有效沟通为知识转移提供了快速通道。

二、以培养产业情感和传承责任感为核心的传承计划

家族企业的顺利传承,仅仅有创业者对家族成员承接事业的愿望和信心是远远不够的,还需要后辈有兴趣和意愿从事企业管理工作,尤其是管理父辈创建的产业和企业。一旦接班人对家族事业树立起了传承的责任感和使命感,那么接班也就成功了一半。

在野马的案例中,家族企业之所以选择演进传承的模式,主要基于以下三个前提条件。

(1)继承人的电池情结。继承人从小到大一直生活在传承人身边,没有长时间的出国留学等经历,所以其生活一直和家族事业紧密联系在一起。传承人创业初期,家庭就是工厂,继承人每天的生活也因此和电池息息相关,潜移默化中继承人对电池有了一份特殊的感情。这种情结是继承人专注于电池产业的情感基石。

(2)继承人传承责任感的培养。传承人对继承人自由放任的培养方式,让其先去社会打拼的培养理念,使继承人在社会历练中感受到创造财富的艰辛和不易,体会到父亲对整个家族的贡献,从而对家族事业产生一种珍惜感和责任感。在责任感的驱使下,继承人沉下心来,进入家族企业扎扎实实地做了 6 年的基层工作,进一步确立了传承家族事业的使命感。

（3）继承人自我效能感和自我认同感的建立。自我效能感和自我认同感的建立源于继承人早期社会打拼的经历和传承人行为处事潜移默化的影响,这属于替代性学习;而其教育经历、6 年车间工作经验、家族的持续沟通和社会资源的传递则是掌握经验的过程。当然最为关键的还是家族信任。父亲的彻底放权表明其对继承人的能力有信心,家庭内部的明确分工也体现了创始人对继承人的信心和良苦用心。这种家族信任极大地增强了继承人的自我效能感和自我认同感。此外,家族沟通文化在传承初期发挥了非常重要的作用,形式上是家族共进晚餐,实际上是沟通和交流,是一个自然而然与父辈沟通、向父辈讨教的过程,可称之为"餐桌上的持续传承"。这种家族沟通文化为家族企业的持续传承提供了有力支撑,也为家族企业成功传承起到了保驾护航的作用。父辈的指导、建议、解释及鼓励能够增强继承人的自我效能感,所以这个过程也是一个典型的社会说服的过程,体现了家族沟通的重要性。

以上三个条件使得继承人以家族企业变革者的角色定位自我,从而选择了演进传承的模式。

三、以技术创新为载体的家族企业演进式发展

野马电池通过技术创新保证了家族传统行业中优势资源的持续增长,企业因此在品牌、技术方面获得了长足的发展,企业知名度显著提高。例如,余谷峰接手企业后就扩大了生产,并带领野马自主研制了设备。当时引进一条生产线要 3000 万元,野马购买了 2 条后,花了 5 年时间,投入巨额资金研发了国内首条碱性电池生产线,共设计了 5 条,并申请了相关技术专利,这 5 条生产线对企业的升级起到了决定性的作用。2007 年,野马产品获国家免检产品称号;2008 年,企业获评宁波市"两创"示范企业、浙江省知名商号、浙江省重点出口名牌和宁波工程技术中心;2009 年,荣获国家高新技术企业、中国电池行业 AAA 信用等级企业称号;2010 年,获评浙江省工程技术中心;2011 年,野马商标荣获浙江省著名商标和浙江省省重点出口名牌称号,企业荣获宁波市治安安全单位称号、中国出口信用保险企业 AA 级大客户称号;2010 年至 2012 年,公司自主研发了 4 条 LR6、LR03 高功率高速自动化生产线,达到国际领先水平,年增产能 7.2 亿只;2013 年,公司在设备改进和研发上又取得了一次阶段性的成果。

由此可见,家族企业演进式代际传承的成功有赖于继承者对行业的兴

趣和情感。父辈的信任和特定的家族文化则有利于家族性资源在传承人和继承者之间传递，使经营理念、企业家精神在潜移默化中传递。在此基础上，继承人通过技术创新全面引领家族企业走上持续发展的道路。该案例中，以知识性资源为主导的家族性资源的有效传递是成功传承的基础，以产业情感和传承责任感培养为核心的传承计划是成功传承的保障，以技术创新为载体的家族企业演进式发展是成功传承的路径。

第六章　案例二:宁波华联电子科技有限公司

本章分析的案例是位于宁波慈溪市庵东镇的宁波华联电子科技有限公司(后简称"华联")。慈溪民营经济发达,家族企业集中,而华联作为慈溪市庵东镇商会会长领头企业,其传承是儿媳传承创新的成功案例,传承过程非常引人注目。华联的演进传承模式的成功,极好地诠释了创业创新创未来的新一代民营企业家精神。

第一节　宁波华联电子科技有限公司案例简要呈现

一、宁波华联电子科技有限公司发展历程概述

宁波华联电子科技有限公司始创于 1990 年,注册资本 600 万元。华联坐落在宁波慈溪庵东工业园区,占地面积 5 万平方米,现有员工 1200 余人,其中高、中级工程技术人员 120 余人,专业生产高新技术产品 LED 数码管显示器、荧光显示屏(VFD)和马达驱动电位器。华联的历史可以通过不同时期研发并推出的主打产品来展现。

(1)马达驱动电位器。1987 年 10 月,华联创始人应永军与人合股创办了华联塑料厂。办厂初期,华联塑料厂只有两台土油泵、一只烘箱及一台手扳冲床,但应永军与合伙人从未放松产品质量。1989 年 10 月,经"能人"指点,塑料厂开始做用在录音机上的五联、六联电位器,产品与北京飞利浦公司配套。在质量符合标准后,华联塑料厂获得了北京飞利浦公司的大订单,

并于 1990 年成立了宁波华联电子科技有限公司。公司主要生产用于高、中档音响的马达驱动电位器及各类编码器,特别是直滑式电位器,公司很快将其纳入生产轨道并直接销售,取得了很好的效益,市场占有率为 90%。1991 年华联年产值达到 250 万元,1992 年达到了 350 万元。但 1993 年 7 月,应永军的合股人闹分厂,使华联遭受重创,应永军亏损了 360 万元。经过几年的恢复期,华联抢回了电位器的销售市场,主推马达驱动电位器。

(2)荧光显示屏(VFD)。1998 年,根据市场需求,华联开始生产荧光显示屏。为了开拓 VFD 高端市场,公司于 2004 年下半年投资 800 万元建成 VFD 薄膜生产线,投资近 900 万元从日本引进世界最先进的无排生产线及配套设备,以提高华联 VFD 产品的适应范围和性能档次。2004 年,华联的 VFD 生产线技改项目被列入国家重点新产品。2007 年,华联的 VFD 年生产能力达 2400 万屏,是中国第二大 VFD 生产基地和技术研发中心,华联入选浙江省高新技术企业。2009 年金融危机之时,为了企业能够生存下去,年轻的华联总经理冯炜炜提出了三个转型,即市场转型、客户转型和产品转型,在她的建议下,企业引进了两台世界上最先进的设备,成为世界第 5 家、国内第 2 家有能力生产中高档 VFD 产品的厂家。在金融危机中,华联销量翻番。

(3)LED 数码管显示器。2003 年,为充分利用自身开发能力强、研制周期短、交货速度快的优势,华联引进国际先进的 LED 生产线,用来生产结构复杂、功能强大、质量稳定可靠的 LED 数码管显示器。为了发展 LED 产品,公司于 2004 年至 2005 年投资 3000 多万元,新增了全自动固晶机 11 台,全自动焊线机 12 台,年生产总额达 5 亿元。经过三年的努力,华联电子日益呈现出广阔的发展前景。华联的 LED 产品已经在业界树立了良好的口碑,韩国三星厨房家电事业部已经将华联列为其第一位的 LED 供应商,海信空调、奥克斯等也将华联电子列为重点培养的供应商之一,开展了长期的业务合作。此外,华联与通用公司也有订单合作。由于产品精益求精,华联的客户层次进一步提高。2007 年,华联电子 LED 产能进入全国前十。2008 年第一季度,华联电子实现销售额 3000 万元,同比增长近 46%。2008 年全年销售额接近 1.3 亿元。2009 年春季,冯炜炜成为新企业的执行董事,她延伸创办了宁波协源光电科技有限公司(以下简称"协源"),主要经营 LED 照明、LED 电视机背光模组。协源由一支拥有台湾 LED 封装技术及生产管理专业能力的专业团队组成,尤其是对照明和背光源的封装产品技术的研发整合、大规模生产、质量控制和产品应用等有丰富经验。协源的车间设计为 10000 级无尘室,铺设高密度铜箔导电地板,恒温和恒湿系统把车间严格控制在稳定标准的状态,并引进了世界一流的先进设备 50 余台。协源未来的发展目标将是中国生产 PLCC[①]LED 的龙头企业。

在创始人应永军(公公)及接班人冯炜炜(儿媳)的引领下,华联产品不断创新,应园(儿子)2006 年回国后创建了宁波东隆光电科技有限公司(后简称"东隆"),专业研发、生产、销售汽车 HID 氙气灯,发展相关产业。东隆从国外引进成套的 HID 生产设备和技术,与国内外多家氙气灯技术研发、生产企业密切合作,以先进的技术及优良的品质,跻身高科技汽配行业。东隆秉承"以人为本"的原则和"专业造就品质"的经营理念,十分注重人才的引进及培养,现已拥有一支管理、技术过硬的人才队伍。此外,东隆在创建之初就引进国际先进的 ISO/TS 16949 质量管理体系,目前正在推进之中。东隆的销售网络分布于华南、华北、华东等地区,日本、韩国、南北美洲、中亚、东南亚和中东及欧盟等国家的地区的市场也在进一步开拓,其产品得到了经销商与消费者的一致好评。

宁波华联电子科技有限公司成立之初致力于音响马达驱动电位器的制造,现已是国内 VFD、LED、HID 氙气灯等高科技电子产品生产的"领头羊",旗下拥有宁波协源光电科技有限公司、宁波东隆光电科技有限公司两家高科技企业。目前,华联产品的销售网络遍布全球。在对外贸易方面,公司产品远销到日本、韩国、美国、德国等 30 多个国家,分布于亚洲、北美洲、南美洲和欧洲。在国内销售上,华联整体布局,在沿海大城市和各级城市设立办事处,以满足客户日益增长的需求。2013 年,华联的年产值已稳超 1.3 亿元,加上协源及东隆,3 家企业年产值超 2 亿元。2014 年刚入夏,华联的产值已达 1.3 亿元,协源和东隆两家企业形势见好。

华联始终坚定不移地贯彻实施 ISO 9000 认证标准,于 2000 年 10 月通过了 ISO 9002 质量管理体系认证,于 2003 年 5 月通过了 ISO 9001：2000 质量管理体系认证,并通过了美国通用电气(GE)、捷普(Jabil Circuit)以及新加坡安华高科技(Avago Technologies)等国际知名大公司的第二方质量管理体系的审核,保障了产品品质。在企业迅猛发展的进程中,华联一直致力于塑造对产品负责、对环境负责、对社会负责的现代企业形象,在产品的选择、设计开发和生产工艺等全面推行环保要求,积极采用环保设备,并长

---

① PLCC(plastic leaded chip carrier)是带引线的塑料芯片载体,表面贴装型封装之一,是塑料制品。

期开展节能降耗管理,建设花园式厂区,确保厂区绿化面积达 60% 以上,同时积极参与社会环保活动。2004 年 6 月,华联正式启动和推行 ISO 14001 环境管理体系认证,被宁波市政府评为宁波市环保模范(绿色)工厂、宁波市和谐企业创建先进单位。2007 年,华联被浙江省科技厅评为高新技术企业,被宁波市政府评为慈溪市文化明珠企业、劳动关系和谐企业。一个家族、三家企业、相关产业,华联正在逐步进行高端定位,整合客户资源,加强团队建设和研发投入。华联必定能发挥整体力量,做出新的突破。

宁波华联电子科技有限公司发展历程如表 6-1 所示。

表 6-1　宁波华联电子科技有限公司发展历程

年　份	标志性事件
1990 年	公司成立
1991 年	年产值达到 250 万元
1992 年	年产值达到 350 万元
1993 年	7 月,创始人应永军的合股人闹分厂,使华联遭受重创,亏损了 360 万元
1998 年	根据市场需求,华联开始生产荧光显示屏(VFD)
2000 年	10 月,通过了 ISO 9002 质量管理体系认证
2003 年	5 月,通过了 ISO 9001:2000 质量管理体系认证
	华联引进国际先进的 LED 生产线,用来生产 LED 数码管显示器
2004 年	下半年投资 800 万元建成 VFD 薄膜生产线,投资近 900 万元从日本引进世界最先进的无排生产线及配套设备
	6 月,正式启动和推行 ISO 14001 环境管理体系认证
2005 年	2004 年至 2005 年,公司投资 3000 多万元购置全自动固晶机 11 台、全自动焊线机 12 台
	3 月,儿媳冯炜炜进入公司,一个月后接任婆婆的常务副总职位
2006 年	应园创建了宁波东隆光电科技有限公司
2007 年	应永军彻底交权,冯炜炜被任命为华联总经理
2007 年	华联被浙江省科技厅授予高新技术企业称号,被宁波市政府授予慈溪市文化明珠企业、劳动关系和谐企业称号
2008 年	全年销售额接近 1.3 亿元
2009 年	冯炜炜创办宁波协源光电科技有限公司,主营 LED 照明、LED 电视机背光模组
2013 年	华联年产值超过 1.3 亿元,加上协源及东隆,3 家企业年产值超过 2 亿元

二、宁波华联电子科技有限公司代际传承简介

华联董事长应永军与总经理冯炜炜为翁媳关系。1984 年初夏，在慈溪农药厂任职的应永军，果断敲掉了每月工资 37.5 元的"铁饭碗"，当年他刚刚 30 岁。凭着学过四年刻模具的技术，和那年下班后给别人刻模具攒下的 4000 元钱的"外快"作为"创业基金"，应永军义无反顾地扑向惊涛骇浪的"大海"。"下海"第一年，曾支过农的西三乡要办矿灯厂，于是请应永军去当厂长，结果 25 名工人每人 500 元的股金和他自己投进去的 4000 元钱全"放了汤"。虽然开始"下海"的几年只出未进，但应永军一点也没灰心。1987 年 10 月，应永军与人合股办起了华联塑料厂，从此走上了一条充满坎坷、无法再回头的创业之路。办厂初期，华联塑料厂只有两台土油泵、一只烘箱及一台手扳冲床，但应永军和他的合股人从未放松产品质量。经"能人"指点，1989 年 10 月开始做用在录音机上的五联、六联电位器。应永军凭着自己及员工的智慧和不能再简陋的"成套设备"做出了质量符合北京飞利浦公司要求的产品，获得了大订单。他于 1990 年成立了宁波华联电子科技有限公司，主要生产用于高、中档音响的马达驱动电位器及各类编码器。华联在与北京飞利浦的合作中，由于产品质量过硬，双方愉快的合作关系一直延续到现在。应永军从中悟出"经营企业，产品质量是关键"的深刻道理。年复一年，他始终一丝不苟地抓住品质不放松。华联在应永军的领导下，井然有序地发展着。在硬件配备上，2001 年，当庵东工业园区兴起时，作为商会会长的应永军带头拿下了第一块地，从此一个拥有 60 多亩地的花园般的新厂区代替了只有十几亩地的老厂区。在产品研发方面，华联在继续生产马达驱动电位器的前提下，1998 年根据市场需求开始生产荧光显示屏。2003 年，为充分发挥公司开发能力强、研制周期短、交货速度快的优势，华联引进国际先进的 LED 生产线，走上了研发 LED 数码显示屏的道路。在业务发展方面，华联以前大部分做内销，随着 LED 数码显示屏的研发，外贸业务有了很大的起色，特别是 2004 年下半年与通用电气公司及三星有了初步的合作后，企业走到了转型期。这时应永军意识到，要想实现进入国际大公司、融入全球产品供应链的新目标，必须充实一批国际化管理人才，把新思想融入到公司成长中去。儿媳冯炜炜毕业于复旦大学，后去英国留学，学习过国外高端科技知识，正值回国创业好时机。当时应永军只有 50 岁，正是事业上升期，但为了企业更快地实现转型升级，创造更辉煌的业绩，他当机立断，决定把事业移交给儿媳。但他不忘"扶上马再送一程"，用了 3 年的过渡期，把

儿媳培养成了合格的接班人,顺利完成两代人的交接班。

冯炜炜在处理公司事务时,有其公公利落果敢的行事作风。冯炜炜与先生应园都是庵东人,两人是小学同学,从小玩在一起,称得上是青梅竹马。冯炜炜上大学时每年暑寒假回来时总是会收到应永军夫妇的邀请,有意安排其在华联实习一段时间,因此冯炜炜对华联电子一点也不陌生。冯炜炜个性活泼开朗,在实习期间与企业员工建立了良好的关系。大四时公婆因业务的原因经常会有几天的时间不在工厂或出国在外,冯炜炜于是趁功课不太忙,经常回去,帮忙处理一些公司业务。在处理过程中,她对公司的业务、各个部门的结构和工种等有了初步的了解,与公司里的各个团队也建立了深厚的感情。

从2005年接任常务副总到2007年全面接管公司,成为华联总经理,冯炜炜也经历了一段从跃跃欲试到志忑迷惘,再到无奈退缩,最后重整旗鼓的蜕变期。冯炜炜在学习中不断成长:在企业体制管理上,将华联原来庞大繁杂的平面管理结构改革成块状管理结构,这样,作为总经理的她只要抓住几大部门负责人就行了,从而大大提高了管理效率;在人员管理上,她注重制度化与人性化的结合,因地制宜落实各项措施,极大地增强了企业员工的凝聚力和向心力;在产品管理上,她把重点放在不断提高产品品质上,以完善华联电子产品开发设计队伍、增强技术含量为突破口,不断研发出一批又一批品质上乘、制作技术精湛的产品,供应越来越庞大的市场;在企业文化建设上,她提出"干就要干好,一次把事件办成"的华联精神、"目标要不断更新,不可安于小成"的华联之魂,让企业家精神深入每个员工心中。

2009年,冯炜炜创办了宁波协源光电科技有限公司,主要经营LED照明、LED电视机背光模组,成为了新企业的执行董事。冯炜炜将现代经营管理理念一点点地渗透到企业中,在她的经营下企业得到了较好的发展。经过几年的努力,华联旗下的LED数码管显示器、荧光显示屏和马达驱动电位器已经在业界树立了良好的口碑,企业提高产品质量、提高客户层次的经营策略已见成效。

冯炜炜在讲述自己的传承故事时说到,在华联接班传承中,公公创业时期永不妥协的企业家精神和人格魅力一直是她守业路上的动力。冯炜炜在华联实施现代化管理,加大产品研发力度,她也清醒地认识到创业就是创新加守业,她应该当好"守门员",传好"接力棒",把企业管好,不进行多元化的扩展。作为第二代掌门人,她承受着父辈在事业上更多的期望,感受更多的是责任和如履薄冰般的谨慎。她对华联及旗下的企业充满信心,她的目标是将华联打造为国内的行业翘楚。

第二节　宁波华联电子科技有限公司案例典型性分析

一、产业代表性

宁波华联电子科技有限公司是一家主营 LED 数码管显示器、荧光显示屏（VFD）和马达驱动电位器的电子信息技术产品生产企业，是宁波慈溪市庵东镇电子信息技术产业中集研发、生产、销售为一体的高新技术代表企业，而其所属的电子信息产业因具有规模大、技术更新快、渗透性强等特征，已经成为了各地经济增长的重要驱动力，也是我国经济中的重要战略性产业之一。目前，电子信息产业因其创新能力和广阔的市场前景，在经济全球化的趋势下，逐渐成为世界经济舞台中的主角，各个国家都充分利用自身的优势，采取不同的发展模式，增强本国电子信息产业的国际竞争力。在中国，电子信息产业已是一项新兴的高科技产业，被称为朝阳产业，产业前景非常广阔。

二、企业代表性

宁波华联电子科技有限公司成立之初致力于音响马达驱动电位器的制造，现已是国内 VFD、LED、HID 氙气灯等高科技电子产品生产的领先企业。其主营的 LED 数码电子管具有耗电量少、寿命长、反应速度快、体积小以及无污染等特点，成为电子信息产品领域的新一代主体军，在节能减能上发挥了重要作用，并且在国际上受到极大的关注。目前华联旗下拥有宁波协源光电科技有限公司、宁波东隆光电科技有限公司 2 家高科技企业。华联产品的销售网络遍布全球。在对外贸易方面，公司产品远销到日本、韩国、美国、德国等 30 多个国家，分布于亚洲、北美洲、南美洲和欧洲。在国内销售上，华联整体布局，在沿海大城市和各级城市设立办事处，以满足客户日益增长的需求。2013 年，华联的年产值已稳超 1.3 亿元，加上协源及东隆，3 家企业年产值超 2 亿元。2014 年刚入夏，华联的产值已达 1.3 亿元，协源和东隆两家企业形势见好。

华联始终坚定不移地贯彻实施 ISO 9000 认证标准，于 2000 年 10 月通过了 ISO 9002 质量管理体系认证，于 2003 年 5 月通过了 ISO 9001：2000 质量管理体系认证，并通过了美国通用电气（GE）、捷普（Jabil Circuit）以及新加坡安华高科技（Avago Technologies）等国际知名大公司的第二方质量管理体系的审核，保障了产品品质。在企业迅猛发展的进程中，华联一直致力于塑造对产品负责、对环境负责、对社会负责的现代企业形象，在产品的选择、设计开发和生产工艺等全面推行环保要求,积极采用环保设备,并长期开展节能降耗管理,建设花园式厂区,确保厂区绿化面积达 60% 以上,同时积极参与社会环保活动。2004 年 6 月,华联正式启动和推行 ISO 14001 环境管理体系认证,被宁波市政府评为宁波市环保模范(绿色)工厂、宁波市和谐企业创建先进单位。2007 年,华联被浙江省科技厅评为高新技术企业,被宁波市政府评为慈溪市文化明珠企业、劳动关系和谐企业。一个家族、三家企业、相关产业,华联正在逐步进行高端定位,整合客户资源,加强团队建设和研发投入。华联必定能发挥整体力量,做出新的突破。

三、传承代表性

　　宁波慈溪是全国知名的非公有制经济大市,非公有制经济占全市工业经济总量的 99% 以上。全市平均每五户家庭就有一家经商办企业,培育起 6 万多家民营工商企业。进入 21 世纪,改革开放后的第一代私营企业主们已多半到了退休年龄,民营企业家二代交接班已进入关键时期。而目前宁波民营经济后备队伍大致由两部分组成:一是规模以上民营企业的接班人,他们大多拥有大学学历,很多甚至有出国留学的经历,接触过先进的经营理念、管理方式,因而具备较深厚的知识基础和广阔的视野,从而有可能在事业上超越父辈;二是新兴行业、高科技行业等科技型、成长比较快的民营企业负责人,年龄在 40 岁以下,大学以上文化,政治素质高,经营管理能力强,有一定理论素养,社会形象好,有较大发展潜力。而目前这些非常复杂而又特殊的社会群体——"民企二代",其成长现状不容乐观,多名"创一代"表示,从孩子一生下来,就有考虑今后让其接班。多数"二代"在选择专业时,无论是父母要求还是个人选择,都考虑了未来接管企业的因素,大部分人选择了经济管理和商科类的专业。"二代"虽受过良好的教育,甚至不少有海外留学的经验,但他们在接班道路上不仅会因经营理念不同而时常发生冲突、碰撞,还会因少数"二代"的负面影响而遭到社会非议,面对与父辈完全不同的挑战,这些"二代"感觉压力大、风险大、责任大。即使在这样的特定时期,在这样的恶劣环境下,还是会有一部分优秀的精英"二代"善于学习、敢于创新,有强烈的使命感、责任感。

　　华联董事长应永军的儿媳、上海复旦大学工商管理专业高才生——"80后"冯炜炜从英国留学回来后,接受创始人的邀请,进入企业高层逐步接班,直至 2007 年顺利完成家族企业的传承,并创造了很好的业绩,可以说是宁波家族企业传承中儿媳接班的成功典范。用冯炜炜自己的话来说,传承过程能够如此顺畅,主要归功于公公做得好。2005年冯炜炜担任公司常务副总到2007年成为华联的总经理,一代创业者应永军不忘"扶上马再送一程",银行、税务、政府的关系网都由他出面维护,冯炜炜则负责开发客户及管理企业。应永军用了3年的过渡期,把儿媳培养成了合格的接班人,顺利完成两代人的交接班,这一条值得处于二代交接期的一代企业家们好好学习。

四、传承效果分析

(一)公司稳定发展,规模逐渐扩大

自2005年冯炜炜正式进入企业后,华联得到了较好的发展。经过3年的审核、开发、洽谈等努力,华联电子正式与韩国三星总部、美国通用电气等建立了长期合作关系。冯炜炜的表现得到了公公应永军的欣赏,2007年,应永军把总经理的位置交给了年轻的冯炜炜。当上总经理后,冯炜炜明确地确立了未来发展的目标。她借助全球500强企业供应资格审核的机会,顺利地完成了华联管理体系的重建,把原来庞大繁杂的平面管理结构,改革成块状管理结构,冯炜炜主要管理几大部门负责人,从而大大提高了管理效率。冯炜炜深知,企业的现代化管理需要公司全员的配合。为了让员工与时俱进,更新思路,选拔优秀人才,她每年投入大量人力、物力对员工进行培训;与此同时,将管理重点放在产品品质上,以完善产品开发设计队伍、增强技术含量为突破口,不断研发品质上乘、技术精湛的产品,供应市场,使得华联VFD和LED显示屏名列全国行业前三甲,在全世界的客户与同行中树立了良好的口碑,成功配套通用、三星,国内海信、奥克斯等国际著名品牌客户。目前华联旗下拥有宁波协源光电科技有限公司、宁波东隆光电科技有限公司2家高科技企业。华联产品的销售网络遍布全球。在对外贸易方面,公司产品远销到日本、韩国、美国、德国等30多个国家,分布于亚洲、北美洲、南美洲和欧洲。在国内销售上,华联整体布局,在沿海大城市和各级城市设立办事处,以满足客户日益增长的需求。2013年,华联的年产值已稳超1.3亿元,加上协源及东隆,3家企业年产值超2亿元。2014年刚入夏,华联的产值已达1.3亿元,协源和东隆两家企业形势见好。

(二)家族强大,成员团结

2005年冯炜炜加入华联,参与及领导了华联继续发展的过程。2006年丈夫应园回国,在一家人的大力支持下,独自创办了宁波东隆光电科技有限公司,主营汽车大灯制造,目前东隆品牌(氙气车灯)系列产品已在国内同类企业中树立了良好的口碑。2009年,因发展需要,冯炜炜又延伸创办了宁波协源光

电科技有限公司,成为新企业的执行董事。现在的冯炜炜对于企业的未来发展信心满满:华联、协源、东隆未来发展目标明确,三家企业必须定位高端,积极整合客户资源、加强团队建设和研发投入,发挥整体力量,做出新的突破。

第三节 宁波华联电子科技有限公司代际传承资料的开放性译码分析

在宁波华联电子科技有限公司"基于资源观的演进式传承"资料整理完毕之后,本章开始对数据进行扎根理论的开放性译码分析。开放性译码是用基于实地资料提炼出来的概念和范畴来准确反映资料本质的过程,是基于仔细考察和比较分析从而为实地资料中的现象或事件取名字并加以分类、整合的创造性分析过程。开放性译码分析可以实现个案资料的概念化和范畴化,实现对资料的提炼、比较、归纳和整合。指认现象、界定概念、提出范畴等具体步骤则可以实现案例资料的聚敛,确保资料到概念、概念到范畴的提炼和操作科学准确,为下一阶段的主轴译码分析奠定基础。

一、开放性译码的定义现象和标签归类

为了便于资料分析,本书将华联案例称为个案 B。为了保证实地资料提炼的连续性、渐进性,本书将个案 B 的资料开放性译码分析细分为四个步骤,即贴标签(定义现象)、初步概念化、概念化和范畴化,本节先介绍前两个步骤,具体思路如下。

首先,将实地资料置于表格之中,为了提高分析的精确度和严密性,便于对资料进行逐句定义,在表格第一栏,即整理后的实地资料部分,在每句话后面都标注"(bx)";其次,将表格第二栏"开放性译码"分为"贴标签(定义现象)"和"初步概念化"两部分内容;再次,用第二栏的"bx+概念"对应第一栏的"句子+(bx)",于是,第一栏的整体内容就转换为第二栏"贴标签(定义现象)"部分的概念群;最后,因提炼中难免会出现多个标签指代同一现象的情况,或者多个标签具有本质一致性的情况,因此,对"贴标签(定义现象)"一栏的内容进行重新归类,并以"bby+概念"这一概念指代前面那些本质上类似的标签(比如 bx1、bx2、bx3 等),于是,bby 就成为一个表达同类定义的初步概念,而这些定义的归类在本质上反映了对现象的归类。

经过对资料进行逐句贴标签(定义现象)和初步概念化,最终得到 184个标签和 83 个初步概念。贴标签(定义现象)和初步概念化详见表 6-2。

表 6-2　个案 B 的开放性译码表:贴标签(定义现象)和初步概念化

个案 B 的代际传承访谈资料	开放性译码	
	贴标签 (定义现象)	初步概念化
1984 年初夏,在国有单位慈溪农药厂任职的应永军(b1),果断敲掉了每月工资 37.5 元的"铁饭碗",以"慈溪县第二个政府明文批准留职停薪的人"的身份"下海"了(b2),当年他刚刚 30 岁(b3)。凭着学过 4 年刻模具的技术和那年下班后给别人刻模具挣的 4000 元钱的"外快"作为"创业基金",应永军义无反顾地扑向惊涛骇浪的"大海"(b4)。"下海"第一年,曾支过农的西三乡要办矿灯厂,于是请应永军去当厂长(b5),结果 25 名工人每人 500 元的股金和他自己投进去的 4000 元钱全"放了汤"(b6)。虽然开始"下海"的几年只出未进,但应永军一点也没灰心(b7)。1987 年 10 月,应永军与人合股办起了华联塑料厂,从此走上了一条充满坎坷、无法再回头的创业之路(b8)。办厂初期,华联塑料厂虽只有两台土油泵、一只烘箱及一台手扳冲床,但应永军及其合股人从未放松产品质量(b9)。应永军擅长小塑料产品制造(b10),经"能人"指点后,工厂于 1989 年 10 月开始做用在录音机上的五联、六联电位器,产品是与北京飞利浦公司配套的(不过他们当时还未获得该公司的授权)。不用说,这个产品的质量要求是很高的(b11),而没有一定的技术力量和相应的设备是不大可能做出来的(b12)。"初生牛犊不畏虎",应永军硬是凭着他们的智慧和不能再简陋的"成套设备"做出了产品(b13),经南京无线电元件三厂质量检测,产品质量合格(b14)。于是应永军拿着这个产品兴冲冲地去了北京飞利浦公司,找到其工程部,说明来意(b15),结果当然是"可以理解"的。因为未跟人家沟通就预先做好了产品,怎么知道人家肯定需要呢?加上飞利浦是国际大企业,与小厂的合作一般不多,没戏了(b16)!没想到的是,当天晚上就"柳暗花明又一村"。由于飞利浦公司其他配套厂家供货数量跟不上,而看了华联的产品后,公司认为质量还是不错的,可以考虑合作,并且约三天后去慈溪实地考察(b17)。三天的时间应永军办了很多事,做了大量的考察准备(b18)。但再怎么准备,也是租借的民房和落后的设备,应永军决定,还是"实事求是"来好了(b19)。三天后,飞利浦考察组如期	b1 公原职业稳定 b2 公"下海"创业 b3 公果断决策 b4 公专业技术 b5 公社会声誉 b6 公体验挫折 b7 公坚持不懈 b8 公艰苦创业 b9 公重视质量 b10 公技术特长 b11 公确立产品 b12 公大胆挑战 b13 公执着追求 b14 公产品质量过关 b15 公主动出击 b16 公再次经历挫折 b17 公获得机遇 b18 公为考察做准备 b19 公实事求是	bb1 公冒险精神 (b1 b12) bb2 公果断决策 (b3 b87) bb3 公专业技术 (b4 b10) bb4 公社会声誉 (b5 b112 b113) bb5 公屡次经历挫折(b6 b16 b38) bb6 公执着坚持 (b7 b13) bb7 公吃苦耐劳 (b8 b26 b27) bb8 公品质理念 (b9 b14 b23) bb9 企业初步发展(b11 b57) bb10 公挑战精神 (b2 b12 b32) bb11 公主动出击 (b15 b18) bb12 公赢得机遇 (b20 b60) bb13 实事求是 (b19 b31 b110)

续表

而至,进厂一看,真正是大吃一惊,专家们不敢相信这个"合格产品"居然是从这样一个小厂生产出来的(b20)。他们被华联的精神所折服,更重要的是,他们只认合格的产品,并不计较生产厂家的硬件装备。由于华联产品质量过硬(b21),双方愉快的合作关系一直延续到现在(b22)。应永军说:"质量加运气等于机遇,经营企业产品质量是关键。"他二十年如一日,始终一丝不苟地抓品质不放松,华联也因此不断走向辉煌(b23)。	b20 公精神感动合作方 b21 公质量取胜 b22 长期合作关系 b23 品质理念	bb14 质量优势(b21 b24) bb15 与大企业长期合作关系(b22) bb16 企业凝聚力(b25 b26)
飞利浦公司与华联塑料厂签订供货协议时规定:为了保证产品的数量,保证正常运转的生产线,仓库里的库存不能少于四个小时的供应(b24)。接到这笔四五十万的大单时,全厂40余名员工铆足了劲拼命干,连那年的春节也没心思过了(b25)。应永军为了"绝不延误"的承诺,干脆睡在厂里,经常和员工一起通宵赶工,七天七夜"连轴转"(b26)。困了,与员工在车间里一道打地铺;饿了,早点每人一个粢饭团果腹(b27)。如今一些老员工还常提起当年老板"七天七夜"的故事(b28)。	b24 高标准与严要求 b25 全厂为大订单全力付出 b26 公与员工同奋斗 b27 公吃苦耐劳 b28 公"七天七夜"创业奋斗故事 b29 公实干敬业	bb17 公创业奋斗故事(b28 b30 b42 b50) bb18 公实干敬业(b29) bb19 公引入人才(b33 b34) bb20 公领导魅力(b20 b35 b39 b56)
第一批货是应永军亲自送的,当时货物必须先扛到余姚,再乘火车到上海,然后送到机场出货。赶余姚那趟火车,必须搭乘庵东的头班客车(b29)。那晚累极了的应永军睡在厂里,说好让一名员工到时间叫醒他,谁知那名员工看老板睡得很香,实在不忍心叫醒他,迟了几分钟。应永军突然惊醒:"要误大事!"他心急火燎地从楼梯冲下来,抱着那箱货拼命往车站跑,连鞋子掉了也来不及捡(b30)。应永军说:"人家大公司不嫌弃咱小工厂,信任我们,咱就得拿出百分之百的信誉,保时、保质、保量!"(b31)	b30 公"送货"故事 b31 公信守承诺	
20世纪90年代,应永军开始尝试电位器生产(b32),那时他机缘巧合结识了南京一位姓黄的工程师。黄工是南京一家无线电研究所所长,曾是南京市劳动模范(b33)。1992年,黄工被应永军请到了慈溪庵东家里做客,二人促膝长谈了一次,黄工被应永军的诚恳、信义、求贤若渴及其特有的人格魅力所折服(b34),毅然决定来庵东这个海边小镇,加盟华联(b35)。黄工为华联提供了大量技术支持,使直滑式电位器生产很快纳入轨道并直接销售,获得了很好的效益。1991年,华联产值达到250万元,1992年达到了350万元(b36)。黄工被应永军尊称为华联的"财神"(b37)。1993年7月,应永军的合股人闹分厂,使企业遭受重创,应永军亏损了360万元。	b32 公尝试新业务 b33 公引入高级人才 b34 公思贤若渴 b35 公感动人才 b36 人才助力华联 b37 公尊重人才	

续表

大部分的关键设备和所有的技术资料都被合伙人"转移"走了(b38)。但让应永军感到庆幸的是,他"抢"到了黄工,黄工跟定了应永军(b39)。黄工知道图纸及技术资料已被对方带走后,泪流满面,为了把图纸重新画出来,黄工没日没夜地干,最后竟然累倒,得了脑出血。如今,黄工一直在南京家中养病(b40)。应永军十分珍惜与黄工的这段友谊,十分敬重黄工的为人和敬业精神。他十几年如一日,每年必去南京探视黄工,每年给黄工4万~5万元的生活费。他真挚、虔诚地"供奉"着华联的这尊"财神"(b41)。	b38 公创业受重创 b39 公留住人才 b40 员工忠诚 b41 公善待员工	bb21 人才助力(b36) bb22 公尊重人才(b37 b51)
应永军与黄工的故事无不感动和激励着现在在华联工作的工程技术人员及其他员工(b42)。一茬接一茬的技术人员自主研发了一代又一代新的高科技产品(b43)。对于公司的员工,应永军不仅重其才,也讲义气、有爱心(b44)。	b42 公与黄工的故事 b43 公自主创新 b44 公重情重义	bb23 企业员工忠诚度高(b40 b44 b47 b111) bb24 公善待员工(b41 b44)
华联走上轨道后就在公司内部设立了数个"心声箱",每天有专人负责开启收集。小小"心声箱"作为公司领导和员工心灵沟通的纽带和桥梁,发挥着不小的作用,员工有什么意见或建议,都会往里面塞纸条(b45)。有一次,负责处理"心声"的阮副总不在公司,正好一位署名"爱清洁的人"留言,要求给女员工卫生间的马桶消毒。"代班"接到"任务"的总经理应永军马上指令清洁工负责办理此事,并在"爱清洁的人"的"心声"上做了批示:从即日起,全公司内不但女员工卫生间的马桶要消毒,男员工卫生间的马桶也要每天消毒(b46)。公司宣传部门将"应总批示"的复印件在黑板报《心声回音壁》栏目中公布,在员工中引起了巨大反响(b47)。	b45 企业上下沟通顺畅 b46 公急员工所急 b47 公获得员工爱戴	bb25 公自主创新(b43 b63) bb26 企业内部沟通顺畅(b45 b47) bb27 公重视员工(b46 b48 b49)
2006年春节前,常务副总的信箱里收到一名员工发的邮件,提及2005年春节没有拿到"过节费"的事。逢年过节,厂里给员工发"过节费",年年如此,一次不落。怎么会发生这种事情?应永军知道此事后,深感自责。虽然2005年公司投入巨资生产薄膜和引进LED自动化设备,资金异常紧缺,但应该给员工的这笔钱是万万不可少的(b48)。他并没有过多追究有关部门的责任,而是通过黑板报刊登了一封《向全体员工的公开道歉信》(b49)。后来公司不但补发了2005年的"过节费",在2006年的总结表彰大会上,应永军还专门为此事再次向全体员工致歉(b50),当他深深地鞠上一个近乎90度大躬时,1200多人的大会堂内爆发出经久不息的掌声(b51)。	b48 公以员工利益为先 b49 公公开向员工致歉 b50 公向员工致歉的故事 b51 公重视尊重员工	

续表

应永军身兼宁波市侨联副主席、慈溪市政协常委、慈溪市侨联副主席、庵东镇商会会长等社会职务（b52），他不仅在商会中积极参与慈善活动（b53），也不忘造福乡里，在企业发展之初就出资给学校修建足球场、给村里修路等。这些年来，应永军已为教育事业和慈善事业向社会捐资 230 万元。2004 年以来，他冠名慈善捐助达 100 万元（b54）。如今，公司里有 40 多名残疾员工，公司在工资福利、先进评比等方面实行人性化管理，使这些员工深感华联大家庭是残疾员工的乐园（b55）。	b52 公社会职务众多	bb28 公社会活动能力（b52 b170 ）
	b53 公参与慈善	bb29 公慈善理念（b53 b54 b55）
	b54 公回馈本地	
	b55 公吸纳残疾人就业	
应永军自我总结时曾说："办企业首先要保证自己是一个有品质的人，这是企业成功的一个重要因素（b56）。"	b56 公高道德品质	bb30 公社会影响力（b52 b58）
华联电子在应永军的领导下，井然有序地发展着（b57）。在硬件配备上，2001 年，当庵东工业园区兴起时，作为商会会长的应永军带头拿下了第一块地（b58），从此一个拥有 60 多亩地的花园般的新厂区代替了占地仅十几亩地的老厂区（b59）。在产品研发方面，华联在继续生产马达驱动电位器的前提下，根据市场需求于 1998 年开始生产荧光显示屏（b60），目前华联已成为中国第二大 VFD 生产基地和技术研发中心（b61）。2003 年，为充分发挥自身开发能力强、研制周期短、交货速度快的优势，华联引进国际先进的 LED 生产线，可生产结构复杂、功能强大、质量稳定可靠的 LED 数码管显示器（b62）。2004 年，华联走上了研发 LED 数码显示屏的道路（b63）。为了开拓 VFD 高端市场，公司于 2004 年下半年花巨资从日本引进了最先进的无排生产及配套设备（b64），并拥有国际先进的薄膜生产线，以扩大华联 VFD 产品的适用范围，提高 VFD 产品的性能档次（b65）。在 LED 产品生产方面，2004 年至 2005 年，华联新增全自动固晶机 11 台、全自动焊线机 12 台，年生产总额达 5 亿元（b66）。在业务发展方面，华联以前大部分做内销，随着 LED 数码显示屏的研发，外贸业务有了很大的起色（b67），特别是 2004 年下半年与通用电气公司及三星等有了初步的合作（b68）后，企业走到了转型期（b69）。应永军及担任常务副总的妻子在接洽这笔生意时，因语言、思维等的差异，合作遇到了非常大的困难（b70），而企业里的中层干部及相关运作团队也没有与外企、世界 500 强企业合作的经验（b71）。正是在这个时期，基于业务发展的需要，华	b57 公司进入正轨	
	b58 公带头拿地	
	b59 公司迁址	bb31 企业壮大（b59 b61）
	b60 公洞察商机	
	b61 公司迅速发展	
	b62 技术引进	bb32 公技术优先理念（b62 b64 b66）
	b63 研发新产品	
	b64 持续技术引进	
	b65 国际接轨	bb33 企业生产设备国际接轨（b65 b68）
	b66 投资技术	
	b67 拓展外贸	
	b68 与跨国企业合作	bb34 外贸市场拓展（b67）
	b69 企业转型	bb35 企业转型需求（b69）
	b70 国际合作障碍	bb36 国际合作障碍（b70 b71）
	b71 企业缺乏国际人才	

续表

联的历史上有了儿媳传承的萌芽(b72)。面对华联发展中的困境，儿媳冯炜炜毅然回国,接了其公公的宁波华联股份有限公司,继续主营家电配件(b73)。	b72 传承时机 b73 媳回国接班	bb37 家族企业传承节点(b72 b73)
冯炜炜与先生应园都是庵东人,她奶奶家就在应园家隔壁,两人是小学同学,从小玩在一起,称得上是青梅竹马(b74)。小学毕业后,学习成绩优异的冯炜炜一路从慈溪中学初中、慈溪中学高中,走到名校复旦大学,就读工商管理专业(b75)。读大学期间,在英国留学的应园向冯炜炜发起了爱的进攻,每半年就回国一次,专程赶往复旦的炽热之情,打动了冯炜炜的心(b76)。冯炜炜大学毕业后与应永军独子应园结了婚,后获得公婆支持(b77),以陪读的身份申请去了英国读研(b78)。大儿子在英国出生,刚出生四五个月时,公婆因业务发展需要召唤她回国,冯炜炜便毅然回国继承家业(b79)。当时身为总经理的应永军专管公司的产品销售及处理对外事项,包括维护各种对外关系网络(b80)。婆婆是常务副总,主管财务、采购及生产等事项,整个企业是典型的民营家族企业管理模式(b81)。冯炜炜于2005年3月进入公司,一个月后接手婆婆的常务副总职位,半年后又接了婆婆的财务审批权(b82)。冯炜炜说自己从小就是一个非常自信的人(b83),读书期间一直是学生会干部(b84),所以当初婆婆下放财务审批权时自己根本就没有谦让(b85),但现在认为如果当初不那么快接受,再多一点时间过渡一下,可能会更顺一点(b86)。应永军的目光敏锐、英明抉择为其赢来了一片赞誉之声(b87),但同时,媳妇冯炜炜顶着公公的伟业也有不小的压力(b88)。冯炜炜说,"刚接管企业时儿子小,丈夫也不在身边,公公婆婆放手后就基本不再管(b89),自己的确有过一段迷茫期(b90)。但好在自己有专业的管理学知识背景及海外留学经历(b91),当公公让我直接接触国外客户时,自己有底气、有信心,眼界也更加开阔(b92)","另外,辅佐自己的团队非常的稳定,也非常配合我的工作(b93)。公公在时就有一位专管技术的副总,一位专管设备的副总,还有一批专管生产的团队成员,他们多年来一直陪伴着公司成长,非常忠心(b94)"。冯炜炜刚接手公司时,认为这些下属的管理模式不太符合现代管理的原则,有些管理模式与她的想法相左(b95)。但后来她发现,很多管理模式有其存在的必要性,华联在当时虽然已是行业中的领导企业,但毕竟还只是劳动密	b74 青梅竹马 b75 媳管理专业 b76 儿求爱历程 b77 媳获公婆认同 b78 媳出国深造 b79 公婆信任 b80 公主外 b81 婆主内 b82 媳接手财务权 b83 媳自信十足 b84 媳具领导才能 b85 媳勇担责任 b86 媳个人反思 b87 公英明抉择 b88 媳肩负无形压力 b89 公大胆放权 b90 媳接班震荡 b91 媳海归背景 b92 媳自信 b93 团队配合默契 b94 员工忠心 b95 媳新管理理念与老管理模式冲突	bb38 家族关系稳固（b74 b76 b77 b123） bb39 媳管理专业背景（b75 b78 b118） bb40 家族信任（b73 b79 b89 b117） bb41 媳迅速接班（b80 b81 b82 b89） bb42 媳个人性格（b85 b121） bb43 媳社交才能（b83 b84 b167） bb44 媳反思精神（b86 b96）

续表

集型的家族企业,规模还没大到可以完全照搬照抄书里的那些案例企业的管理模式(b96)。 　冯炜炜接手华联电子后,秉承了公公稳打稳扎做实业的作风,并没有大刀阔斧地进行改革(b97),而是根据客户的需要,特别是在大客户的引进过程中慢慢地导入一些现代化管理模式(b98)。她说:"如针对不同的产品,组建该产品的市场、采购、销售、品质、设备、生产及人事负责的一个完整的管理团队(b99)。这个团队就必须对这项产品的所有事情负责,可能不是你管的,但作为团队的一员,你也必须对此负责任。然后再由各位厂长对其管辖下的产品分开承担,组成一个大团队,根据整个团队业绩做出奖罚(b100)。"这样,她将原来庞大繁杂的平面管理结构改革成了块状管理结构(b101),作为总经理的她只要管理几大部门负责人就行了,从而大大提高了管理效率(b102)。公司现在有LED、VFD、PBA模组,另外设有一些辅佐的部门如销售部、采购部、财务部、人事部、行政部等支持三个模组(b103)。可以说公司管理结构获得了极大的完善,同时还实现了一些信息化的改进(b104)。值得一提的是,公司近几年非常关注政府对企业项目的各项支持政策,特别配备了专业人员研究政府的政策,使得公司能够朝着政府制定的政策方向稳步发展(b105)。冯炜炜说:"近几年政府非常重视节能问题,企业抓住这一时机(b106),对节能产品进行大力研发及改造(b107),这样不仅能获得政府相应的补贴,而且也能借此机会为自己的产品做宣传,形成广告效应,绝对是一石二鸟之事(b108)。" 　冯炜炜在阐述自己的传承历程时,也提出了传承过程中的一些困惑(b109)。首先,公公应永军是一位非常典型的第一代创业企业家,年轻时期的辛苦劳作使得他很能吃苦,同时做事又很果断,很有魄力。因应永军说一不二、非常守信的个性(b110),企业里的中层干部对他都非常忠心(b111)。应永军在当地还是一位非常有号召力的人物(b112),在企业界也是最有威信的人(b113)。冯炜炜接班时,华联已是当地的龙头企业,当时她心里有很大的压力,怕不能更上一层楼(b114)。 　其次,冯炜炜当初学的是工商管理,而不是光电或技术工程等,因而没有相关的技术背景,不懂技术(b115),导致在许多方面要依赖于别人(b116)。她说:"不是说不需要别人的帮助,而是有时无法作	b96 媳反思管理 b97 媳稳扎稳打 b98 媳逐步导入先进管理模式 b99 媳改革管理团队 b100 媳团队负责制 b101 媳建立块状管理体系 b102 管理效率提高 b103 管理体系完善 b104 信息化管理 b105 媳关注政府政策 b106 媳洞察机会 b107 媳关注节能 b108 媳抓住机会 b109 媳传承困惑 b110 公诚实守信 b111 公获得员工忠诚 b112 公获得地方声誉 b113 公获得业界声誉 b114 媳传承压力 b115 媳技术背景缺乏 b116 媳技术短板	bb45 媳接班压力(b88 b90 b95 b109 b114) bb46 媳海外学习背景(b91) bb47 接班时企内部稳定(b93 b94) bb48 媳务实专注(b97 b98 b174 b175) bb49 媳管理理念引入(b98 b99 b104) bb50 媳管理结构革新(b100 b101 b179) bb51 企业管理效率提升(b102 b103) bb52 媳关注政府动向(b105)

		bb53 媳把握机遇 (b106 b107 b108)

出正确的判断,可能要比懂技术的人花费更多的时间去作出决策,甚至还要付出一定的代价(b117)。但好在公公婆婆是开明、睿智的第一代创业者(b118)"。冯、应两家本是邻居,都是庵东人。冯炜炜与其先生自小认识,冯炜炜每年寒暑假回来时总是会收到应永军夫妇的邀请(b119),安排她在华联实习一段时间(b120)。冯炜炜个性活泼开朗(b121),在实习期间与企业员工建立了良好的关系(b122),与公婆家的关系也一直保持得很好(b123)。大二暑假她就与先生订了婚(b124)。大四时公婆因业务的原因经常会有几天的时间不在工厂或出国在外,于是那个时期的冯炜炜趁功课不太忙,经常回去,帮忙处理一些公司业务(b125)。在处理过程中她对公司的业务、各个部门的结构与工种等有了初步的了解(b126),与公司里的各个团队也培养了深厚的感情,为以后顺利传承打下了良好的基础(b127)。从2005年冯炜炜担任公司常务副总到2007年成为华联的总经理,一代创业者应永军不忘"扶上马再送一程"(b128),银行、税务、政府的关系网都由他出面维护(b129),冯炜炜则负责开发客户及管理企业,这让冯炜炜备感轻松(b130)。应永军用了3年的过渡期,把儿媳培养成了合格的接班人,顺利完成两代人的交接班(b131)。冯炜炜真诚而欣慰地说："公公和婆婆是两位极开明的长辈,每当在工作中出现矛盾时,他们中的一位总能站在公正的位置上起到平衡的作用(b132)。"这使得她这位年轻的总经理能够在磨炼中迅速成长,较快地进入角色,继而逐渐得到大家的认同,也使企业在传承中顺利发展(b133)。长辈们的睿智还表现在处事公平公正、高瞻远瞩(b134)。2006年,儿子应园学成回国,应永军未邀请儿子回华联,而是尊重儿子(b135),希望儿子另起炉灶开辟自己的事业(b136)。考虑到华联旗下产品转型升级的需要及新产品开发的需求,他支持儿子研发氙气汽车大灯,发展相关产业(b137)。

2006年,应园创建了宁波东隆光电科技有限公司(b138)。而在儿媳冯炜炜3年的苦心经营下,华联也正式与韩国三星总部、美国通用电气等建立了长期合作关系(b139)。2009年,正值金融危机之时,为了企业能够生存下去(b140),年轻的华联总经理冯炜炜提出了三个转型,即市场转型(b141)、客户转型(b142)和产品转型(b143),在她的建议下,企业

b117 媳技术弱势	
b118 公婆理解信任	
b119 媳从小融入家族企业	
b120 媳假期实习	
b121 媳性格开朗	
b122 媳与员工感情融洽	bb54 媳意识到专业知识缺乏的弊端(b115 b116 b117)
b123 媳与公婆感情融洽	
b124 早早确立婚姻关系	
b125 媳帮忙打理业务	
b126 媳对公司业务初步了解	
b127 媳与员工熟识	
b128 公辅助儿媳	bb55 媳早期参与家族企业(b119 b120)
b129 公维系社会网络	
b130 媳集中精力应对业务	
b131 三年过渡期	
b132 家族矛盾化解	
b133 媳获益成长	bb56 姻亲关系及早确立(b74 b124)
b134 公处事公平	
b135 公尊重儿子	
b136 公支持儿子创业	bb57 媳家族企业知识积累(b125 b126)
b137 公产业远见	
b138 子自主创业	
b139 媳海外市场拓展	
b140 媳应对危机	bb58 媳与员工熟识(b122 b127)
b141 市场转型	
b142 客户转型	
b143 企业转型	
	bb59 公辅助媳(b128 b129 b130 b131)

续表

引进了 2 台世界最先进的设备(b144),成为世界第 5 家、国内第 2 家有能力生产中高档荧光显示屏产品的厂家(b145)。在金融危机中,华联逆势而上,销量翻番(b146)。2009 年,冯炜炜还延伸创办了宁波协源光电科技有限公司,主要经营 LED 照明、LED 电视机背光模组(b147)。	b144 媳引进设备 b145 技术领先 b146 逆势增长 b147 产品转型升级	bb60 顺利度过三年过渡期(b131 b132 b133) bb61 公远见卓识(b136 b137)
现在,东隆的灯泡继续在生产,而转型升级的协源产品成了目前发展的重中之重,两家企业是前后呼应的,是上下游的关系(b148)。东隆 2006 年开始研制的 HID(主要针对改装车的市场及外贸)获得了成功(b149)。2007 年至 2009 年出口情况较好,一下子出口几千万,而且利润较高;2011 年、2012 年因行业的萎缩,公司业绩较转型之前回落了两年;2013 年、2014 年又有了明显的增长。冯炜炜说:"东隆的基础产品氙气汽车大灯将会继续生产下去,但将来东隆与协源可以配套做 LED,将来三家企业的整合是必然的(b150),目前三家公司的财务已经进行了整合,其中也包括财务的调动等,总体由华联负责操作(b151)。"她坚信,只要通过不断创新,提高产品技术含量(b152),降低劳动成本消耗(b153),高度劳动密集型的企业就能实现转型升级(b154)。目前公司(3 家)员工已从最初的 1600 人减少到现在的 1000 人左右(b155)。2013 年,华联的年产值已稳超 1.3 亿元,加上协源及东隆,3 家企业年产值超 2 亿元。2014 年刚入夏,华联的产值已达 1.3 亿元,其他两家企业形势见好(b156)。	b148 夫妻形成产业上下游关系 b149 技术研发突破 b150 家族产业战略整合 b151 初步整合 b152 技术创新 b153 成本控制 b154 主导转型升级 b155 机器换人 b156 企业业绩持续成长 b157 家族互动	bb62 子自主创业(b135 b138) bb63 媳海外市场拓展(b139) bb64 媳高科技企业转型(b147 b154) bb65 媳积极应对金融危机(b140 b141 b142 b143) bb66 技术优势(b144 b145 b153) bb67 企业逆势增长(b146)
冯炜炜一家与两边父母住得非常近(b157),晚餐时间一般与公婆聚在一起(b158)。他们有两个年幼的孩子,除了冯炜炜自己带孩子,双方父母都会不遗余力地帮忙照顾俩宝贝(b159),家庭生活非常和谐(b160)。冯炜炜在与公婆的相处中耳濡目染,潜移默化地成长着(b161)。	b158 家族共享晚餐 b159 孩子为纽带 b160 家族气氛和谐 b161 家族影响	bb68 家族产业战略联盟(b148 b184) bb69 家族产业整合(b150 b151)
冯炜炜说:"父辈在创造财富时,不忘自己身上所负担的社会责任,不遗余力地贡献自己的力量,展示了民营企业家的精神特质和人格魅力,而企业家精神又是企业的灵魂(b162)。现在企业进入了再发展期,更应好好学习这种企业家精神,传承这种企业家精神(b163)。"	b162 敬重公辈企业家精神 b163 媳传承企业家精神	bb70 技术创新(b149 b152 b182)
冯炜炜接管企业后,不仅参与各项慈善事业,如捐助百色希望小学,捐助 LED 照明灯给中小学,提供启动资金给庵东的幼儿园,在当地修建一些寺庙,等等(b164)。冯炜炜还参加各种社会团体	b164 媳热心公益	

续表

活动(b165),作为慈溪海创会的发起人,她曾经连同慈溪创二代的十家名企,由政府牵头,投资拍摄了一部宣传片。这部宣传片成为慈溪的一张名片,带动了慈溪许多名胜古迹的宣传(b166)。冯炜炜说自己发起慈溪海创会,加入庵东创二代及宁波创二代等协会,虽然都是出于自愿[她自小能言善辩、外向开朗,乐于参加各种有意义的活动(b167)。中学时就是慈溪中学学生会主席,高中时就加入了中国共产党,成了一名光荣的共产党员(b168)],其实也是受到了婆家成员的影响(b169)。冯炜炜记得应园的爷爷是慈溪市第一任侨联主席,公公应永军是慈溪侨联副主席(兼宁波侨联副主席),又是庵东商会的会长,而庵东商会还是当时全国优秀基层商会,庵东创二代是全国优秀基层创二代(b170),冯炜炜自然成了庵东创二代代表的不二人选(b171)。冯炜炜说:"做企业不仅要脚踏实地地做实业,同时也需要有一定的眼界,走出工厂与外界有一定的联系是非常必要的(b172)。如参与宁波创二代协会,就接触了很多专业做天使基金的会员,可以参与其中一些非常有创意的投资,而埋头苦干实业、两耳不闻窗外事,只会丢失许多开阔眼界的机会(b173)。" 　　冯炜炜年纪不大,但她谦虚、稳重、踏实(b174)。拥有复旦大学高才生、海外留学生等头衔的她并没有因守住了父辈的基业而放松对自己的要求(b175)。2007年,她参加了宁波家业长青民企接班人专修学校的家族企业接班人专修班;2012年,作为宁波第二代创业家代表,她走进了北大创业特训营(b176)。2007年年底,作为宁波民营企业创二代传承的"80后"成功代表,她走进了《鲁豫有约》(b177)。 　　冯炜炜的传承故事可以说是众多二代传承中的成功案例,特别是在新兴高技术行业(b178)。冯炜炜能将自己从琐事中解脱出来,从忙人到闲人,就是因为引进了现代管理模式,改变了家族企业一直以来在管理方面的短板(b179)。但这种做法并不意味着冯炜炜就此轻松了,而是可以腾出更多的时间布局公司发展战略(b180)。未来她将把更多的精力放在机器换人上,用更少的人做更多的事情(b181)。华联现在已组建了专业的机器研发团队(b182),与其他企业或高校进行合作(b183)。今后华联、协源、东隆的产品必须是高精尖产品,冯炜炜有这个自信(b184)。	b165 媳参与社会团体活动 b166 媳创立海创会 b167 媳善于社交 b168 媳教育经历出色 b169 媳受公婆影响 b170 公社会职务众多 b171 社会组织关系传承 b172 媳开阔眼界 b173 媳积极拓展社会圈子 b174 媳谦虚稳重 b175 媳不骄不躁 b176 媳持续学习 b177 宁波成功传承典范 b178 高新科技传承典范 b179 媳致力于管理改革 b180 媳现代管理理念 b181 机器换人 b182 媳组建研发团队 b183 与高校合作 b184 媳整合三家企业,集团化经营	bb71 机器换人(b155 b181) bb72 企业业绩持续增长(b156) bb73 家族成员良性互动(b157 b158 b159) bb74 家族氛围和谐(b160) bb75 媳公益活动(b164) bb76 媳拓展社交关系(b165 b166) bb77 媳教育经历出色(b168) bb78 社会关系资源传承(b171) bb79 企业家精神传承(b162 b163 b174 b175) bb80 媳持续学习(b176) bb81 现代管理理念(b180) bb82 与高校合作(b183) bb83 家族成功传承典范(b177 b178)

二、开放性译码的概念化和范畴化

个案 B 的资料开放性译码分析的第二步为初步概念的概念化及概念的范畴化,具体分析思路如下:对已经得出的初步概念进一步归类、抽象,逐次提炼出概念 Bx 等;对已经得出的概念继续提炼和归类,逐一提炼出范畴 BBx 等。概念化英文字母标识的使用与贴标签部分同理,也是使用字母代替后面引领的句子或词语进行缩编。经过概念化这一过程,我们获得了归类更为清楚的传承人资源、继承人资源、传承途径、传承前企业状况及传承后企业发展现状。于是,概念化的内容逐次替代了资料内容,从而使我们对资料的精炼和缩编更加深入,我们分析和研究复杂庞大资料的任务转而简化为考察这些概念,尤其是范畴间的各种关系和联结。初步概念的概念化和概念的范畴化如表 6-3、表 6-4 所示。

表 6-3　个案 B 的开放性译码表(续):初步概念的概念化

初步概念	概念化
bb1 公冒险精神(b1 b12)	B1 公冒险挑战精神(bb1 bb10 bb11)
bb2 公果断决策(b3 b87)	B2 公技术背景(bb3)
bb3 公专业技术(b4 b10)	B3 公社会声誉和影响力(bb4 bb30)
bb4 公社会声誉(b5 b112 b113)	B4 公执着坚持(bb5 bb6)
bb5 公屡次经历挫折(b6 b16 b38)	B5 公艰苦创业(bb7 bb12)
bb6 公执着坚持(b7 b13)	B6 公重视质量(bb8 bb14)
bb7 公吃苦耐劳(b8 b26 b27)	B7 企业初期发展(bb9 bb31)
bb8 公品质理念(b9 b14 b23)	B8 公务实守信(bb13 bb18)
bb9 企业初步发展(b11 b57)	B9 长期的客户关系(bb22)
bb10 公挑战精神(b2 b12 b32)	B10 企业内部凝聚力(bb16 bb23 bb26)
bb11 公主动出击(b15 b18)	B11 公创业故事(bb17)
bb12 公赢得机遇(b20 b60)	B12 公求贤若渴(bb19 bb21 bb22)
bb13 实事求是(b19 b31 b110)	B13 公领导魅力(bb20 bb17)
bb14 质量优势(b21 b24)	B14 公重视员工(bb24 bb27)
bb15 与大企业长期合作关系(b22)	B15 公技术创新理念(bb25 bb32)
bb16 企业凝聚力(b25 b26)	B16 公社会网络资源(bb28)
bb17 公创业奋斗故事(b28 b30 b42 b50)	B17 公慈善行为(bb29)
bb18 公实干敬业(b29)	B18 企业技术优势(bb33)
bb19 公引入人才(b33 b34)	B19 企业高科技转型(bb35 bb64 bb65)
bb20 公领导魅力(b20 b35 b39 b56)	B20 传承时机(bb36 bb37 bb41)
bb21 人才助力(b36)	B21 家族关系和谐(bb38)
bb22 公尊重人才(b37 b51)	B22 媳管理专业知识背景(bb39 bb46 bb54 bb77)

续表

初步概念	概念化
bb23 企业员工忠诚度高（b40 b44 b47 b111）	B23 家族信任（bb40 bb41）
bb24 公善待员工（b41 b44）	B24 媳个人禀赋（bb42 bb43 bb44）
bb25 公自主创新（b43 b63）	B25 媳接班压力（bb45）
bb26 企业内部沟通顺畅（b45 b47）	B26 接班时企业稳定（bb47）
bb27 公重视员工（b46 b48 b49）	B27 媳专注产业（bb48）
bb28 公社会活动能力（b52 b170 ）	B28 媳企业管理改革（bb49 bb50）
bb29 公慈善理念（b53 b54 b55）	B29 管理效率大幅提升（bb51）
bb30 公社会影响力（b52 b58）	B30 外部机遇把握（bb12 bb52 bb53）
bb31 企业壮大（b59 b61）	B31 媳妇早期参与家族企业（bb55 bb57 bb58）
bb32 公技术优先理念（b62 b64 b66）	B32 姻亲关系的及早确立（bb56）
bb33 企业生产设备国际接轨（b65 b68）	B33 三年辅助期（bb59 bb60）
bb34 外贸市场拓展（b67 ）	B34 家族产业战略联盟（bb62 bb69）
bb35 企业转型需求（b69）	B35 公远见卓识（bb61 bb37）
bb36 国际合作障碍（b70 b71）	B36 企业持续发展（bb67 bb72）
bb37 家族企业传承节点（b72 b73）	B37 媳以技术为核心的发展理念（bb70 bb71）
bb38 家族关系稳固（b74 b76 b77 b123）	B38 家族和谐文化（bb73 bb74）
bb39 媳管理专业背景（b75 b78 b118）	B39 媳社会关系传承和拓展（bb76 bb78 bb82）
bb40 家族信任（b73 b79 b89 b117）	B40 媳公益理念（bb75）
bb41 媳迅速接班（b80 b81 b82 b89 ）	B41 媳持续学习（bb80 bb81）
bb42 媳个人性格（b85 b121）	B42 高新技术企业传承典范（bb83）
bb43 媳社交才能（b83 b84 b167）	B43 企业家精神传承（bb79）
bb44 媳反思精神（b86 b96）	
bb45 媳克服接班压力（b88 b90 b95 b109 b114）	
bb46 媳海外学习背景（b91）	
bb47 接班时企内部稳定（b93 b94）	
bb48 媳务实专注（b97 b98 b174 b175）	
bb49 媳管理理念引入（b98 b99 b104）	
bb50 媳管理结构革新（b100 b101 b179）	
bb51 企业管理效率提升（b102 b103）	
bb52 媳关注政府动向（b105）	
bb53 媳把握机遇（b106 b108）	
bb54 媳意识到专业知识缺乏的弊端（b115 b116）	
bb55 媳早期参与家族企业（b119 b120）	
bb56 姻亲关系及早确立（b74 b124）	
bb57 媳家族企业知识积累（b125 b126）	

续表

初步概念	概念化
bb58 媳与员工熟识(b122 b127)	
bb59 公辅助媳(b128 b129 b130 b131)	
bb60 顺利度过三年过渡期(b131 b132 b133)	
bb61 公远见卓识(b136 b137)	
bb62 子自主创业(b135 b138)	
bb63 媳海外市场拓展(b139)	
bb64 媳高科技企业转型(b147 b154)	
bb65 媳积极应对金融危机(b140 b141 b142 b143)	
bb66 技术优势(b144 b145 b153)	
bb67 企业逆势增长(b146)	
bb68 家族产业战略联盟(b148 b184)	
bb69 家族产业整合(b150 b151)	
bb70 技术创新(b149 b152 b182)	
bb71 机器换人(b155 b181)	
bb72 企业业绩持续增长(b156)	
bb73 家族良性互动(b157 b158 b159)	
bb74 家族氛围和谐(b160)	
bb75 媳公益活动(b164)	
bb76 媳拓展社交关系(b165 b166)	
bb77 媳教育经历出色(b168)	
bb78 社会关系资源传承(b171)	
bb79 企业家精神传承(b162 b163 b174 b175)	
bb80 媳持续学习(b176)	
bb81 现代管理理念(b180)	
bb82 与高校合作(b183)	
bb83 家族成功传承典范(b177 b178)	

表 6-4   个案 B 的开放性译码表(续):概念的范畴化

概　　念	范畴化
B1 公冒险挑战精神(bb1 bb10 bb11)	BB1 以人为本、以技术为先的经营理念(B2 B12 B14 B15 B18 B37)
B2 公技术背景(bb3)	BB2 企业内部社会资源(B10 B26)
B3 公社会声誉和影响力(bb4 bb30)	BB3 企业外部社会网络资源传承和拓展(B3 B16 B37)
B4 公执着坚持(bb5 bb6)	BB4 社会公益精神(B17 B40)
B5 公艰苦创业(bb7 bb12)	BB5 创始人的创业故事(B5 B11)
B6 公重视质量(bb8 bb14)	BB6 创始的人领导魅力(B1 B4 B8 B13)
B7 企业初期发展(bb9 bb31)	BB7 行业的长期导向(B6 B27 B35)

续表

概　念	范畴化
B8 公务实守信（bb13 bb18）	BB8 家族信任（B23）
B9 长期的客户关系（bb22）	BB9 家族和谐氛围和文化（B21 B38）
B10 企业内部凝聚力（bb16 bb23 bb26）	BB10 以转型为主导的传承时机（B19 B20 B30）
B11 公创业故事（bb17）	BB11 接班时企业的稳定状态（B9 B26）
B12 公求贤若渴（bb19 bb21 bb22）	BB12 三年辅助期（B33）
B13 公领导魅力（bb20 bb17）	BB13 继承者的个人禀赋（B24）
B14 公重视员工（bb24 bb27）	BB14 继承者管理知识和经验积累（B22 B31 B41）
B15 公技术创新理念（bb25 bb32）	BB15 继承者的管理改革举措（B28）
B16 公社会网络资源（bb28）	BB16 以管理变革、产业转型和整合为主的企业演进发展（B7 B29 B34 B36）
B17 公慈善行为（bb29）	BB17 稳固的姻亲关系（B32）
B18 企业技术优势（bb33）	BB18 高新技术家族企业传承的典范（B42 B43）
B19 企业高科技转型（bb35 bb64 bb65）	BB19 两代人的性格特质契合（B3 B13 B24）
B20 传承时机（bb36 bb37 bb41）	
B21 家族关系和谐（bb38）	
B22 媳管理专业知识背景（bb39 bb46 bb54 bb77）	
B23 家族信任（bb40 bb41）	
B24 媳个人禀赋（bb42 bb43 bb44）	
B25 媳克服接班压力（bb45）	
B26 接班时企业稳定（bb47）	
B27 媳专注产业（bb48）	
B28 媳企业管理改革（bb49 bb50）	
B29 管理效率大幅提升（bb51）	
B30 外部机遇把握（bb12 bb52 bb53）	
B31 媳早期参与家族企业（bb55 bb57 bb58）	
B32 姻亲关系的及早确立（bb56）	
B33 三年辅助期（bb59 bb60）	
B34 家族产业战略联盟（bb62 bb69）	
B35 公远见卓识（bb61 bb37）	
B36 企业持续发展（bb67 bb72）	
B37 媳以技术为核心的发展理念（bb70 bb71）	
B38 家族和谐文化（bb73 bb74）	
B39 媳社会关系传承和拓展（bb76 bb78 bb82）	
B40 媳公益理念（bb75）	
B41 媳持续学习（bb80 bb81）	
B42 高新技术企业传承典范（bb83）	
B43 企业家精神传承（bb79）	

三、浙江华联电子科技有限公司的代际传承主轴译码分析

经过对个案 B 相关实地资料的开放性译码分析,研究者提炼出了 19 个范畴,实现了对案例的初步归纳,但这些范畴还是孤立的,其内部关系并不能识别。而主轴译码的任务就是将这些独立的范畴联结起来,选择性译码则能进一步对资料进行重新整合和提升。

主轴译码阶段主要使用典范模型分析工具来引导研究者对范畴关系的系统梳理。研究者根据典范模型在因果条件、现象、脉络、中介条件、行为/互动策略、结果六个方面的要求,将开放性译码中的范畴编排到相对应的位置,建立范畴关系。主轴译码阶段的每一个典范模型都会对应一个主范畴,而那些被安置于模型中不同位置的、源自开放性码分析的范畴则称之为副范畴。运用典范模型对 B 公司的范畴关系进行识别,得出 2 个主范畴,分别为"基于社会资本性资源的代际契合"典范模型及"管理和整合为主导的演进"典范模型。范畴关系如表 6-5、表 6-6 所示。

表 6-5　主范畴:"基于社会资本性资源的代际契合"典范模型

因果关系	BB8 家族信任(B23) BB17 稳固的姻亲关系(B32)	现　象	BB10 以转型为主导的传承时机 (B19 B20 B30)
脉　络	BB14 继承者管理专业背景(B22 B41) BB3 企业外部社会网络资源传承和拓展(B3 B16 B37) BB2 企业内部社会资源(B10 B26) BB9 家族和谐氛围和文化(B21 B38) BB12 三年辅助期(B33) BB15 继承者管理经验积累(B31)	中介条件	BB13 继承者的个人禀赋(B24) BB5 创始人的创业故事(B5 B11) BB19 两代人的性格特质契合(B3 B13 B24) BB6 创始人的领导魅力(B13 B1 B8 B4)
行为(互动)策略	BB1 以人为本、以技术为先的经营理念(B2 B12 B14 B15 B18 B37) BB4 社会公益精神(B17 B40) BB7 行业的长期导向(B6 B27 B35)	结　果	BB18 高新技术家族企业传承的典范(B42 B43)

华联的案例中,应永军和儿媳冯炜炜的性格存在很多的相似性。从应永军早期创业经历中所表现出来的敢于挑战和冒险,与员工同甘共苦,以及企业中流传的一系列创业故事可以看出,他是一个性格开朗、豁达、重情重义、非常有领导魅力的企业家,因此在他身边集聚了很多忠诚度很高的人才,积累了丰富的社会网络关系资源,产生了一定的社会影响力和号召力;冯炜炜在求学期间就有着出色的社会活动能力,一直是学生会干部,能言善辩,性格开朗乐观,非常有人缘。接手家族企业后,她顺利接手了应永军的社会职务,包括当地侨联、商会的职务,而且还是当地海创会的发起人、创二代的负责人。由此可见,社会网络资源在两个人格特质相契合的一代创始人和二代接班人之间顺利交接。此外,冯炜炜和应园青梅竹马,姻亲关系稳固,加之其管理学专业背景,公婆有意识地让她及早参与到家族企业的管理中,在接班后更是设定了三年的辅助期,让她能够专心于她擅长的管理和海外市场拓展,并将他们的经营理念、社会网络关系、为人处世方式等进一步传给她,"扶上马再送一程"的做法,等等,使冯炜炜在接班前期备感轻松,也为家族产业的顺利传承奠定了扎实的基础。

表 6-6 主范畴:"管理和整合为主导的演进"典范模型

因果关系	BB10 以转型为主导的传承时机(B19 B20 B30) BB14 继承者管理专业背景(B22 B41)	现 象	BB11 接班时企业的稳定状态(B9 B26) BB17 稳固的姻亲关系(B35)
脉 络	BB3 企业外部社会网络资源传承和拓展(B3 B16 B37) BB2 企业内部社会资源(B10 B26) BB7 行业的长期导向(B6 B35 B27)	中介条件	BB8 家族信任(B23 B25) BB9 家族和谐氛围和文化(B38 B21)
行为(互动)策略	BB15 继承者的管理改革举措(B28) BB1 以人为本、以技术为先的经营理念(B12 B14 B2 B15 B18 B37)	结 果	BB16 以管理变革、产业转型和整合为主的企业演进发展(B7 B29 B36 B34)

由于接班时企业的状态非常稳定,家族成员给予了充分的信任和支持,所以继承者结合当时国际市场拓展的需求,凭借管理学专业知识和海外留学经历,着手进行更深层次的改革,如向高科技产业转型升级、企业管理体制的变革、技术的革新、国际市场的拓展等。此外,应园的自主创业,使家族产业向纵深发展,通过初步整合,实现了家族产业的战略联盟。所以在本案例中,家族企业实现了以管理变革、产业转型和整合为主的演进发展。

四、宁波华联电子科技有限公司的代际传承选择性译码分析

"基于社会资本性资源的代际契合"和"管理和整合为主导的演进"是宁波华联电子科技有限公司代际传承的主要特征。冯炜炜早期参与家族企业管理、稳固的姻亲关系以及两代人之间性格特质的契合,使得创始人将家族企业传承的重任交给了她。而其在早期的家族企业管理经验,管理学专业背景和海外留学背景,以及创始人积累的丰富社会关系资源的有效传递,使得家族企业在管理体制改革、企业向高新技术企业转型和海外市场拓展等方面取得了持续的发展。应园的自主创业则使家族产业实现上下游的合力发,产业得以向纵深发展,最终实现家族企业的战略联盟。因此,可以用"基于社会资本性资源代际契合的管理和整合为主导的演进传承"来描述宁波华联电子科技有限公司代际传承的传承主线。

第四节　宁波华联电子科技有限公司传承路径与模式

在这一节,我们基于扎根理论分析所得到的 20 个范畴,结合资源观视角下继任者的角色认知理论,对 20 个核心范畴从家族性资源、传承途径和传承效果三个方面进行分类,我们将华联的"基于社会资本性资源代际契合的管理和整合为主导的演进传承"过程分为家族性资源、传承路径、内外因和传承绩效四个部分进行分析和梳理(见图 6-1)。

一、家族性资源的代际契合

(一)以管理知识和经验为主的知识性资源传承

华联案例中知识性资源的传承在代际传承中并不典型。继承人冯炜炜算是"半路出家",缺少一般企业继承人从小到大一直生活在创业者身边的经历;此外,技术性知识是其短板,由于缺乏专业的技术背景,她在许多方面必须依赖于别人,决策因此可能存在误差或者需要花费更多的时间成本。好在冯炜炜每年暑寒假回家时,公婆经常有意安排她到华联实习,使她能够很好地了解企业的运作流程,熟悉企业员工,积累管理经验,这些经验及其管理学专业背景、海外留学背景,为后续接班中她以管理改革为导向推动企业发展奠定了基础。冯炜炜在接管企业的各项事宜时,慢慢进入了角色,将应永军重技术、重人才的经营理念通过革新管理体系发扬光大。

家族性资源

```
┌─────────────────────────────────────────────────┐
│ BB1 以人为本、技术为先的经营理念（知识性资源）        │
│ BB2 企业内部社会资源（社会网络资源）                 │
│ BB3 企业外部社会网络资源传承和拓展（社会网络资源）    │
│ BB4 社会公益精神（企业家精神）                      │
│ BB6 创始人的领导魅力（企业家精神）                   │
│ BB7 行业的长期导向（企业家精神）                     │
│ Bb14 继承者管理知识和经验积累（知识性资源）           │
└─────────────────────────────────────────────────┘
```

传承路径

```
┌─────────────────────────────────────────────────┐
│ BB8 家族信任（社会说服）                           │
│ BB5 创始人的创业故事（替代性学习）                   │
│ BB12 三年辅助期（掌握经验）                         │
│ BB19 两代人的性格特质契合（替代性学习）              │
│ BB9 家族和谐氛围和文化（社会说服）                   │
└─────────────────────────────────────────────────┘
```

内外因

```
┌──────────────┐  ┌──────────────┐  ┌──────────────┐
│ BB11 接班时企 │  │ 自我角色认知   │  │ BB13 继承者的 │
│ 业的稳定状态   │  │ 家族企业变革者 │  │ 个人禀赋      │
│ BB10 以转型为 │  │               │  │ BB17 稳固的姻 │
│ 主导的传承时机 │  │               │  │ 亲关系        │
└──────────────┘  └──────────────┘  └──────────────┘
```

传承绩效

```
┌─────────────────────────────────────────────────┐
│ BB15 继承者的管理改革举措                          │
│ BB16 以管理变革、产业转型和整合为主的企业演进发展    │
│ BB18 高新技术家族企业传承的典范                    │
└─────────────────────────────────────────────────┘
```

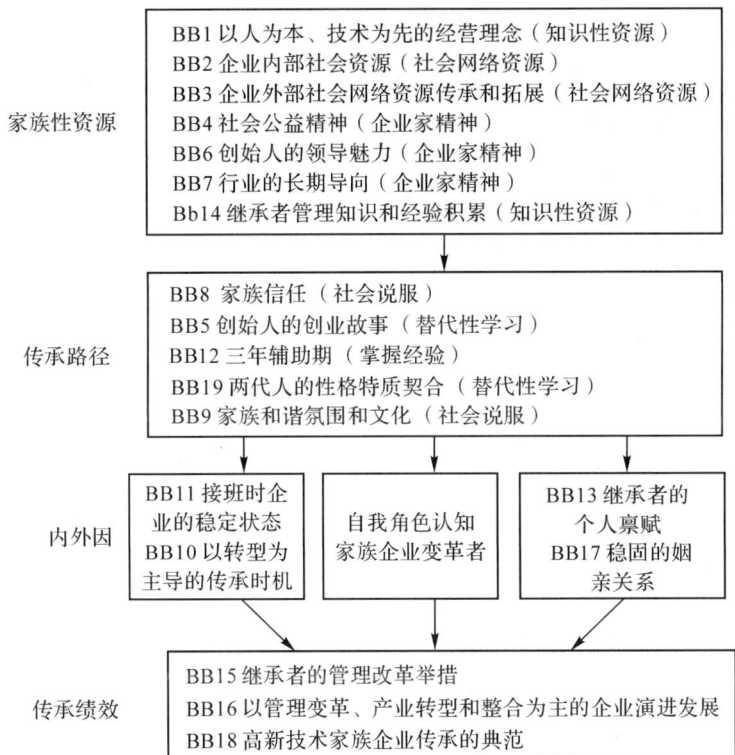

图 6-1 "基于社会资本性资源代际契合的管理和整合为主导的演进传承"的机理分析

（二）以创业故事为依托的企业家精神传承

创始人在创业阶段实干敬业，常常为了赶制某单货与员工在工厂里同吃同睡，而且父辈行事果断、决策英明，体现了一代创业者的企业家精神。在华联流传的创始人"七天七夜""和黄工的深厚情谊""公开道歉"等故事已经成为企业文化的一部分，烙印在每个员工心中。继承人在接管企业后赏罚分明，不仅与企业员工建立了良好的关系，也使企业员工之间的关系更加和谐，进一步巩固了华联特有的企业凝聚力，企业家精神得到了传承。

创始人对自己选择的行业非常专注，一丝不苟，不轻易投资大型的风险项目，但也从来不放弃任何一次创新改革的机会。这一精神在后来继承人那里得到了体现。为了摆脱企业发展困境，冯炜炜提出了三个转型，即市场转型、客户转型和产品转型，引进世界最先进的设备，降低成本，同时还建立了先进的块状管理体制，并明确了未来的发展战略。这种创新意识及战略理念形成了二代继承人独特的企业家精神。

（三）以人格特质契合为基础的社会资本性资源传承和拓展

社会资本性资源可以说是华联代际传承中最关键、最显著、最有效的资源。社会资本性资源的传承很大程度上归功于华联的一代创始人。应永军在企业传承前无意间做了大量铺垫。他是行业的领军人物，是当地侨联主席、商会会长，其社会活动为儿媳全权接管企业后，解决贷款融资、人力资本整合、员工忠诚度培养、技术创新、企业组织文化建设等问题提供了各方面的社会网络资源，同时也方便了儿媳处理企业与其他企业（供应商等）之间的关系，企业与政府各个职能部门之间的关系。

冯炜炜个性活泼开朗，学生时代就一直是学生会干部，能言善辩，人缘非常好，这在一定程度上与其公公的性格特质极为契合。在接手家族企业后她也顺利接手了公公的部分社会职务，包括侨联、商会的职务，而且还是当地海创会的发起人、创二代的负责人。社会网络资源不仅实现了有效传承，而且还在继承人的努力下进一步拓展。

近几年，二代继承人冯炜炜非常关注国家宏观政策，特别是政府对企业项目的各项支持政策，还特别配备专业人员研究政府的政策，利用政府非常重视节能问题这一时机，对节能产品进行了研发及改造，这样不仅能获得政府相应的补贴，而且也能借机为华联的产品做宣传，获得广告效应。在华联，两代人共享的社会资本性资源使得继承人在传承后能较快地与外部组织建立良好的信任关系，从而获取以前无法获得的信息、资源和知识。

二、有效的传承路径

（一）策略性的经验积累

在家族企业传承中，二代接班人以原有业务为基础，通过自主创新，积累经验、人脉、实力，实现了原有业务的再发展。华联二代继承人虽是"空降兵"，但却不是真正意义上的"空降兵"。早在冯炜炜在校学习期间，华联创始人应永军就有意识地创造机会，让冯炜炜在寒暑假期间到企业实习。冯炜炜在实习期间深入基层，了解了企业的管理制度、产品结构及人员构成等实际情况。继承人早期的基层工作锻炼，使其对家族事业有了良好的业务准备和能力准备。继承人接手并负责华联后，创始人直接将企业的管理权、财务权等放手交给她，但也不忘"扶上马再送一程"，自己出面维护企业与银行、政府等的关系网，让继承人能够专心于她擅长的管理和海外市场拓展，并将自己的经营理念、社会网络关系、为人处世方式进一步传给她。"扶上马再送一程"的做法使继承人在接班前期备感轻松，得以腾出时间认真钻研家族企业深层次的问题,在工作学习中慢慢积累各种经验和资源,在实践中以管理创新、开拓市场、转型升级和产业整合等主要方式,使华联迅猛发展。这种业务演变的过程是二代继承人蜕变的过程,也是其有效积累经验的过程。

(二)家族信任

本案例中家族信任充分体现在非血缘关系的传承,父辈的放权,以及传承初期父辈对继承人的鼓励。冯炜炜曾真诚而欣慰地说,公公和婆婆是两位极开明的长辈,每当在工作中出现矛盾时,他们中的一位总能站在公正的位置上起到平衡的作用,这使得她这位年轻的总经理能够在磨炼中迅速成长,较快地进入传承角色,消除两代人常有的代沟。晚餐时间冯炜炜一家一般与公婆聚在一起,这个普通家庭式的共进晚餐,成了沟通和交流的有效渠道。父辈的指导、建议、解释及鼓励能够启发继承者的思考,所以这个过程就是一个典型的社会说服的过程,体现了沟通的家族性。因此,家族信任是传承成功的一条有效途径。

(三)烙印和契合

继承人在访谈中多次表达对创始人的由衷敬佩之情,包括创始人吃苦耐劳的创业精神,果断、守信、重情重义的个性,较大的社会号召力等,这一度也成为继承人接班初期的压力来源,因为害怕自己接手后不能让企业更上一层楼。继承人也深受创始人精神的影响,并且,由于较早融入家族企业中,创始人的创业故事和家族传统在无形中已经烙印在了继承人心中,加之家族的信任和继承人与创始人性格特质的契合,这些资源以继承人替代性学习的方式得到有效传递。

三、重要的传承中介

(一)继承人的个人禀赋

继承人是复旦大学工商管理专业的高才生,毕业后又在公婆的支持下出国深造。在学校里,继承人冯炜炜就是学生会干部,具有领导才能和很好的人缘。由此可见,继承人具有接手华联的潜质,所以创始人也有意识地对其进行培养,如假期实习、资助出国、很早就确立姻亲关系等。稳固的姻亲关系使得公婆更为彻底地信任和放权于继承人,也使儿媳接班的传承之路走得更加顺畅。创始人大胆放权,使继承人的自我效能感不断提升,相信自己有能力改变旧的企业管理制度,从而建立了新型的块状管理体制,大大提高了管理效率,顺利地完成了管理体系的重建。

(二)交接时企业的优势和面临的挑战

交接时企业在国际市场拓展上遇到了一些障碍,但整体发展势头良好,主要表现在:内部凝聚力强,核心团队稳定且忠诚度高、执行力强、配合度好;企业发展井然有序,规模扩大,技术革新,外贸业务拓展,发展前景乐观。应该说创始人是在企业运作平稳、成长势头良好的情况下决定将其放手交给继承者,让继承者在接班初期无需应对复杂局面,并能在企业稳定的状态下进行国际市场的拓展和管理体制的改革,这为传承后企业的演进式发展创造了环境福利。

第五节 宁波华联电子科技有限公司代际传承总结与评价

一、以社会性资源为主导的家族性资源传承

在本案例中,社会性资源得到了有效的传承。这里的社会性资源主要指企业内部社会性资源(包括企业凝聚力和员工忠诚度等)、企业外部社会网络资源(包括与政府、金融机构、客户、供应商等的关系)、经济形势和机遇。社会性资源之所以得到有效传承,最重要的因素是两代人性格特质相契合,这种契合有助于继承人进行替代性学习。应永军是一位非常具有魅力的企业家,其创业精神在企业中形成了强有力的企业文化,也为其赢得了社会声誉、社会号召力和广泛的社会关系资源。冯炜炜性格外向,具有亲和力,社交能力强,在学校就表现出领导潜质,在实习中就与家族企业的管理层、员工建立了良好的关系。接手家族企业后,这些社会性资源由于两代人性格特质契合和继承者个人禀赋而得以顺利传承。

二、以姻亲关系为主导的传承计划

虽然应永军是在家族企业与国际大公司合作面临瓶颈时才紧急召唤冯炜炜召回国正式接班,但是在此之前他还是做了很多的铺垫,如早在冯炜炜读大二的时候两家人就把姻亲关系确定下来了,大学毕业后儿子应园和儿媳冯炜炜一起到海外深造;大学期间的寒暑假,冯炜炜都会到自己家的企业实习,还帮着公婆打理企业的日常事务。如果没有稳固的姻亲关系,传承计划和传承过程就不会那么顺理成章。另外,因为冯炜炜就读的是工商管理专业,所以初入企业时主要从事的是一些管理类的基础工作,积累了管理经验。正式接手企业以后,冯炜炜主要负责企业内部管理和国际市场拓展,应

该说这两个方面都是她的强项，也是她有信心做好的。应永军则为冯炜炜的接班保驾护航，其三年的辅助让冯炜炜逐渐转变为企业的领导者。因此，接班初期虽然面临诸多压力和挑战，但是继承人冯炜炜依然获得了很强的自我效能感。

三、以管理变革为载体的家族企业演进式发展

接班初期，冯炜炜依托自己的管理学专业背景，在引入大客户的过程中采用了现代管理模式，如针对不同的产品组建针对该产品的市场、采购、销售、生产、设备、质控和人事的完整的工作团队，实行团队负责制，将原来庞大繁杂的平面管理结构改革成块状管理体制，大大提高了管理效率；在企业面临全球金融危机时，冯炜炜提出了市场转型、客户转型和产品转型三个转型，使企业在向高新科技企业转型升级的过程中顺利渡过危机。在积极引入信息化管理、机器换人战略后，华联积极向高新科技企业转型，并对家族产业（华联、协源和东隆）进行战略性整合，推动家族企业的持续发展和壮大。因此可以说，继承者的管理学专业背景和前期积累的管理经验对家族企业的演进式发展起到了关键性的作用。

由此可见，非血缘关系的家族企业演进式代际传承的成功有赖于稳固的姻亲关系，信任、和谐的家族文化，性格特质的契合以及创始人的保驾护航等。在这些前提下，家族性资源才能在传承人和继承人之间实现有效传递，社会性资源、经营理念、企业家精神才能顺利传承。华联案例中，以社会性资源为主导的家族性资源的有效传递是成功传承的基础，以姻亲关系为主导的传承计划是成功传承的保障，以管理变革为载体的家族企业演进式发展是成功传承的路径。

第七章 案例三:宁波易中禾生物技术有限公司

本章分析的案例是宁波易中禾生物技术有限公司(以下简称"易中禾"),作为新芝生物科技股份有限公司(上市公司,以下简称"新芝")的全资子公司,易中禾是周芳(母)、肖艺(女)经历了几年的选择及筹备,新成立的一家业务领域完全不同于新芝的公司。伴随着易中禾的发展,在周芳、肖艺之间完成了家族企业的传承。为更好地完成家族资源的传承,易中禾以业务转移的形式(即创办新业务)培养接班人,在新业务的准备、成立到经营的过程中,肖艺作为接班人,能力逐渐提升进而顺利接班。当前,许多家族企业正面临接班传承问题,采取何种传承模式,怎样进行传承才能使企业平稳甚至更好更快发展是这些家族企业所关注的焦点问题。易中禾以新业务作为平台,使企业继承人在新业务环境中各项能力快速提升,迅速成长为可以独当一面的企业家;与此同时,新业务又提升了家族企业整体实力,实现了可持续发展。因此,易中禾这种以家族企业传承方式,可以作为民营企业代际传承的榜样和典范。

第一节 宁波易中禾生物技术有限公司案例简要呈现

易中禾生物技术有限公司成立于 2012 年 7 月,是新芝生物国家新三板上市企业的全资企业,坐落在宁波东钱湖畔。易中禾是一家以珍稀名贵药材的组培、栽培、研发以及生产、销售为核心竞争力的科技型高新企业,以铁皮石斛、金线莲为主要品种,集科学研究、生产实践、健康服务、保健养生为一体,以专业化、规模化、国际化为发展道路。易中禾拥有铁皮石斛生产业务,包括试管苗生产、GCP 栽培、枫斗制作、深加工等生产科研体系,此外公司还进一步开发了铁皮石斛鲜品、枫斗、花茶、铁皮酒等系列产品。

易中禾注册资金 500 万,董事长周芳,总经理肖艺,拥有由海外博士、浙江大学教授等组成的资深专家技术团队 30 余人,对铁皮石斛的研究已有 20 多年历史。此外,易中禾创新了组培技术,根据不同中药材的种植要求,进行分等级种植经营(阳光温室大棚种植、仿生态种植、野外套种等);先后开设了 8 家易中禾铁皮石斛品牌形象店,其中宁波 1 家、杭州 5 家、安徽 1 家、香港 1 家。

一、宁波易中禾生物技术有限公司发展历程概述

(一)2008—2010 年:母女共同选择项目及前期筹备

20 世纪 80 年代末,周芳创办了宁波新芝科技公司,为各大院校、科研机构提供生命科学仪器,开启了她的生命科学技术研发之路。20 多年来,周芳一直以"我们企业生存的每一分钟,都希望为生命科学的发展增添一点色彩"为理念,致力于生命科学仪器的研发生产,将一个民营研究所打造成了具有相当规模的国家级高新技术企业,并使之成为国内最大的超声波细胞粉碎机生产基地。新芝多次被列入"十大生命科学仪器品牌",被国家发改委评为"国家高技术产业化示范工程"。20 多年来,周芳一直专注于生命科学研究,由于经常参加国内外细胞免疫、分子生物学及生物工程学等学术交流,又长期与老中医们交流,周芳对西医与中医文化有了更深刻的理解,并对健康养生特别是亚健康、疑难杂症的调理产生了浓厚的兴趣。基于这样的认知,周芳把目光从生命科学研究转向了中医养生之道。如何把中华几千年的优秀养生文化发扬光大,让更多人受益? 如何把健康带向全世界,造福人类? 基于浙江铁皮石斛悠久的历史,以及自身对中国传统文化及养生保健的热爱,周芳开始关注铁皮石斛并酝酿相关项目的运作。

与此同时,肖艺于 2008 年完成了在英国伦敦大学玛丽皇后学院企业管理专业的学习,在父母的再三要求下,回到国内。回国初期,肖艺并未进入家族企业工作,而是选择进入一家规模较大的进出口公司历练。2008 年、2009 年,肖艺先后在中基、豪雅两家进出口公司从事外贸工作,从助理开始做起,逐渐了解并掌握了贸易工作的要领。在不到 2 年的时间里,肖艺从最开始的什么都做,包括书籍、日用品、玩具等,最后做到一个人能负责 1000 多万元的业务量。2009 年年底,家族企业逐渐壮大,急需人手,在父亲的再三邀请下,肖艺回到母亲的公司工作。基于对国内外市场的充分了解,

肖艺非常赞成母亲提出的铁皮石斛项目的想法。因为有着多年的海外学习经历和2年外贸工作的实战经验，肖艺被认为是启动并运作易中禾项目的最佳人选。于是肖艺正式与母亲携手，开始了易中禾的创业之路。筹备前期，肖艺主要负责进行市场调研，挖掘铁皮石斛历史和相关中医文化，基于生物医学技术的要求，确定合适的生产基地。

（二）2010—2012年生产基地建设，公司正式组建

2009年11月，肖艺随着正式加入父母的新芝，也逐渐开始着手筹备易中禾项目。2010—2011年，肖艺作为易中禾前期筹建的主要负责人，对市场进行了广泛调研及生产基地选择，基于历史与生物医学技术的要求，初步选定了杭州千岛湖、宁波东钱湖、福建武夷山几大生产基地。凭借着母亲多年积累的社会网络资源，经过多次沟通协调，当地政府最终认可了易中禾项目并给予了政策、土地及技术等支持。2010年，项目通过了杭州市政府的审批，肖艺开始了首个铁皮石斛生产基地（杭州千岛湖生产基地）的建设，着手进行铁皮石斛的种植、幼苗培养以及石斛加工等。

通过首个生产基地的建设，肖艺对铁皮石斛的种植、培育等技术日渐熟悉，也逐渐摸索出了基地的建设和管理模式。2012年7月，易中禾生物技术有限公司正式成立。公司正式组建后，肖艺全面负责易中禾的整体发展规划及市场业务。易中禾旗下现有4个基地：千岛湖高山铁皮石斛种植基地、杭州天目山基地、福建武夷山生态种植基地、宁波东钱湖铁皮石斛精品园。其中宁波东钱湖铁皮石斛精品园有易中禾十景，即徐王堤、国药馆、聚源堂、荟贤阁、龙吟台、隐学书院、仙草苑、长寿府、百岁坊、莲花池，同时拥有中药材种苗组培、生态种植、产品深加工及养生文化等内容，被宁波市政府评为铁皮石斛精品园、农业龙头企业。

（三）2013—2014年：公司宣传及业务推广

2012年易中禾注册成立前，母亲周芳、父亲肖长锦及肖艺共同商定公司名称。肖艺提出用"easy health"，即简单、健康。基于这一方案，周芳从中国传统文化中取了"易""中""和"三字。"易"字源于周易，意即万物源泉；"中"字取义于中庸，因中国人讲究外圆内方，阴阳平补；后因为铁皮石斛的缘故，周芳将"和"改为"禾"，象征幼苗生机勃勃，充满活力与朝气。易中禾本着"让亚健康变健康，让健康人更健康"的理念，让更多人拥有健康的体魄，享受幸福的人生。

自公司正式组建后，肖艺开始全面推广公司产品并进行品牌宣传，对内

通过举办养生大讲堂、成立百岁俱乐部等系列文化建设举措,外部通过参加招商交流会、展销会、产业发展论坛等活动,为企业树立了良好的形象。

(四)2014 年至今:公司粗具规模

经过两年的建设,易中禾已拥有中药材种苗组培、生态种植、产品深加工及养生文化等系列基地,包括千岛湖高山铁皮石斛种植基地 800 亩(1 亩≈667 平方米),杭州天目山基地 100 亩,福建武夷山生态种植基地 1000 亩,宁波铁皮石斛精品园 200 亩。公司拥有上百名员工,其中硕士、博士、高级职称研究员有 10 多人,业务包括试管苗生产、枫斗制作等生产科研体系,进一步开发铁皮石斛鲜品、枫斗、花茶、铁皮酒等系列产品。

2012 年,易中禾被宁波市政府列为铁皮石斛精品园项目、区农业龙头企业,其铁皮石斛种苗高效繁殖方法获得国家发明专利,先进的生产工艺获得国家实用新型专利,铁皮石斛多糖有效成份已达到国标的 2.4 倍,每 100g含 6000mg 铁皮石斛多糖。此外,"易中禾"已被本地及省市级多家媒体报道宣传,如浙江七套的《致富视点》栏目、《宁波日报》、《宁波晚报》、镇海电视台、宁波电视台等。

宁波易中禾生物技术有限公司发展历程如表 7-1 所示。

表 7-1 宁波易中禾生物技术有限公司发展历程

年 份	标志性事件
2012 年	易中禾生物技术有限公司正式成立
2013 年	宁波首家易中禾铁皮石斛专卖店鄞州万达店开业; 成功晋级"黑马大赛"全国 50 强; 参加"度中秋迎国庆名特优菜篮子商品展销会"; 举办"宁波易中禾庆十一 & 海天一洲展销会"; 参加第七届"中国(霍山)石斛产业发展论坛"; 举行"易中禾铁皮石斛项目招商交流会"; 参加"中国食品博览会"; 携手宁波报业集团、宁波市企业家协会、宁波市医药行业协会举办"冬季养生大讲堂"
2014 年	先后在千岛湖、天目山、武夷山和宁波东钱湖建立种植基地; 第一期"养生大讲堂"隆重举行; 参加"中国铁皮石斛科技联盟杭州成立大会"; 易中禾香港医疗展布展取得圆满成功; 参与茶文化节农业经贸洽谈会; 参加中国铁皮石斛科技联盟杭州成立大会; 积极申请有机产品认证

二、宁波易中禾生物技术有限公司代际传承简介

宁波易中禾生物技术有限公司董事长周芳,总经理肖艺,二人为母女关系。周芳,1959年1月出生,从小喜欢钻研,大学期间学习机械工程专业,毕业进入工作岗位后坚持学习,获得硕士学位及高级工程师职称。周芳大学毕业后便参加工作,后又获得硕士学位及高级工程师职称。1975年1月至1976年9月,任教于晨光小学;1976年9月,进入宁波金星乐器厂,担任团支书;1987年由于乐器厂倒闭,于11月进入宁波华侨精密仪器厂,担任技术科长一职。一次偶然的机会,周芳女士认识到生物科技对于未来生活的重要性,经过一段时间的筹备,在丈夫肖长锦的支持下,她联合几位同学,于1989年2月成立宁波新芝科技研究所,周芳任所长。经过10年的研发和技术积累,周芳于2001年组建了新芝生物科技股份有限公司(即易中禾的母公司)。在周芳和先生肖长锦的共同努力下,公司占地面积从18平方米、180平方米、1800平方米,扩大到了18000平方米。

在公司发展壮大的过程中,周芳也着手培养女儿肖艺。二人共同创办了易中禾,在新业务的创建及发展过程中,她们相互理解和信任,为家族企业的传承迈出了重要的一步。

肖艺,1984年7月出生,是周芳和肖长锦的独生女。父母创业工作繁忙,照顾肖艺的时间并不多,常年将她送到寄宿学校读书。肖艺从小就养成了比较独立的性格。在这种成长环境下,肖艺并不知道父母所做的事业,在完成学业之前对父母的事业也没有丝毫的兴趣。2002年从鄞县中学毕业后,肖艺选择了去英国伦敦大学的玛丽皇后学校修读本科,学习国际管理专业,2006年本科学习结束后又继续攻读硕士学位。在英国的6年学习生活期间,肖艺坚持只让母亲负责自己的学费,生活费都是依靠自己半工半读挣来的。上学期间,肖艺做过二房东,也和同学(后来成为肖艺的先生)一起在伦敦摆过地摊,卖些小商品赚取生活费。2008年学业完成后,在父亲的再三催促下,肖艺回国,但她并没有进入家族企业任职,而是去了一家规模比较大的进出口公司从事外贸工作。肖艺先后在中基和豪雅两家进出口公司工作,积累了外贸工作经验,能力迅速提高。2009年11月,在父母的邀请下,肖艺进入家族企业,专门负责公司的外贸业务。进入家族企业工作后,肖艺与母亲开始筹备新公司易中禾的组建,并实际负责易中禾项目的前期调研和筹建工作。2012年7月,易中禾正式成立,肖艺全面负责公司的整体发展规划及市场部贸易工作。公司成立后,凭借多年的海外学习经验,对国际市

场的充分了解，以及相对丰富的市场贸易经验，肖艺在公司刚成立的 2 年内，通过参加展会、宣传推广、门店展示等推广公司产品、宣传易中禾品牌。经过两年半的公司筹备历练加上两年易中禾的整体运作锻炼，肖艺用自己的实力和努力让易中禾快速发展成具有一定规模的养生保健公司，而其工作心态日益成熟，对公司业务的独立掌控能力也迅速增强。肖艺的全面发展得到母亲及公司员工的认可，2014 年年初，周芳将易中禾的法定代表人正式转给女儿肖艺，初步完成了家族企业的传承。

肖艺的目标是将易中禾打造成业界中技术领先、规模最大、质量过硬的业界龙头企业。因此，在公司发展过程中，为保证技术优势，赢得市场口碑，肖艺坚持走国际化、品质化的发展路线，公司所有产品都通过了瑞士 SGS 认证。同时，肖艺根据自己的市场贸易经验，利用阿里巴巴、诚信通等网络渠道推广易中禾。2014 年，易中禾 2010 年种植的第一批铁皮石斛已经拔节，到了收获的季节，肖艺带着 4 年来悉心栽培的石斛及深加工产品参加了系列展会，推广品牌并拿回了订单。经过前期的投入，易中禾也到了收获的季节，2014 年易中禾的利润表中出现净利润。

从 2008 年毕业回国到进出口公司做贸易，2009 年年底进入新芝，到 2012 年与母亲共同创立易中禾并逐步将易中禾打造成为具有一定区域影响力、在业界有一定名气的企业，肖艺逐渐从学生时代小打小闹的"生意人"成长为有魄力、有能力、有耐力的企业家，在能力和心态上都已经为接班家族企业做好了充分准备。

第二节　宁波易中禾生物技术有限公司案例典型性分析

一、产业代表性

易中禾是以名贵中药材种苗繁育和生物药业开发为宗旨，以铁皮石斛、金线莲为主要品种，集科学研究、生产实践、健康服务、保健养生为一体的健康养生产业。目前，健康养生产业是我国极少数几个具有自主知识产权的产业之一，在我国国民经济和现阶段社会发展中具有很强的发展优势和广阔的市场前景。随着国民生活水平的提高，人们对健康的需求变得越来越迫切，对重要养生产品的需求也越来越强烈。健康养生产业将从以往的第三、第四产业上升为全球第一大产业。作为新兴的朝阳产业，健康养生产业处于快速上升时期,市场拓展空间很大。

二、企业代表性

(一)易中禾属于生物技术产业,是典型的战略性新兴企业

易中禾是由宁波新芝生物科技股份有限公司投资控股的子公司,其发起人周芳一直专注于生命科学研究。从20多年前研究细胞免疫、分子生物学开始,新芝一直是国家科技部、卫生部重大专项承担单位。易中禾的组建,是周芳对生命科学理想的坚持,是肖艺对父母生命科学研究事业的落地和延伸,让生命科学产业有了新的曙光,因而是典型的战略性新兴企业。

(二)易中禾具有多项专利生产技术,是高技术含量的养生保健企业

为将易中禾打造成全国乃至世界有一定业界影响力的公司,让易中禾品牌走向世界,肖艺坚持用技术保证品质、用口碑树立品牌。因此,自生产基地建设以来,公司聘请了以浙江大学为核心的高校技术团队以及长年种植铁皮石斛的农业专家,研究铁皮石斛、金线莲等名贵中草药的不同种植技术及成品加工工艺。目前,公司的产品通过了国家有机认证,铁皮石斛种苗高效繁殖方法获得国家发明专利,先进的生产工艺获得国家实用新型专利,铁皮石斛多糖有效成分达到国标的2.4倍。2012年被宁波市政府列为铁皮石斛精品园项目,获评农业龙头企业,在2013年全国创业创新比赛中,易中禾脱颖而出,医疗健康组全国总决赛排名第八,被评为2013年度十大"红牛创业榜样"。因此,易中禾贯彻以科学技术为指导的发展理念,是典型的具有高技术含量的养生保健企业。

三、传承代表性

(一)通过创建新业务实现了家族企业的转移传承

周芳作为企业的一代创业者,基于自己的专业和良好的合作团队成功创办了新芝,经过20多年的坚持不懈和努力经营,带领整个团队将新芝由十几个人组成的科研所发展成资产超过7000万的新三板上市公司。作为传统的中国家庭,周芳、肖长锦一直希望能够将企业传给唯一的女儿肖艺。肖艺在完成伦敦大学学业后,接受父母的邀请回国发展,结合自己的国际视野及对外交流能力,首先选择在成熟的进出口公司锻炼外贸业务能力。随着实践能力的增强,肖艺对父母的事业也有了一定的了解,逐渐有了接班家族企业的想法,2009年年底,她进入新芝,专门负责企业的外贸业务、英文网站平台建设及企业推广宣传工作。周芳为了让女儿有更充分的发展空间,

肖艺也希望借助自己的专长发展一份没有太多历史包袱的、全新的事业,于是母女二人选择了创建新业务,组建易中禾周芳希望通过易中禾的筹备、组建、发展及经营,让肖艺全面理解经营企业、管理企业所需要的能力及心态。易中禾在母女二人的稳扎稳打下,不断发展。与此同时,家族企业的传承也在计划中一步步朝着目标前行一步步地推进。随着肖艺的经营理念日渐成熟,周芳于2014年将易中禾的法定代表人转给肖艺,初步完成了家族企业的传承。可以说,易中禾是家族企业传承的新的业务载体,这种基于业务形态变化的传承方式,是家族企业的转移传承,是一种比较典型的家族企业传承模式。

(二)通过创建新业务培养了家族企业继承人的综合能力

由于社会环境的变化,大部分家族企业二代继承人有着良好的教育背景,并有海外学习和生活经历。基于这种成长背景,这些继承人对于企业的发展及管理有着不同的理念,他们也希望通过自己所掌握的丰富的与国际接轨的理论、知识和理念去开创自己的一番事业。而家族企业的一代创业者,大多出生于20世纪五六十年代,在改革开放带来的机遇中开创了现在的事业,在创业过程中不断摸索经验。基于两代人不同的成长环境和知识背景,创建新业务(即业务转移)成为家族企业传承的一种新的方式。在转移传承中,一代创业者能够利用社会网络资源促进业务转移,同时也可以用自己的经验帮助和指导继承人人。与此同时,在新的业务环境下,继承人无须面临家族企业长期以来积累的问题和包袱,可以按照自己的想法和理念去规划与管理新业务。作为总负责人,从项目筹建到公司组建再到公司发展,肖艺全面锻炼了各方面的能力。经过几年的磨砺,肖艺的成长有目共睹,具备了接班家族企业的能力,初步实现了家族企业的传承。

四、传承效果分析

(一)公司稳定发展,规模逐渐扩大

肖艺是易中禾项目的实际负责人,2010年杭州天目山铁皮石斛生产基地首先建成,2012年7月易中禾正式成立。到目前为止,易中禾共有4家生产基地、7家铁皮石斛直营店、1家加盟连锁店。易中禾人以"让健康人更健康,让亚健康变健康"为理念,弘扬铁皮石斛的养生文化,让更多的人真正认识铁皮石斛。易中禾组织结构完善、运营稳健、商业模式灵活、技术领先,家族企业的传承可以说是成功的而这一切与肖艺的努力密不可分。

（二）父母及企业团队的认可

从肖艺的成长经历来看，从小培养的独立性与其后来独当一面负责易中禾公司有着密不可分的关系。肖艺进入家族企业后，凭借自己的业务能力和对国际市场的了解，很快帮新芝搭建起了各类电子商务平台及英文网站，同时将外贸业务做得风生水起。这些业绩让肖艺得到了母亲周芳及整个公司团队的认可。在易中禾项目确定后，肖艺全面负责项目筹建、公司组建、推广宣传及业务经营。肖艺充分利用阿里巴巴、诚信通等平台推广展示易中禾，还独自一人带着易中禾的多项产品远赴国外参加不同的展会，同时也在国内各地有影响力的博览会、展会上对企业产品及品牌形象进行宣传推广。在肖艺的努力下，易中禾进入了北京、上海、广州等一线城市，当地政府及广大消费者也认识了易中禾。经过几年的锻炼和成长，肖艺变得更加沉稳，逐渐具备了企业家的心理素质。能力及心智的成熟让肖艺成长为一名合格的企业家，能够独当一面并带领企业走向下一个辉煌，也因此赢得了父母和企业团队的认可。

第三节　宁波易中禾生物技术有限公司代际传承资料的开放性译码分析

宁波易中禾生物技术有限公司"基于资源观的转移式传承"资料整理完毕之后，本章对这些资料进行扎根理论的开放性译码分析。

一、开放性译码的定义现象和标签归类

为了便于资料分析，本书将易中禾案例称为个案 C。为了保证实地资料提炼的连续性、渐进性，本书将个案 C 的资料开放性译码分析细分为四个步骤，即贴标签（定义现象）、初步概念化、概念化和范畴化，本节先介绍前两个步骤，具体思路如下。

首先，将实地资料置于表格之中，为了提高分析的精确度和严密性，便于对资料进行逐句定义，在表格第一栏，即整理后的实地资料部分，在每句话后面都标注"（cx）"；其次，将表格第二栏"开放性译码"分为"贴标签（定义现象）"和"初步概念化"两部分内容；再次，用第二栏的"cx＋概念"对应第一栏的"句子＋（cx）"，于是，第一栏的整体内容就转换为由第二栏"贴标签（定义现象）"部分的概念群表示；最后，因提炼中难免会出现多个标签指代同一

现象的情况，或者多个标签具有本质一致性的情况，因此，对"贴标签（定义现象）"一栏的内容进行重新归类，并以"ccy＋概念"这一初步概念指代前面那些本质上类似的标签（比如 cx1、cx2、cx3 等），于是，ccy 就成为一个表达同类定义的初步概念，而这些定义的归类在本质上反映了对现象的归类。

　　经过对资料进行逐句贴标签（定义现象）和初步概念化，最终得到 135 个标签和 72 个初步概念。贴标签（定义现象）和初步概念化如表 7-2 所示。

表 7-2　个案 C 的开放性译码表：贴标签（定义现象）和初步概念化

个案 C 的代际传承访谈资料	开放性译码	
	贴标签 （定义现象）	初步概念化
周芳大学毕业后便参加工作，后又获得硕士学位及高级工程师职称(c1)。1975 年 1 月至 1976 年 9 月，任教于晨光小学；1976 年 9 月，进入宁波金星乐器厂，担任团支书；1987 年由于乐器厂倒闭，于 11 月进入宁波华侨精密仪器厂，担任技术科长一职(c2)。经过深思熟虑，周芳认为产业结构调整是必然趋势(c3)，不能因为企业倒闭就断了自己的后路(c4)，干脆自己创业(c5)。对当时的周芳来说，唯一的出路就是把智力转化为财富(c6)。那个时候，周芳偶然看到一篇报道，说 21 世纪是生物的世纪，那生物世纪要干什么？首先是要武装实验室(c7)。于是周芳结合自己的专业背景，决定研究超声波、细胞处理、基因传导(c8)。最初她准备卖专利，因为没有太多的资金，便决定先办研究所(c9)，研究生命科学仪器来替代进口仪器(c10)。虽然她原来是做乐器，看似和生命科学没有关系，但其实是相通的，因为乐器的构造和生物细胞的内部结构有着相似性，它们存在着某些内在的联系(c11)。	c1 母高学历 c2 母工作经历丰富，积累管理经验 c3 母远见卓识 c4 母职业抱负 c5 母勇于冒险 c6 母重视知识，善于运用知识 c7 母洞察机会 c8 母自我认知 c9 母务实 c10 母捕捉市场机遇 c11 母善于思考，解决问题，由此及彼	cc1 母知识准备 (c1 c6) cc2 母经验积累 (c2 c4) cc3 母创业前瞻性 (c3 c7 c27) cc4 母务实(c8 c9) cc5 母拼搏(c4 c5 c17) cc6 母把握机遇 (c10) cc7 母思维变通 (c11 c13)
当时的情况下，周芳坚持认为：人在这个世界上可能是有使命的，要做一些事情，把坏事变好事，这就是使命。所以，人生在世最重要的是要学会变通(c12)。面对困难不要气馁，不要焦虑，不要担心，把困难当成数学题，这样不行那样，那样不行再换，要学会一题多解，学会选择和转化(c13)。当时的创业还是比较顺利的。周芳的先生本科是学化学的，周芳本科是学机电的，她还有学自动化的同学、学物理的同学，所以他们很快就组成"混合部队"联合作战(c14)。进入研究所做研究，单一的学科背景是没有用的，多专业的交融才可能做成一件事情(c15)。	c12 母积极向上的人生哲学 c13 母转化性思维 c14 母快速整合人才资源 c15 母团队意识	cc8 母人生哲学 (c12 c44) cc9 母团队意识 (c14 c15) cc10 父亲支持 (c16) cc11 公司发展 (c18)

续表

周芳的先生早期一直就职于当地海洋局(c16),二人结婚后,开始在海洋局分配的房子里创业,创办了新芝科技研究所(c17)。发展至今,公司规模从18平方米、180平方米、1800平方米扩大到18000平方米(c18)。周芳夫妇人缘非常好(c19),他们对生命科学非常感兴趣,所以也一直关注生命科学(c20)。创业前期,周芳做了很多的调研,发现当时国内市场上还没有国产的生命科学仪器,于是她立志要在这一方面做出成绩(c21),事实上现在新芝的仪器在质量和销量上均超过了进口仪器(c22)。公司已于2014年4月在新三板上市(c23)。	c16 父支持 c17 艰苦创业 c18 公司顺利稳步发展 c19 母人格魅力 c20 母对生命科学的热诚 c21 母公司国内领先 c22 母公司国际领先	cc12 母人格魅力(c14 c19 c82) cc13 母热爱生命科学(c20 c28) cc14 公司技术领先(c21 c22) cc15 公司上市(c23)
易中禾是周芳、肖艺母女一起创建的(c24),2012年正式成立,专注于铁皮石斛、金线莲等名贵中草药的组培及产品深加工等(c25)。在采访中,肖艺谈道:"2008年我回国的时候,妈妈写了一本书法集《争取活过一百岁》(c26),其实当时她就关注铁皮石斛这个产业了(c27)。妈妈先后出了两本书法集,把生活、锻炼和健康的小常识写在里面(c28)。易中禾和新芝科技应该是同一个领域的不同产品,因为我妈妈曾经说过,'我们企业生存的每一分钟都希望为生命科学增加一抹色彩'(c29)","从原来高端的生命科学仪器到现在的铁皮石斛,其实是一个落地的产品,也是在关注生命、关注健康。一个是上天的,一个是入地的;一个是大众化的,一个是科研用途的。新芝科技的产品是科学研究用的,而易中禾则是产业落地的项目(c30)"。公司最初在千岛湖那边做了投资,之后在宁波也慢慢开始。杭州和宁波的土地审批下来后母女二人就正式组建了易中禾(c31)。周芳写书法已经40多年了(c32),是浙江省女书法家协会副主席、宁波市女书法家协会主席(c33)。因此,周芳在书法圈子里的资源也是非常多的,都是大家级别的(c34)。易中禾是新芝的全资子公司,由肖艺全面负责,还分管销售,周芳主要负责对外工作,帮助女儿解决土地、银行及政府方面的相关事务(c35)。项目初步建成后,周芳于2014年将法人代表转给肖艺(c36)。	c23 母公司上市 c24 母女共同创业 c25 进军中草药栽培 c26 母亲书法爱好 c27 母亲创业前瞻性 c28 母热爱生命科学 c29 母创业使命感强烈 c30 新创业是生命科学的落地 c31 新公司稳步发展 c32 母做事坚持不懈 c33 母社会职务 c34 母书法圈子中的社会资源 c35 母女分工合作 c36 企业所有权传承	cc16 母女创业(c24 c25 c30) cc17 母书法爱好(c26 c32) cc18 企业使命感(c29 c30) cc19 新公司顺利起步(c31) cc20 母社会网络资源(c33 c34 c104) cc21 母女创业分工(c35 c72) cc22 企业逐步传承(c35 c36) cc23 女自我奋斗(c37 c38 c39 c49)
肖艺个性比较独立(c37),这可能与她从小读寄宿学校有关(c38)。她说:"当时50元钱到后来的100元生活费,我从来都是花不完的(c39)。小时候,每到一个地方旅游我都会买一些小的纪念品,然后带回来做点小生意。所以我从小就有一点	c37 女独立的个性 c38 女儿时寄宿学校经历 c39 女勤俭节约	cc24 女商业意识(c40 c41 c50) cc25 女最初无继承意愿(c42 c47 c54)

续表

商业头脑（c40），这也是家庭耳濡目染的结果（c41）。"从鄞县中学毕业后，肖艺想，如果在国内读书，肯定要被父母逼着继承家业，而她当时还没有继承家族企业的意愿（c42），所以她坚持去英国读书（c43）。肖艺坦言："爸爸是比较传统的人，出国的时候他是反对的。爸爸是非常心疼我，希望我能留在身边，但母亲是赞同的（c44）。我在国外待了6年，从2002年到2008年，在英国伦敦大学的玛丽皇后学院学国际管理专业（c45）。我也不是冲着继承家业而选这个专业的，主要是管理学专业比较容易找工作，也不限定行业，技术可以找人，但管理能力一定是自己的核心竞争力（c46）。"在英国的时候，肖艺完全不想接班（c47），那个时候周芳是不给生活费只给学费的，这也是肖艺自己的意思（c48）。肖艺半工半读，做二房东，买了房子然后出租给别人，有了小孩之后也兼顾着自己的生意（c49）。她与先生在英国能自己赚钱做小生意，也摆过地摊，日子过得还比较舒坦（c50）。2007年的时候父亲一而再再而三地要求她回国（c51），加上亲戚都在国内，所以肖艺在2008年便回国了（c52）。 　　从英国回来以后，肖艺并不了解父母所做的事业，只知道他们是开厂的，非常辛苦（c53），而她不想过得像父母那样累，想着能过得轻松一些，小富即安，所以没有马上接手家族企业（c54）。当时肖艺自己考虑了一下，想做些小生意。她手上有点小钱，但是没有做生意这方面的资源（c55）。肖艺并没有向母亲开口说要利用她的平台（c56）、她的资金，而是想先去别的公司锻炼一下，当时是去了中基公司做外贸（c57）。关于这次经历，肖艺说："因为是邻居介绍的公司，所以进去以后也没有做实质性的工作，公司反而会照顾着你，而这种照顾让我觉得无所事事（c58）。由于比较喜欢忙碌充实的工作，所以过了两个星期，我就自己去找工作了（c59）。找了一家进出口公司，规模也还可以，大概200多人，去那边做业务，做了两年不到的时间，从助理开始做起。那个时候，我什么都做，包括书籍、日用品、玩具等，最后做到一个人能够负责1000多万元的业务（c60）。"这时候肖艺的父亲又开口邀请她回自家的企业帮忙（c61）。肖艺了解父亲对自己的疼爱，也愿意听从父亲的建议（c62），所以2009年年底她接受了父亲的邀约，回到新芝（c63）。那个时候公司还没有外贸业务，肖艺的目标是把公司的外贸业务做起来（c64）。肖艺怀着小儿子，组建	c40 女儿时的商业意识 c41 家庭商业氛围的熏陶 c42 女最初无继承意愿 c43 女海外学习 c44 母思想开明，父思想传统 c45 学海外管理专业 c46 女对管理重要性的认识 c47 女无接班意愿 c48 女国外自我历练 c49 女国外自力更生 c50 女经济头脑 c51 父催促回国 c52 女尊重父母意见 c53 女最初对家族业务不了解 c54 女不愿承担接班重任 c55 女自己经商资源不足 c56 女不向母亲要资源 c57 女进入外贸公司工作 c58 女敬业实干的工作态度 c59 女自己找工作 c60 女外贸业务能力迅速提升 c61 父亲再次邀约 c62 父女关系良好，互相信任 c63 女接受邀约 c64 女组建公司外贸部门	cc26 女海外求学（c43） cc27 女管理专业知识（c45 c46） cc28 女海外历练（c48 c49） cc29 父积极促进传承（c51 c61） cc30 女尊重父母（c52 c62） cc31 女不了解家族产业（c38 c53） cc32 女外贸工作经验积累（c57 c60） cc33 女敬业实干（c58 c65 c85 c105） cc34 女二次接受邀约（c52 c63） cc35 女组建外贸部门（c64 c67） cc36 女自力更生（c55 c56 c59） cc37 公司外贸业务发展（c66） cc38 女树立传承责任（c68 c69）

续表

外贸事业部,从零开始,建设英文网站,翻译说明书、样本册,独自到国外参加展会(c65),两年内将新芝的国内办事处发展到了 29 个,产品外贸从无到有,出口到了 36 个国家,外贸总额占了公司总销售额的 25%(c66)。在这个过程中,肖艺还带出了一个外贸团队(c67)。新芝现在还没有传承,但肖艺知道自己今后的责任(c68)。她选择易中禾这份全新的事业,是想通过和母亲在易中禾的共同创业(c69),在磨合中培养默契,相互理解和支持(c70)。肖艺认为,新芝有一些既定的常规没有办法打破,即使有改革理念,也比较难推行(c71);而易中禾是新的,比较容易塑造。易中禾现在由肖艺全面负责(c72),肖艺之前的留学经历和外贸公司的工作经验对管理易中禾非常有帮助(c73),正如她所言:"第一个,我感觉起点变高了,因为母亲是想不到去做有机产品认证的(c74);第二个,是更加注重品质了,比如我们每年都会进行 SGS 认证,这是国外品质认证的权威(c75)。进入国际市场必须先做好准备,SGS 认证是第三方认证,是对农药、重金属残留进行认证,我们坚持下来了,这也是我们产品的核心竞争力(c76)。母亲没有这方面的认识,也没有这方面的基础(c77)。我在国外待过,所以知道该怎么做(c78)。" 肖艺认为自己还太年轻,难免有些浮躁(c79);周芳则比较沉稳,观念传统,她常常教导肖艺"做事要如儒家,拿得起;遇事如佛家,放得下"(c80)。肖艺在国外待得久,喜欢比较直接的交往方式(c81);而周芳对人对事更温和(c82)。肖艺做事细致、追求完美,这方面可能更像她的父亲(c83);周芳做事比较注重全局(c84)。 在肖艺的努力下,易中禾搭建了阿里巴巴、诚信通、英文网站等推广平台,电子商务业务也在完善中(c85)。但她还不太满意,计划采用一些新的方式开展业务,与时代接轨(c86)。肖艺对公司的未来充满信心(c87),"因为公司现在实行规范化管理和规模化种植(c88),拥有巨大的市场(c89),所以能够看到希望,今年(2014 年)年底公司能把产品大批量地推向市场了(c90)。易中禾目前还属于建设期,2010 年我们投建了千岛湖基地,今年是第四年,石斛刚长成,可以销售了(c91);现在也是投入期,计划 3 年持平,什么时候能持平,主要看公司字号(即企业品牌)什么时候能做出来(c92)。我们现在还是在卖原料,利润比较低。深加工后,成品	c65 女努力工作,全心投入 c66 公司外贸业务迅速增长 c67 公司外贸团队迅速成长 c68 女逐渐对传承产生责任感 c69 共同创业,实现传承 c70 母女共识,建立默契和信任 c71 打破常规,勇于创新 c72 母放手,辅助 c73 女管理知识和外贸经验发挥作用 c74 公司战略起点变高 c75 女注重品质 c76 女国际化意识 c77 女说服母亲向国际接轨 c78 女信心满满 c79 女自我认知和反思 c80 母言传身教 c81 女性格直接 c82 母行事温和 c83 女细致谨慎 c84 母注重全局 c85 女努力经营公司 c86 女接轨电子商务 c87 女充满信心 c88 公司管理规范,规模化生产 c89 公司产品市场潜力大 c90 公司处于创业投入期 c91 产品需要慢工出细活 c92 公司尚未盈利	cc39 母女共同创业(c70 c71) cc40 母放手辅助(c72 c77) cc41 女先进管理理念(c73 c74 c75) cc42 女国际化意识(c76 c77) cc43 母女沟通(c77 c79 c80) cc45 传承信心(c78 c87) cc46 母女性格互补(c81 c82 c83 c84) cc47 女引入新方式(c86 c88) cc48 公司发展潜力(c89 c97 c121) cc49 耐心培育新公司(c90 c91 c92)

利润会比较高(c93)。竞争对手中,种植石斛的人很多(c94),但有心做基地,规模化做、规范化做的还比较少(c95)",现在公司'两条腿'"走路,既做产品也开门店,香港的门店已经开张(c96)。宣传、基地建设方面,公司也在稳步做,目前店面有10个,杭州5家,香港、安徽等地也有;医院业务方面,公司没有直接做,主要通过医药公司间接做,公司暂时也不适合涉足医院业务,因为需要资质。与医药公司合作,树敌较少,还可以消化易中禾的产品(c97)"。	c93 公司品牌战略和高端定位 c94 市场竞争激烈 c95 女用心规范经营 c96 公司对外营销稳步展开 c97 公司谨慎发展	cc50 新公司应对激烈竞争(c93 c94 c95) cc51 慈善举措(c98 c99)
1998年,周芳发起成立了宁波慈善总会(c98)。公司还成立了新芝基金(c99),资助对象主要是大学生、研究生。社会力量对小学的资助比较多,所以新芝选择以资助高校为主,这样对国家的贡献也会比较大(c100)。周芳希望这些人毕业进入工作岗位后,无论是否做生物科技这一行,都会记得新芝,会对新芝有感情(c101)。而将来,他们可能会加盟公司,或者成为公司的客户(c102)。	c98 成立慈善总会 c99 成立慈善基金 c100 慈善理念 c101 母以慈善推动生命科学 c102 母以慈善储备人才	cc52 慈善理念(c100 c101 c102) cc53 女社会资源自我拓展(c103 c106 c108 c109)
母亲的资源毕竟是母亲的,肖艺希望能建立自己的圈子(c103)。不过有些本地的社会资源周芳掌握的还是比肖艺多(c104)。由于肖艺主要管理易中禾,没有接手新芝,现在周芳的很多社会资源她还用不到,所以肖艺把心思主要放在易中禾上(c105)。肖艺通过参加一些活动、课程、展会等构建起了自己的社会网络关系(c106),她说:"例如,我母亲的很多关系也是上课带来的(c107)。参加创二代联谊会、展会前都会有当地一些领导来。上次我们参加的上海科技周,有非常多的人参加,上海市副市长周俊每天都会来,其实这是很好的建立关系的机会(c108)。2012年我参加了北大上市班(EDPCE),两年期,来上课的都是比较高端的人才(c109)。新芝一直打算上市,当时就在做准备,所以就上了这个班(c110)。"	c103 女自己开拓社会网络关系 c104 母社会网络资源丰富 c105 女专心发展新业务 c106 女有意识构建自己的社会网络 c107 女借鉴母方法	cc54 母女互相学习(c77 c107) cc55 女持续学习(c109 c110) cc56 女管理能力(c88 c111) cc57 母提供资源(c104 c112)
2014年春夏期间有系列展会,4、5月是旺季,所以这一阶段肖艺的工作重点主要是做外部推广;7、8月展会比较少,她把工作重点放在内部管理(c111)。由于基地缺办公楼,肖艺让母亲帮忙向政府申请用地,她现在租了母亲的新芝大厦的两层楼办公(c112)。"以后还是要在基地建设办公大楼,但我还没有办法解决,所以把问题报告给董事长,请母亲解决(c113)。现在易中禾的很多对外工作都是母亲在协调和沟通(c114)"。	c108 女积极参与各类社会活动 c109 女进修学习,积累人脉 c110 女积累资本市场知识 c111 女管理有序 c112 母为女提供物质资源 c113 母协助女解决特殊问题 c114 母主外协调	cc58 母主外,女主内(c114)

续表

新芝每年都有一定的投资(c115),例如在陶公岛做旅游文化项目,在杭州千岛湖投资养老院。新芝做的都是母女二人感兴趣的小而精的项目和产业,并且也与生命科学相关(c116)。肖艺认为,公司"属于稳健的投资风格,每年也就投资一百万或者几十万(c117)。如果没有好的项目,资金就用于企业自身发展,并且投资需要有自身造血功能,不能总是投钱(c118)。我们做的是有把握、与主营业务相关、有延伸性的业务(c119),服装、影视、房地产等我们基本上是不会做的(c120)。公司的整体安排大致是:第一产业是高科技,即新芝这块;第二产业是农业,就是易中禾这块;第三产业是旅游文化等,东钱湖有易中禾休闲养生中心(c121)。我们做的是利我利他利天下的事情(c122)。现在公司的基地在东钱湖,行政、财务、办公还在高新区(新芝大厦),我每天都是早晨在高新区办公,下午到这里处理一些事情。" 　　肖艺的先生很支持她的工作(c123),这两年她经常出差,如果比较近,周末先生会带着儿子去看她(c124)。肖艺的先生也有自己的一块业务领域,主要从事环境保护产业,也属于总公司业务的一部分(c125)。肖艺的父母经常去女儿家吃饭,所以父母、公婆和孩子经常聚在一起(c126)。肖艺的公婆也是家族企业的重要成员(c127),他们是家族委员会的成员,但家族企业遇到重大事件时,就会召开家庭会议,通过投票的方式进行商议(c128)。 　　业务繁忙的时候,易中禾会招聘临时工,主要从当地招人。工人种植和收割技术等需要经过公司培训,这些比较简单,很快便能学会(c129)。铁皮石斛、金线莲等名贵中草药的种植,周期比较长,一般要3年左右,对种植技术也有一定要求(c130)。这些名贵中草药的种植还需要土地资源,如果只依靠公司自建基地种植,产量会受限,因此易中禾现在开始在周边城市的乡村中寻找规模化种植的农户,与他们签约,并对他们进行种植培训、过程指导和监督,到期收购成品(c131),从而实现互利共赢(c132)。 　　伴随着易中禾的发展,周芳与肖艺之间完成了家族企业的传承(c133)。在这个过程中,为更好地完成家族资源的传承,她们选择了业务转移(即创办新业务)(c134)。在新业务的准备、成立、经营过程中,肖艺作为接班人,其能力逐渐提升,进而顺利接班(c135)。	c115 公司合理投资 c116 投资目标明确 c117 投资稳健 c118 投资眼光独到 c119 投资战略明确 c120 行业专一 c121 业务布局有层次 c122 使命感强烈 c123 女丈夫支持 c124 女夫妻关系好 c125 女丈夫独立业务 c126 家族晚餐聚会 c127 姻亲融入 c128 家族会议 c129 公司与周边农户关系密切 c130 种植技术突破 c131 与农户合作 c132 带动农户致富 c133 做中学、学中传 c134 转移传承模式 c135 能力提升,顺利交接	cc59 母协助(c113) cc60 家族公司投资专一(c116 c118 c119 c120) cc61 家族投资稳健(c115 c117) cc62 家族使命感(c122) cc63 丈夫支持(c123 c124) cc64 丈夫事业呼应(c125) cc65 家族氛围好(c126 c128) cc66 家族委员会(c127 c128) cc67 公司与农户的双赢模式(c129 c131 c132) cc68 技术突破(c130) cc69 新业务稳步推进(c88 c97 c111) cc70 姻亲关系和睦(c126 c127) cc71 边学边传承(c133 c135) cc72 转移传承模式(c70 c134 c135)

二、开放性译码的概念化和范畴化

个案 C 的资料开放性译码分析的第二步为初步概念的概念化及概念的范畴化。具体分析思路如下:对已经得出的初步概念进一步归类、抽象,逐次提炼出概念 Cx 等;对已经得出的概念继续提炼和归类,逐一提炼出范畴 CCx 等。这里之所以经由初步概念过渡到概念,而不是从现象直接跨越到概念,是为了让资料的概括、精炼过程自然舒缓,不至于造成太大的跳跃。概念化和范畴化对英文字母标识的使用与贴标签部分同理,也是使用字母代替后面引领的句子或词语进行缩编。经过概念化和范畴化这一过程,抽象出 43 个概念和 18 个范畴,于是,概念和范畴逐次替代了资料内容,而我们对资料的精炼和缩编也逐渐深入,我们分析和研究复杂庞大资料的任务进而简化为考察这些概念,尤其是范畴间的各种关系和联结。初步概念的概念化以及概念的范畴化详见表 7-3、表 7-4。

表 7-3　个案 C 的开放性译码表(续):初步概念的概念化

初步概念	概念化
cc1 母知识准备(c1 c6)	C1 母文化修养(cc1 cc17)
cc2 母经验积累(c2 c4)	C2 母创业远见(cc3 cc6)
cc3 母创业前瞻性(c3 c7 c27)	C3 母丰富经历(cc2)
cc4 母务实(c8 c9)	C4 母重视团队(cc9)
cc5 母拼搏(c4 c5 c17)	C5 母人格魅力(cc12)
cc6 母把握机遇(c10)	C6 父母关系和睦(cc10)
cc7 母变通思维(c11 c13)	C7 母公司快速成长(cc11 cc14 cc15)
cc8 母人生哲学(c12 c44)	C8 产业感情(cc13)
cc9 母团队意识(c14 c15)	C9 母人生哲学(cc7 cc8)
cc10 父支持(c16)	C10 企业使命感(cc18 cc62)
cc11 公司发展(c18)	C11 新公司稳步发展(cc31 cc68 cc69)
cc12 母人格魅力(c14 c19 c82)	C12 母丰富的社会资源(cc20 cc57)
cc13 母热爱生命科学(c20 c28)	C13 母女创业分工合作(cc21 cc58 cc59)
cc14 公司技术领先(c21 c22)	C14 企业逐步传承(cc22)
cc15 公司上市(c23)	C15 女自我奋斗精神(cc23 cc36)
cc16 母女创业(c24 c25 c30)	C16 女商业意识(cc24 cc47)
cc17 母书法爱好(c26 c32)	C17 女海外求学经历(cc26 cc27)
cc18 企业使命感(c29 c30)	C18 女社会工作经验(cc28 cc32)
cc19 新公司顺利起步(c31)	C19 女最初无传承愿意(cc25 cc31)
cc20 母社会网络资源(c33 c34 c104)	C20 家族默契(cc29 cc30 cc34)
cc21 母女创业分工(c35 c72)	C21 女家族企业工作经历(cc35 cc39 cc56)
cc22 企业逐步传承(c35 c36)	C22 女先进理念(cc41 cc42 cc47)
cc23 女自我奋斗(c37 c38 c39 c49)	C23 基于信心的传承责任感(cc38 cc45)
cc24 女商业意识(c40 c41 c50)	C24 母公司外贸发展(cc37)
cc25 女最初无继承意愿(c42 c47 c54)	C25 母全力辅助(cc40 cc43)
cc26 女海外求学(c43)	C26 新公司发展潜力(cc48 cc49 cc50)
cc27 女管理专业知识(c45 c46)	C27 母女沟通努力(cc43 cc46)

续表

初步概念	概念化
cc28 女海外历练(c48 c49)	C28 母女性格互补(cc46)
cc29 父积极促进传承(c51 c61)	C29 基于产业和人才的家族慈善(cc51 cc52)
cc30 女尊重父母(c52 c62)	C30 女持续学习(cc54 cc55)
cc31 女不了解家族产业(c38 c53)	C31 女社会资源拓展(cc53)
cc32 女外贸工作经验积累(c57 c60)	C32 女管理能力(cc27 cc56)
cc33 女敬业实干(c58 c65 c85 c105)	C33 母女相互学习(cc54)
cc34 女二次接受邀约(c52 c63)	C34 专一的家族投资(cc60 cc61)
cc35 女自力更生(c55 c56 c59)	C35 家族和谐(cc63 cc65 cc70)
cc36 女组建外贸部门(c64 c67)	C36 家族民主氛围(cc65 cc66)
cc37 公司外贸业务发展(c66)	C37 母资金场地支持(cc57)
cc38 女树立传承责任(c68 c69)	C38 基于能力培养的转移传承(cc71 cc72)
cc39 母女共同创业(c70 c71)	C39 家族战略联盟(cc11 cc64)
cc40 母放手辅助(c72 c77)	C40 母创业精神(cc4 cc5)
cc41 女先进管理理念(c73 c74 c75)	C41 女创业精神(cc33 cc53)
cc42 女国际化意识(c76 c77)	C42 创业团队组建(cc9 cc67)
cc43 母女沟通(c77 c79 c80)	C43 女创新营销能力(cc37 cc47)
cc45 传承信心(c78 c87)	C44 女创新管理及技术理念(cc41 cc47 cc68)
cc46 母女性格互补(c81 c82 c83 c84)	
cc47 女引入新方式(c86 c88)	
cc48 公司发展潜力(c89 c97 c121)	
cc49 耐心培育新公司(c90 c91 c92)	
cc50 新公司应对激烈竞争(c93 c94 c95)	
cc51 慈善举措(c98 c99)	
cc52 慈善理念(c100 c101 c102)	
cc53 女社会资源自我拓展(c103 c106 c108 c109)	
cc54 母女互相学习(c77 c107)	
cc55 女持续学习(c109 c110)	
cc56 女管理能力(c88 c111)	
cc57 母提供资源(c104 c112)	
cc58 母主外,女主内(c114)	
cc59 母协助(c113)	
cc60 家族公司投资专一(c116 c118 c119 c120)	
cc61 家族投资稳健(c115 c117)	
cc62 家族使命感(c122)	
cc63 丈夫支持(c123 c124)	

续表

初步概念	概念化
cc64 丈夫事业呼应(c125)	
cc65 家族氛围好(c126 c128)	
cc66 家族委员会(c127 c128)	
cc67 公司与农户的双赢模式(c129 c131 c132)	
cc68 技术要求高(c130)	
cc69 新业务稳步推进(c88 c97 c111)	
cc70 姻亲关系和睦(c126 c127)	
cc71 边学边传承(c133 c135)	
cc72 转移传承模式(c70 c134 c135)	

表 7-3　个案 C 的开放性译码表(续)：概念的范畴化

概　念	范畴化
C1 母文化修养(cc1 cc17)	CC1 创业理念认同(C2 C9 C13)
C2 母创业远见(cc3 cc6)	CC2 团队合作理念(C4 C42)
C3 母丰富经历(cc2)	CC3 经验和知识的积累(C1 C3 C17 C18 C30)
C4 母重视团队(cc9)	CC4 产业使命感(C8 C9 C10 C29 C34)
C5 母人格魅力(cc12)	CC5 家族和谐度(C6 C35 C36)
C6 父母关系和睦(cc10)	CC6 家族信任(C14 C20 C25)
C7 母公司快速成长(cc11 cc14 cc15)	CC7 社会资源的传承和拓展(C5 C12 C31)
C8 产业感情(cc13)	CC8 母女共同创业(C13 C14)
C9 母人生哲学(cc7 cc8)	CC9 传承者个人禀赋(C15 C16 C22)
C10 企业使命感(cc18 cc62)	CC10 传承意愿培养(C19 C20 C23)
C11 新公司稳步发展(cc31 cc68 cc69)	CC11 母女正确角色定位(C25 C27 C28 C37)
C12 母丰富的社会资源(cc20 cc57)	CC12 母女互相学习合作(C27 C33)
C13 母女创业分工合作(cc21 cc58 cc59)	CC13 创业精神传承(C40 C41)
C14 企业逐步传承(cc22)	CC14 继承者能力培养(C32 C43)
C15 女自我奋斗精神(cc23 cc36)	CC15 家族企业联盟构建(C7 C11 C24 C39)
C16 女商业意识(cc24 cc47)	CC16 家族实力提升(C7 C11 C39)
C17 女海外求学经历(cc26 cc27)	CC17 创新理念(C43 C44)
C18 女社会工作经验(cc28 cc32)	CC18 基于共同创业的家族企业转移传承(C13 C38)
C19 女最初无传承意愿(cc25 cc31)	
C20 家族默契(cc29 cc30 cc34)	
C21 女家族企业工作经历(cc35 cc39 cc56)	
C22 女先进理念(cc41 cc42 cc47)	
C23 基于信心的传承责任感(cc38 cc45)	

续表

概　念	范畴化
C24 母公司外贸发展(cc37)	
C25 母全力辅助(cc40 cc43)	
C26 新公司发展潜力(cc48 cc49 cc50)	
C27 母女沟通努力(cc43 cc46)	
C28 母女性格互补(cc46)	
C29 基于产业和人才的家族慈善(cc51 cc52)	
C30 女持续学习(cc54 cc55)	
C31 女社会资源拓展(cc53)	
C32 女管理能力(cc56 cc27)	
C33 母女相互学习(cc54)	
C34 专一的家族投资(cc60 cc61)	
C35 家族和谐(cc63 cc65 cc70)	
C36 家族民主氛围(cc65 cc66)	
C37 母资金场地支持(cc57)	
C38 基于能力培养的转移传承(cc71 cc72)	
C39 家族战略联盟(cc7 cc11 cc64)	
C40 母创业精神(cc4 cc5)	
C41 女创业精神(cc33 cc53)	
C42 创业团队组建(cc67 cc9)	
C43 女创新营销能力(cc37 cc47)	
C44 女创新管理及技术理念(cc41 cc47 cc68)	

三、宁波易中禾生物技术有限公司的代际传承主轴译码分析

经过对个案 C 相关实地资料的开放性译码分析,研究者提炼出了 18 个范畴,实现了对案例的初步归纳,但这些范畴还是孤立的,其内部关系并不能识别。而主轴译码的任务就是将这些独立的范畴联结起来,选择性译码则能进一步对资料进行重新整合和提升。

主轴译码阶段主要使用典范模型分析工具来引导研究者对范畴关系的系统梳理。研究者根据典范模型在因果条件、现象、脉络、中介条件、行为/互动策略、结果六个方面的要求,将开放性译码中的范畴编排到相对应的位置,建立范畴关系的。主轴译码阶段的每一个典范模型都会对应一个主范畴,而被安置于模型中不同位置的、源自开放性码分析的那些范畴则称之为副范畴。运用典范模型对 C 公司的范畴关系进行识别,得出 2 个主范畴,分别为"基于执着创业理念的代际认同"典范模型和"创新与合作为主导的转

移传承"典范模型。典范模型及范畴关系如表 7-5、表 7-6 所示。

表 7-4　主范畴："基于执着创业理念的代际认同"典范模型

因果关系	CC1 创业理念认同（C2 C9 C13）	现　象	CC4 产业使命感（C8 C9 C34 C10 C29）
脉　络	CC3 经验和知识的积累（C1 C3 C17 C18 C30） CC5 家族和谐度（C6 C35 C36）	中介条件	CC9 传承者个人禀赋（C15 C16 C22） CC6 家族信任（C14 C20 C25）
行为(互动)策略	CC11 母女正确角色定位（C25 C27 C28 C37）	结　果	CC10 传承意愿培养（C19 C20 C23）

当二代接班意愿不强烈时，家族企业创始人就需要通过合适的方式培养其传承责任感。本案例中，创始人本着对生命科学的热爱，提出与女儿共同创业，进入中草药种植加工领域，这与家族原来的经营领域——生命科学仪器完全不同的，但就"生命科学"而言又存在联系，"从原来高端的生命科学仪器到现在的铁皮石斛，其实是一个落地的产品，也是在关注生命、关注健康"。继承人接受了创始人这个执着于回报社会的创业理念，并与创始人站在了同一起跑线上，分工合作，共同创业。在创业过程中，双方彼此信任、达成默契，并积极进行反思，继承人逐步对接手家族产业有了信心。

表 7-6　主范畴："创新与合作为主导的转移传承"典范模型

因果关系	CC8 母女共同创业（C13 C14）	现象	CC14 继承者能力培养（C32 C43）
脉络	CC13 创业精神传承（C40 C41） CC7 社会资源的传承和拓展（C5 C12 C31）	中介条件	CC9 传承者个人禀赋（C15 C16 C22） CC6 家族信任（C14 C20 C25） CC4 产业使命感（C8 C9 C34 C10 C29） CC5 家族和谐度（C6 C35 C36）
行为(互动)策略	CC12 母女互相学习合作（C27 C33） CC11 母女正确角色定位（C25 C27 C28 C37） CC17 创新理念（C43 C44）	结果	CC15 家族企业联盟构建（C7 C11 C24 C39） CC16 家族实力提升（C7 C11 C39） CC18 基于共同创业的家族企业转移传承（C38 C13）

合作式创业意味着要在不同的产业领域中进行全新的尝试，这对创始人而言是全新的挑战，对继承人而言，与母亲平起平坐展开合作也是一种历练。但母女处于同一位置也更有利于她们互相学习：母亲的人生哲学、处事

方式都是女儿学习的宝贵资源,而女儿的海外经历则为新企业带来了全新的管理方式、营销方式和经营理念。这种平等的沟通,加上继承者的个人禀赋、家族信任、创业中的成长和学习等,使继承人的能力迅速提升,为家族企业的传承做足了准备。

四、宁波易中禾生物技术有限公司的代际传承选择性译码分析

"基于执着创业理念的代际认同"和"创新与合作为主导的转移传承"是宁波易中禾生物技术有限公司代际传承的主要特征。在传承过程中,继承人与创始人创业理念的认同及对各自角色的正确定位,整个家族对生命科学事业的使命感,使继承人最终树立起了传承的责任感。在传承初期,继承人的创业自信、管理学专业背景和海外留学背景、个人禀赋,对创始人的价值观、经营理念等的认同,使新组建的企业在技术创新、产品延伸、管理改革方面获得了长足的发展。因此,可以用"基于执着创业理念的代际认同"和"创新与合作为主导的转移传承"来描述宁波易中禾生物技术有限公司代际传承的传承主线。

第四节　宁波易中禾生物技术有限公司传承路径与模式

在这部分中,我们基于扎根理论分析所得到的18个范畴,结合资源观视角下继任者的角色认知理论,对18个核心范畴从家族性资源、传承途径和传承效果三个方面进行分类。我们将易中禾的"基于执着创业理念的代际认同和创新与合作为主导的转移传承"过程分为家族性资源、传承路径、内外因和传承绩效四个部分来进行分析和梳理(见图7-1)。

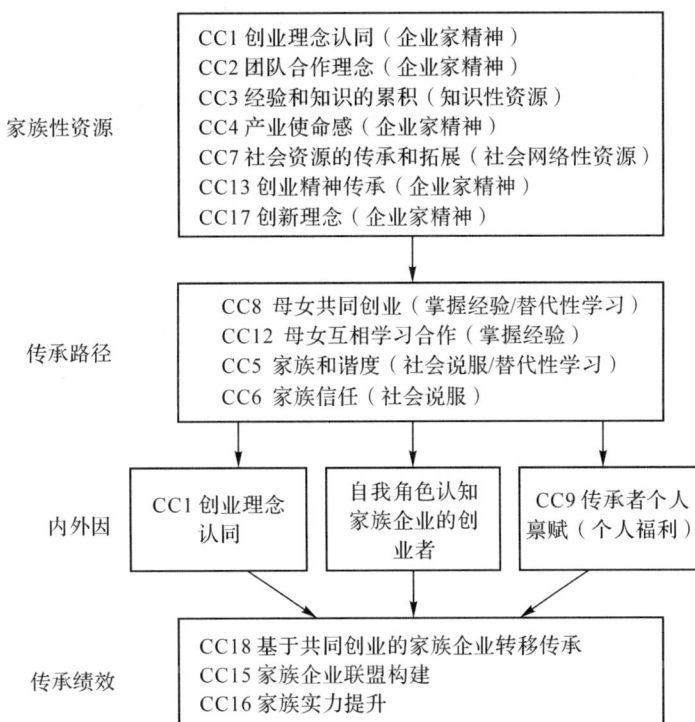

图 7-1　"基于执着创业理念的代际认同的创新与合作为主导的转移传承"过程分析

一、家族性资源的代际传递

(一)以经验和知识积累为主的知识性资源传承

易中禾的创始人周芳从一位小学老师、乐器厂团支书到精密仪器厂科长,再走向自己创业,可以说,放弃再次择业毅然选择创业,在当时的背景下很少有女性会作出这种决定。也正是因为创始人有专业知识背景、工作经验,有学习不同专业的家人、朋友的帮助,其创办的新芝科学仪器研究所从创立开始就发展顺利,最后成为上市公司。同样,肖艺在父母的影响下也非常重视经验及知识的积累。肖艺在国外留学期间坚持半工半读,从不放弃任何工作的机会。回国后,她没有直接回到家族企业,而是选择去其他公司学习外贸知识,积累工作经验。有了这一阶段积累的工作和经验,肖艺在新业务(易中禾)经营中游刃有余。目前,易中禾已建成一系列网络销售平台,实现了规范化管理及规模化种植。由此可见,知识性家族资源在两代人之间得到了良好的传承。

（二）执着于行业发展、服务社会的企业家精神

新芝最早只是做技术研发的新芝科学仪器研究所。选定这种前期投入大、收益不足的项目，源于周芳对于生命科学的热爱和推动中国生命科学产业发展的决心。正是由于这种坚持，新芝在发展过程中始终围绕生命科学研究不断探索。目前，新芝旗下有定位高端的研究所，有专注于金线莲等名贵中草药组培的易中禾，还有围绕生命科学而延伸发展的旅游、养老等业务。在新芝，所有的业务都与生命科学相关。因此，肖艺在与母亲共同创办易中禾的过程中，理解并接受了母亲对生命科学的坚持，同时在自己负责易中禾的过程中将这种理解转化成对行业的专注和坚持，努力推动易中禾的发展，企业家精神得到了传承。在易中禾的管理过程中，肖艺也传承了母亲办企业时强调企业社会责任的企业家精神。如周芳在新芝的成长过程中，注重对员工的人文关怀；为了更好地服务国内生物仪器应用机构，公司努力提高技术水平；同时，周芳在经营企业的过程中坚持做符合企业文化特色的慈善事业。受母亲的影响，肖艺在进入家族企业后，仍然坚持面向社会做免费保健知识讲座及养生大讲堂等活动，也加入了宁波慈善事业的队伍。企业的社会责任在两位管理者身上得到了很好的诠释，这种企业家精神也在企业传承过程中实现了资源的代际传承。

（三）企业外部社会网络资源拓展式传承

新芝创立之初，母亲周芳不仅依托自身的专业背景，还借助了丈夫的化学特长，并汇聚学自动化的同学、学物理的同学的力量，组成"混合部队"联合作战，最后发展成上市公司。新业务易中禾成立后，女儿肖艺在借助母亲广泛的社会网络资源的同时，也不忘建立自己的社会关系圈，如参加宁波市的创二代联谊会，进北大上市班学习，参加科技周等展会。由此可见，两代经营者的企业外社会网络资源得到了拓展式的传承。

二、有效的传承路径

（一）母女共同创业计划安排

易中禾的案例中，周芳、肖长锦一直希望女儿能接管家族企业，也努力让女儿接受接班家族企业的事实。但是，他们并没有将这种想法强加给女儿。深受儒家文化影响的周芳，在女儿成长过程中一直相信女儿并鼓励女儿独立自主，磨炼其意志、培养其能力。她尊重女儿独立创业的意愿，提出与女儿共同创业开辟新业务，在新业务开拓中母女二人互相学习、共同

进步。

（二）良好的传承沟通、家族信任

家庭关系和家族成员的沟通在中国的家族企业经营中发挥着重要作用，是家族企业传承成功的润滑剂。易中禾的传承过程中，周芳、肖长锦及肖艺之间相互理解、相互信任。基于这种家庭氛围，两代人沟通顺畅，能够更好地理解和信任对方。周芳对理想的坚持在潜移默化中感染了女儿，因此肖艺对父母的理想和坚持的事业也有了自己的理解，并将其发展为自己的事业目标和方向。也正是基于沟通，母女采用了业务转移的方式逐渐过渡，进行企业传承。家族信任在易中禾的传承中有着典型的呈现。周芳和肖艺两代人不同的成长背景、知识背景和学习背景，使她们看待问题、解决问题的方式有着显著的不同。正是基于信任，周芳在易中禾的创建过程中始终甘当绿叶，愿意接受女儿的理念和方法去发展新事业，同时在女儿需要帮助的时候及时给予帮助和指导。因此，在沟通和信任的条件下，肖艺在新业务的拓展中能力快速提升，得到母亲的认可并将法人职责转给她，基本完成传承。

（三）家族和谐、共谋发展

在肖艺家，家庭会议沟通是解决公司重大问题的特殊方式。在处理公司发展的重大问题时，家庭会议往往会邀请肖艺的外公、外婆及好友等不同层面的人参加。所以会议成员首先要对生命科学有一定的了解，其次是在公司没有股份，不存在任何利益关系，再次是知识背景及工作背景要多元化，这三点可以保障家庭会议成员提议的相对客观和全面，能够对周芳、肖艺做决策提供一定的参考。家庭会议也成为家族成员沟通交流的特殊平台，形成了良好的家族氛围，促进了家族成员间的相互理解和信任。

三、重要的传承中介

（一）母女创业理念认同

易中禾案例中，创始人周芳本着对生命科学的使命感，提出与女儿共同创业来拓展产业链，进入中草药种植加工领域，这与家族原来的经营领域——生命科学仪器完全不同，但就"生命科学"而言又存在联系，"从原来高端的生命科学仪器到现在的铁皮石斛，后者其实是一个落地的产品，也是在关注生命、关注健康"。肖艺接受了母亲这一执着于回报社会的创业理念，与母亲站在同一起跑线上，分工合作，共同创业。母女创业理念的认同不仅使家族企业后继有人,顺利实现传承,也使继承人实现了自主创业的理想,因而是易中禾案例中重要的传承中介。

(二)继承人的个人禀赋

一方面,继承人肖艺个性独立,从小就有商业意识。她在英国读书期间,半工半读完成学业,婚后又自力更生,与丈夫一起从事小生意。回国后,她没有直接回到家族企业,而是选择在其他公司学习外贸知识。可见继承人在接手企业前的实践历练,是其积累工作经验创业的前期准备。另一方面,肖艺的管理学知识背景、实习经历及工作锻炼使其工作能力及管理者素质快速提升,已具备接班易中禾的潜质。在回归家族企业、与母亲一起创办新业务时,肖艺积极组建技术团队,实施规范化管理及规模化种植,顺利开启了新业务的运作,完成了家族企业联盟的构建。

第五节　宁波易中禾生物技术有限公司代际传承总结与评价

一、以企业家精神资源为主导的家族性资源传承

在易中禾案例中,家族性资源的传承以家族精神为核心。易中禾的母公司新芝呈现的是周芳对生命科学的热爱和对新领域的勇于探索。因此,在家族企业的创建和发展过程中,无处不折射出周芳、肖长锦一代创业者执着于本行业,勇于探索、勇于创新的企业家精神。正是这种企业家精神的传承,让作为接班人的肖艺更愿意以转移传承的方式逐渐了解家族事业,用新的知识和新的理念发展新事业,为接班家族事业做准备。

二、以共同创业为指导的培养方式

易中禾案例中,周芳、肖艺两代人以转移传承方式,共同创建了新业务,在新业务的准备、成立和发展过程中,周芳主要扮演铺垫、辅导和帮衬的角色,以女儿肖艺为核心,让其独立、全面地负责企业管理。在这种安排下,肖艺快速成长,能力迅速提升,新业务顺利开展。由此可见,在传承过程中,创始人不仅要给予继承人足够的自由、足够的平台让其发展,也要努力激发继承人参与家族企业的兴趣,创造机会让继承人参与和熟悉家族企业的经营管理。这样继承人才能在家族成员的影响中慢慢建立起传承责任感,产生强大的自我效能感以及将家族事业发扬光大的使命感。

三、以创新、合作为载体的家族企业转移式发展

从易中禾案例中可知,企业家精神最大的特征在于创新和合作,分别代表了企业家的愿景及态度。新芝创始人没有让女儿直接继承新芝,而是选择了新的业务易中禾作为母女共同创业的实业,从生命仪器的研发跨跃到高端中草药的种植、推广及深加工。同时,通过共同创业,母女之间互相磨合,培养了默契,相互理解和支持。易中禾虽然还在发展期,但正在积极进行组培技术创新,可以相信,通过努力,易中禾将拥有纵深拓展业务的能力,实现转型升级。

由上可知,创始人及继承人的共同努力、合作,整个家族成员的信任,和谐的家族文化,人格特质的契合,必能使家族企业迎来再发展。该案例中,以企业家精神为主导的家族性资源的有效传递是成功传承的基础,以共同创业为导向的培养方式是成功传承的保障,以创新、合作为载体的家族企业转移式发展是成功传承的路径。

第八章 案例四:宁波夏厦齿轮有限公司

本章分析的案例是位于宁波市镇海区的宁波夏厦齿轮有限公司(后简称"夏厦")。夏厦二代继承人夏挺在父辈的支持下创建了宁波雅仕得传动机械有限公司(后简称"雅仕得"),即宁波夏厦齿轮有限公司旗下的一家业务领域转型升级的子公司。随着雅仕得这一平台的发展,夏挺在2009年又与江西一家科技公司合资创办了宁波朗曼达工具有限公司(后简称"朗曼达")。在新业务环境中,继承人各项能力快速提升,迅速成长为可以独当一面的企业家。夏厦这种以业务转移为手段完成家族企业传承的方式非常引人注目。夏厦的转移传承模式,极好地诠释了创业创新创未来的新一代民营企业家精神,是民营企业成功代际传承的榜样和典范。

第一节 宁波夏厦齿轮有限公司案例简要呈现

宁波夏厦齿轮有限公司创立于1993年,在公司创立人夏建敏的辛勤耕耘下,从20世纪90年代初的一个五金加工厂发展成为国内小模数齿轮的最大制造基地之一,集设计、检测、加工制造诸能力于一体。公司率先引进小模数齿轮高速干切设备和技术,并进行技术创新,开发了国内首创的小模数锥蜗杆、环面蜗杆减速器,现拥有电动工具产品系列、蜗轮蜗杆、滚刀、汽车配件产品及各类减速机。公司已获得多项专利技术,被评为宁波市科技型企业。公司坐落于宁波市镇海区骆驼机电工业园,位于宁波杭甬公路骆驼街道路段,交通十分便利。公司厂区面积43000平方米,建筑面积36000

平方米,另有建筑面积 24000 平方米的办公楼和厂房正在建设中。现有员工 800 余人,其中管理及工程技术人员多达 128 人。

一、宁波夏厦齿轮有限公司发展历程概述

宁波夏厦齿轮有限公司的发展可以分成四个阶段来阐述。

(一)1993—1999 年:公司创业时期

宁波夏厦齿轮有限公司始创于 1993 年,当时名为宁波市镇海机床电器厂。生产几年后改名为宁波市镇海夏厦齿轮厂。夏厦成立之初只是一个小五金加工厂,借助当时全中国实行社会主义市场经济的大好形势,夏厦创始人夏建敏以敏锐的洞察力,准确把握市场脉搏。经过几年的奋斗,终于使企业站稳脚跟,筑基成功。1999 年,企业更名为宁波夏厦齿轮有限公司,沿用至今。

(二)2000—2006 年:公司成长期

自 2000 年起,夏厦进入了飞快发展期。这一时期,夏厦秉承"只有专注,才会优秀"的发展理念,坚定不移地走专业化发展的道路,服务客户,服务社会。2002 年,通过了 ISO 9001 质量管理体系认证。2003 年,为了改进生产,专门引进国外的小模数高速干切滚齿设备,并获得成功。2004 年,成立了企业工程(技术)研发中心。经过几年的累积,夏厦储备了一定的实力,2005 年,首批获得落户宁波市镇海区骆驼机电工业园的资格,迁至占地面积4 万余平方米的夏厦齿轮新厂区。这段时期,公司为各行各业用户生产开发各种小型齿轮产品,在市场上也获得了广泛的认可。其中主导产品电动工具电枢轴及齿轮传动件与国内外知名电动工具制造商配套,小型电机减速机已具备批量生产能力并获得客户好评。

(三)2007—2009 年:二代创办新业务时期

2007 年,在父辈的支持下,凭着先进的经营理念,依托母公司专业生产小模数齿轮的丰富经验以及雄厚的资本实力,夏挺在国内注册成立了宁波雅仕得传动机械有限公司,担任总经理一职。雅仕得是一块崭新的领地,是父子双方共同承诺各自发展而推出的新业务,但也是依托夏厦母体的力量,独立出来的子公司。雅仕得专业生产汽车电子助力转向系统(EPS)小齿轴、汽车发动机正时系统、汽车摇窗电机蜗杆。雅仕达的创立使公司实现了第一次转型,从单个零部件生产为主转向汽车齿轮生产。雅仕得慢慢地成长着,先后与美国汽车零部件巨头 TRW(天合)汽车集团、德国采埃孚股份公

司(ZF Friedrichshafen AG)、韩国 Mando 公司进行技术合作,不仅成功开发了多个新一代电子转向系统项目,更引进了国外先进的生产技术及制造设备,取代了日本、韩国公司在亚洲电子助力转向系统市场的领导地位,使本公司产品性价比超过国外产品,成为国内客户首选品牌。2008 年,雅仕得通过了 ISO/TS 16949 质量管理体系认证,并导入 ERP 等管理系统。2009 年,公司实现销售收入 1020 万元,利税 289 万元。雅仕得的成功让夏挺尝到了创建新业务的甜头,于 2009 年 3 月又与江西一家科技公司合资创办了宁波朗曼达工具有限公司。

朗曼达公司为国内首先试制成功高速干切的硬质合金滚刀,开始尝试生产和销售,并取得了当年办厂、当年产出、当年销售产品的良好业绩。朗曼达公司拥有小模数蜗杆形剃齿刀、镶片蜗杆形齿轮加工刀具、弹性磨头、滚刀完全利用的综合滚齿方法等发明专利。朗曼达还外聘了专家队伍,多年合作,保证了研发的顺利进行。其研究的超硬超细高速干切硬质合金齿轮滚刀被列为宁波市科技型中小企业技术创新基金项目。朗曼达创建的第一年,公司总收入 225 万元,上缴税收 20 万元,创利润 35 万元。

(四)2010 年至今:公司快速发展、产业转型升级期

新时期的夏厦在技改方面下了大力气,建立了多个企业技术研发中心。2008 年、2009 年,夏厦连续被评为宁波市企业工程技术中心、镇海区企业工程技术中心。2010 年,夏厦在技改上投入近 1500 万元,用于引进进口设备,提高自动化程度,提升产品档次,增强企业实力。2011 年,实现销售收入1.4 亿元。2012 年,由于经济形势总体不佳,不少企业缩小了生产规模,而此时的夏厦却积蓄能量,面对逆境,另辟蹊径,积极开发新市场、延伸产业链。在开发新市场方面,以往大陆地区的游艇使用的齿轮都是从台湾地区以及日本进口的,2012 年年初,夏厦与国内某知名企业签订协议,为游艇核心部件生产配套齿轮。从齿轮样品设计、试机到试机成功,直至批量生产,夏厦成功打开了这一市场。这一新的游艇市场第一年就为夏厦带来 3000万元以上的新增产值。在延伸产业链方面,夏厦引进国外先进设备、提高自动化程度,提升产品档次。2012 年,公司在引进的同时走上了自主研发设备的道路。从生产加工齿轮向生产齿轮加工设备转型,形成企业内部的上下游产业链,有效控制了企业的投资风险。2012 年 3 月,夏厦组建成立了夏厦投资控股有限公司。2012 年 5 月,通过政府部门的牵线搭桥,夏厦与上海大学、上海交通大学等高校及科研机构签订了协议,共同研发数控滚齿机,并

邀请国内各个高校及科研机构的机械专家以技术入股的形式加盟夏厦投资控股有限公司。2012年,夏厦步入了宁波市科技型企业之列。2013年,夏厦被评为镇海区专利大户、镇海区转型升级十佳企业、国家高新技术企业。

夏厦的发展当然也离不开旗下子公司的支持。从2009年开始,雅仕得与国外某企业共同研发太阳能热发电定日镜减速器,并且获得成功。2012年,雅仕得年产100万件太阳能减速器生产设备改造项目获得了宁波市重点技术改造专项项目第一批补助资金,连同宁波金鑫粉末公司一起,共获得将近200万的政府补助资金,占宁波市总补助金额的22%。朗曼达公司借鉴国外先进技术并结合我国实际情况进行创新,2009—2012年,公司投入了更多的资金添置设备并实现数控化改造,形成小模数高速干切整体硬质合金齿轮滚刀稳定的批产能力。朗曼达所生产的高速干切滚刀产品各项质量指标已达到甚至超过先进工业国家水平,公司产品因此成为国内客户首选品牌。

现在的宁波夏厦齿轮有限公司已拥有世界顶尖的加工与检测设备,如德国KOEPFER KP-160、KP-200高精密滚齿机、日本三菱滚齿机、HAMAI N60滚齿机,等等;产品应用十分广泛,覆盖汽车、减速机、机器人、自动门控、电动工具、电动车等行业。优秀的品质加上具有竞争力的价格,使夏厦产品行销欧洲、美洲、日本等多个国家和地区,并得到了客户的认可,是多家世界知名厂商的优秀供应商。

宁波夏厦齿轮有限公司发展历程见表8-1。

表 8-1 宁波夏厦齿轮有限公司发展历程

年 份	标志性事件
1993 年	成立宁波市镇海机床电器厂(宁波夏厦齿轮有限公司前身)
1995 年	成立轴类加工厂,即宁波市镇海宏大齿轮传动厂
1996 年	更名为宁波市镇海夏厦齿轮厂
1999 年	更名为宁波夏厦齿轮有限公司
2002 年	通过 ISO 9001 质量管理体系认证
2003 年	引进国外的小模数高速干切滚齿设备,并获得成功
2004 年	成立企业工程(技术)研发中心
2005 年	迁至占地面积 4 万余平方米的夏厦齿轮新厂区
2007 年	成立宁波雅仕得传动机械有限公司,专注于汽车零部件加工

续表

年　份	标志性事件
2008 年	雅仕得公司通过 ISO/TS 16949 质量管理体系认证； 宁波朗曼达工具有限公司成立，专注于刀具加工，有效保证了优质零件的供应； 夏厦企业小模数传动件工程（技术）中心被评为镇海区企业工程技术中心
2009 年	夏厦企业小模数传动件工程（技术）中心被评为宁波市企业工程技术中心
2010 年	建立合资工厂，平湖特威热处理技术有限公司成立； 投入近 1500 万元进行技术改革
2012 年	被评为宁波市科技型企业
2013 年	夏厦被评为镇海区专利大户、镇海区转型升级十佳企业、国家高新技术企业； 宁波夏拓机械装备有限公司成立，为夏厦产业升级迈出了最重要的一步

二、宁波夏厦齿轮有限公司代际传承简介

宁波夏厦齿轮有限公司总经理夏建敏（父）与常务副总经理夏挺（子）为父子关系。20 世纪八九十年代，还在国有企业做带班师傅的夏建敏，不满足于白天固定几小时的工作强度，经常接点五金活到家里，晚上进行装配。那时家里只备了一台冲床，没有其他人帮忙，夏建敏及其夫人在这个简陋的"小作坊"里开始了小五金生产的前期准备。邓小平"南方谈话"之后，夏建敏感受到了一股强大的经济号召力，他抓住改革开放的契机，抢先一步获得信息，凭借其个人的胆识及魄力，于 1993 年正式投资创办了宁波镇海机床电器厂，正式从加工小五金进入齿轮行业。1995 年，他以福利企业的形式，成立了轴类加工厂，即宁波市镇海宏大齿轮传动厂。机床电器厂与宏大齿轮厂专注齿轮行业，生产产品差不多。后来，宏大齿轮厂基本上由夏挺的母亲在管理。1996 年，宁波镇海机床电器厂更名为宁波市镇海夏厦齿轮厂，从此有了夏厦的名号。1999 年，再次更名为宁波夏厦齿轮有限公司，企业的发展越来越顺。2002 年，企业通过了 ISO 9001 质量管理体系认证。2003 年，夏建敏果断引进国外小模数高速干切滚齿设备，实践获得了成功，并于 2004 年成立企业工程（技术）研发中心。这一时期公司得益于外资融资和政府税收的优惠政策，充分借鉴台湾先进企业管理经验，很快实现了规模扩张。2005 年，公司迁至占地面积 4 万余平方米的夏厦齿轮新厂区——宁波市镇海区骆驼机电工业园，目前已发展至 6 万余平方米。夏厦发展到一定阶段，取得了显著成果，但也遇到了瓶颈和困难。2008 年 9 月，夏挺从英国伯明翰大学硕士毕业，归国后到公司帮忙，虽然父母一起做工作让他留在自家公

司，但当时他还是不想到公司发展，并且已经在上海一家资讯公司找到了工作。刚好那年过年前夏厦销售经理离职了，过了年工厂厂长又离职了，夏挺感觉公司人员变动太大了，一个在公司干了7年，一个干了10年，是父亲的左膀右臂，像朋友一样，他们的离开对父母的打击很大，所以夏挺觉得在这样的情况下有责任也有义务留在公司帮忙，这样父母也会开心点。早在2007年，在父母的支持下，依托夏厦的品牌、资源优势，夏挺在国内已注册成立了宁波雅仕得传动机械有限公司，担任总经理一职。雅仕得是一个崭新的业务领域，是父子双方共同承诺各自发展的新业务，但也是依托夏厦母体的力量，独立出来的子公司。雅仕得创立之初，父亲夏建敏给了儿子很大的支持，不仅提供资金、设备及技术，还给足发展空间，即便是有不同的想法，也绝对不干涉他。在这种支持下，夏挺组建了自己的创业团队，开始研发新技术，走上了实业创业之路。夏挺的自主创业是成功的，雅仕得的创立使公司实现了首次转型，从单个零部件生产为主转向汽车齿轮生产。有了雅仕得的初次尝试，夏挺信心倍增。2009年3月，夏挺又与江西一家科技公司合资创办了宁波朗曼达工具有限公司。朗曼达公司于国内首先试制成功高速干切的硬质合金滚刀，开始小试生产销售，并取得了当年办厂、当年产出、当年销售产品的良好业绩。朗曼达拥有小模数蜗杆形剃齿刀、镶片蜗杆形齿轮加工刀具、弹性磨头、滚刀完全利用的综合滚齿方法等发明专利。朗曼达还外聘了专家队伍，长期合作，保证了研发的顺利进行。其研究的超硬超细高速干切硬质合金齿轮滚刀被列为宁波市科技型中小企业技术创新基金项目。2009年朗曼达创建的第一年，公司总收入225万，上缴税收20万，创利润35万。

夏挺利用夏厦这个大平台，使雅仕得和朗曼达壮大起来，而夏厦也同样因为雅仕得和朗曼达，发展更为稳健。2012年，夏厦改变了只做零件加工的历史，组建成立了夏厦投资控股有限公司，开始自主研发数控设备。自此，夏厦从生产单个零部件为主，转向生产汽车齿轮，后来陆续涉足工业机器人、医疗等行业，现在更是延伸进入齿轮设计和组装领域，企业实现了业务的纵深拓展。伴随着雅仕得、朗曼达的发展，夏挺也逐渐从一个白面书生成长为有魄力、有能力、有耐力的企业家，从能力和心态上都为接班家族企业做足了准备。夏厦的传承过程中，为更好地完成家族资源的传承，父子选择了业务转移的形式（即创建新业务），在新业务的准备、成立、经营过程中，夏挺作为接班人，其能力逐渐提升，进而顺利接班。

第二节　宁波夏厦齿轮有限公司案例典型性分析

一、产业代表性

宁波夏厦齿轮有限公司是一家产品生产涉及小模数齿轮、刀具、机床装备等相关产业领域的开发研究型公司，是中国小模数齿轮的最大制造基地之一。其主要涉及的齿轮产业近年来快速发展，产业规模不断扩大，产品门类更加齐全，行业骨干企业初步具备了新产品开发能力，为振兴装备制造业作出了重要贡献。特别是近几年在汽车、风电、高铁和基础设施等快速发展的拉动下，全行业呈快速发展之势，"十一五"末我国齿轮市场总需求超过1400亿元。目前，我国齿轮市场规模已位居全球第三位。

（一）齿轮行业民营企业异军突起

经过20多年的发展，齿轮行业民营企业异军突起。民营企业的数量、对就业的贡献、资产总额、盈利能力和创新活力等都超过了国有、外资及合资企业，其市场地位和行业作用越来越重要，且发展潜力巨大。

（二）车辆齿轮地位显著

我国齿轮行业三大市场（车辆齿轮、通用工业齿轮、专用工业齿轮）中，车辆齿轮占齿轮市场总额的62%，汽车齿轮又占车辆齿轮的62%，即汽车齿轮占整个齿轮市场近40%的比重，汽车产业是齿轮行业最重要的下游产业。

（三）华东地区齿轮行业分布密集

改革开放以来，通过市场选择和竞争，齿轮行业形成了华东、华北、西南、华中、西北、东北等六大齿轮主产区，华东地区齿轮生产占了全行业半壁江山。

二、企业代表性

（一）中国中小型五金企业发展面临的瓶颈

宁波夏厦齿轮有限公司由一家以小五金加工为主的劳动密集型企业发展为一家粗具规模的集设计、检测、加工制造等于一体的小模数齿轮生产加工企业，其转型升级是因为当前我国五金行业的发展格局正悄然发生变化。之前是供不应求，如今则是供过于求。由于相关企业竞争加剧，五金产业链各环节的利润空间均被压缩。同时，国际市场对我国五金产品的要求也逐步发生变化,对我国五金产品的质量、包装、供货期限都提出了更高的要求,甚至逐步延伸到生产过程和产品的研发环节。纵观全局,中国中小型五金企业要想谋得持续性发展,必须转型升级,加大技术投入,提升产品质量。

(二)夏厦是成功转型的代表

夏厦是中国中小型五金行业中转型成功的代表。夏厦摆脱了原先以生产配件为主、缺少自主品牌的尴尬局面,转而生产精密小模数齿轮、刀具等产品,并自主研发机床装备。夏厦的转型是成功的。目前,夏厦是中国小模数齿轮的最大制造基地之一,是国家高新技术企业,拥有小模数传动件工程技术中心,还获得多项专利技术。2012年,夏厦步入了宁波市科技型企业之列;2013年,被评为镇海区专利大户、镇海区转型升级十佳企业、国家高新技术企业。未来我国五金制品出口面临的新变化,将是高新技术产品的出口量增长,低附加值的五金产品被高附加值出口产品取代。转型升级已经成为行业发展的必然趋势,夏厦齿轮的成功转型为这一行业的持续发展提供了有力实证。

三、传承代表性

(一)通过创建新业务实现了家族企业的转移传承

宁波夏厦齿轮有限公司创始人夏建敏经过十几年的摸爬打滚,使夏厦齿轮从一家小五金加工厂成长为国内小模数齿轮的最大制造基地之一。几年内,夏厦齿轮通过了ISO 9001质量管理体系认证,成立了企业工程(技术)研发中心,迁址到4万余平方米的新厂区。夏厦的成长是快速的,成绩是有目共睹的,但企业产品的结构也决定了夏厦齿轮只是一家劳动密集型企业,在国际经济形势整体不佳、国内劳动力成本不断上升的阶段,依靠增加劳动力扩大产能的做法势必被淘汰,只有改进技术,提高产品精度,才能争得市场。此时,夏建敏独子夏挺海外留学归国,在父母召唤、企业急需人才时,夏挺留了下来。夏挺在父亲的认同及支持下开展了与夏厦不同的汽车齿轮业务,创建了宁波雅仕得传动机械有限公司。雅仕得创立之初,父亲夏建敏给了儿子很大的支持,不仅提供资金、设备及技术,还给足发展空间。夏挺的自主创业是成功的,新业务的建立让没有工作经验的他在无历史负担的前提下实现了自主创业,获得了宝贵的经营管理经验,同时培养了一批与企业共同成长的团队成员。而对于夏建敏而言,最重要的莫过于新业务的创立使儿子能够留在公司,开始全面传承家业,也使夏厦实现了首次转型。可以说,雅仕得是进行企业传承的新的业务载体,基于业务形态变化的传承方式是家族企业的转移式传承,是一种比较典型的家族企业传承模式。

（二）通过创建新业务培养了家族企业继承人的综合能力

夏厦继承人夏挺于国内完成学业,后到英国留学深造时,根据自己的喜好选择了酒店管理专业,学成回国后在上海找到了一份理想的工作,想积累一些工作经验。虽然夏挺很早就明白自己肩上担负着继承家业的责任,但当时,一方面,夏挺认为父母经营企业很顺手,而且两人都还年轻,还没到传承的时候;另一方面,夏挺受过良好的教育,有海外学习及生活的经历,此时的他对于企业的发展及管理有着不同的理念,想通过自己所掌握的丰富的、与国际接轨的理论、知识和理念去开创自己的一番事业,所以当时夏挺并不想学成后就直接待在公司,想先到外面闯闯。而父亲夏建敏作为出生于20世纪五六十年代的一代创始人,在创业期间摸爬滚打,经历了不少磨难,自然希望儿子以后少经历一些困苦,希望在自己还能帮上忙的时候,尽早让儿子继承家业,手把手地传授经验。基于两代人不同的成长环境和知识背景,创建新业务(即业务转移)成为家族企业传承的一种新的方式。在转移传承中,一代创业者能够利用社会网络资源促进业务转移,同时也可以用自己的经验指导接班人;与此同时,在新业务环境下,接班人无须面对家族企业长期以来积累的问题和包袱,可以按照自己的想法和理念去规划和发展新事业。雅仕得及朗曼达的建立,使夏挺快速成长起来。在新事业的磨炼中,夏挺累积了不少行销经验,认识了许多商业合作伙伴,组建了强大的团队,成立了许多相关的科研部门,夏挺逐渐具备了接班家族企业的能力,也因而初步实现了家族企业的传承。

四、传承效果分析

（一）公司稳定发展,实现了转型升级

2007年,夏挺创办了宁波雅仕得传动机械有限公司,使夏厦实现了首次转型,从单个零部件生产为主转向汽车齿轮生产。2009年,夏挺又与江西一家科技公司合资创办了朗曼达工具有限公司,发展了与齿轮相关的产业链。经过几年的发展,父亲夏建敏及儿子夏挺都认识到,夏厦要发展,光靠增加劳动力、提高产能是行不通的。因此,夏厦在2010年技改中投入近1500万元,用于引进进口设备,提高自动化程度,提升产品档次,增强企业实力。此外,在全球经济萎靡时,夏厦另辟蹊径,积极开发新市场和延伸产业链。在开发新市场方面,以往大陆地区的游艇使用的齿轮都是从台湾地区以及日本进口的,2012年年初,夏厦与国内某知名企业签订协议,为游艇核心部件生产配套齿轮。从齿轮样品设计、试机到试机成功,直至批量生产,夏厦成功打开了这一市场。这一新的游艇市场第一年就为夏厦带来 3000 万元以上的新增产值。在延伸产业链方面,夏厦引进国外先进设备、提高自动化程度,提升产品档次。2012 年,公司在引进的同时走上了自主研发设备的道路,并于当年 3 月组建成立了夏厦投资控股有限公司,作为企业的产学研平台和研发中心。这样夏厦从零件加工跨越到数控设备研发制造,满足企业自身生产需求的同时,还可以将多余设备投放市场,从而创造了新的利润增长点。新业务创建以来,公司稳步发展,也在短期内实现了转型升级。从这一点看,夏厦的传承是成功的。

(二)继承人有了自己的团队,能力也获得了肯定

夏挺进入家族企业后,组建了自己的专业研究团队,很快找准了项目,创建了新业务。因为是自己一手培养的团队,在问题的沟通与处理上非常顺畅。同时,经过两项新业务的创建,夏挺的专业管理能力得到了历练及展现,他逐渐成长为一位沉稳的年轻管理者,具备了企业家的心理素质,并且连续几年被评为宁波市镇海区十大杰出青年、宁波市十大创业新秀。夏挺展示给社会的是新时期夏厦继承人的健康形象。

第三节　宁波夏厦齿轮有限公司代际传承资料的开放性译码分析

在宁波夏厦齿轮有限公司"基于资源观的转移式传承"资料整理完毕之后,本章开始对数据进行扎根理论的开放性译码分析。开放性译码是用基于实地资料提炼出来的概念和范畴来准确反映资料本质的过程,是基于仔细考察和比较分析从而为实地资料中的现象或事件取名字并加以分类、整合的创造性分析过程。开放性译码分析可以实现个案资料的概念化和范畴化,并实现对资料的提炼、比较、归纳和整合。指认现象、界定概念、提出范畴等具体步骤则可以实现案例资料的聚敛,确保资料到概念、概念到范畴的提炼和操作科学准确,为下一阶段的主轴译码分析奠定基础。

一、开放性译码的定义现象和标签归类

为便于资料分析,本书将"夏厦"案例称为个案 D。为了保证实地资料提炼的连续性、渐进性,本书将个案 D 的资料开放性译码分析细分为四个步

骤,即贴标签(定义现象)、初步概念化、概念化和范畴化。本节先介绍前两个步骤,具体思路如下。

首先,将实地资料置于表格之中,为了提高分析的精确度和严密性,便于对资料进行逐句定义,在表格第一栏,即整理后的实地资料部分,在每句话后面都标注"(dx)";其次,将表格第二栏"开放性译码"分为"贴标签(定义现象)"和"初步概念化"两部分内容;再次,用第二栏的"dx+概念"对应第一栏的"句子+(dx)",于是,第一栏的整体内容就转换为第二栏"贴标签(定义现象)"部分的概念群;最后,因提炼中难免会出现多个标签指代同一现象的情况,或者多个标签具有本质一致性的情况,因此,对"贴标签(定义现象)"一栏的内容进行重新归类,并以"ddy+概念"指代前面那些本质上类似的标签(比如dx1、dx2、dx3等),于是,"ddy"就成为一个表达同类定义的初步概念,而这些定义的归类在本质上反映了对现象的归类。

经过对资料进行逐句贴标签(定义现象)和初步概念化,最终得到134个标签和67个标签归类。贴标签(定义现象)和初步概念化如表8-2所示。

表8-2 个案 D 的开放性译码表:贴标签(定义现象)和初步概念化

个案 D 的代际传承访谈资料	开放性译码	
	贴标签 (定义现象)	初步概念化
夏厦创始人夏建敏是一位非常典型的第一代创业企业家,不仅处事果断、有魄力,而且极能吃苦(d1)。20 世纪八九十年代,那时还在国有企业做带班师傅的夏建敏(d2),不满足于白天固定几个小时的工作强度,经常接点五金活到家里,晚上进行装配(d3)。那时家里只备了一台冲床,没有其他人帮忙,夏建敏及其夫人在这个简陋的"小作坊"里开始了小五金生产的前期准备(d4)。当时儿子夏挺还只是个六七岁的学前儿童,看着父母每天白天黑夜地辛勤工作(d5),有时就会自觉地帮帮他们(d6)。夏挺说,当时自己最常干的一件事就是把一包包装钢球的塑料袋剪开,再倒到黄油盒子里。夏挺长期生活在父母身边,读书的时候一有空就会去帮忙(d7),他很早就认识到经营企业的艰难(d8),也对家族企业充满了感情(d9)。正如他自己所说的:"虽然不是自己理想的行业,但这是一个家族的事业,不仅关系到父母、二伯等家族成员的利益(d10),还要考虑这一大帮跟随企业的员工,可以	d1 父能干又果断 d2 父原本工作稳定 d3 父吃苦耐劳 d4 父辈创业前准备 d5 子从小见证父辈的辛苦 d6 子幼时懂得父母辛苦,主动帮忙 d7 子学生时代兼职工作经历 d8 子在家庭耳濡目染 d9 子对家族企业充满感情 d10 子对家族成员的责任感	dd1 父果断决策 (d1 d14 d19 d59) dd2 父冒险精神 (d2 d32 d35) dd3 父吃苦耐劳 (d3 d5) dd4 父仔细执着 (d4 d33) dd5 父创新意识 (d31 d33 d35 d36 d129) dd6 父企业初步成功(d15 d24)

说这是一份责任(d11)。"可以看出,夏挺对于二代传承很早就有了明确的认识(d12)。	d11 子对员工的责任感 d12 子知道接班义务	dd7 父处事有规划(d4 d17 d33 d35 d36 d48)
邓小平"南方谈话"后,夏建敏感受到了一股强大的经济号召力,他抓住改革开放的契机(d13),抢先一步获得信息,凭借个人的胆识与魄力,于1993年投资创办了宁波镇海机床电器厂,正式从加工小五金进入了齿轮行业(d14)。1995年,夏建敏以福利企业的形式,成立了轴类加工厂,即宁波市镇海宏大齿轮传动厂。机床电器厂与宏大齿轮厂都专注于齿轮行业,生产的产品差不多(d15)。后来,宏大齿轮厂基本上由夏挺的母亲在管理(d16)。1996年,宁波镇海机床电器厂更名为宁波市镇海夏厦齿轮厂,从此有了夏厦的名号。1999年,再次更名为宁波夏厦齿轮有限公司(d17),企业的发展越来越顺。2002年,企业通过了ISO 9001质量管理体系认证(d18);2003年,夏建敏果断引进国外小模数高速干切滚齿设备,实践获得了成功(d19),并于2004年成立企业工程(技术)研发中心(d20)。这一时期,公司得益于外资融资和政府税收的优惠政策(d21),充分借鉴台湾先进企业管理经验,规模很快扩张(d22)。2005年,公司迁至占地面积4万余平方米的夏厦新厂区——宁波市镇海区骆驼机电工业园,目前已发展至6万余平方米(d23)。经过20多年的发展,夏厦已从一家小五金加工厂成长为一家粗具规模的集设计、检测、加工制造等于一体的小模数齿轮生产加工企业(d24),2011年实现销售收入1.4亿元(d25)。尽管企业已经走上正轨,但是总经理夏建敏却始终认为办企业如逆水行舟,不进则退(d26)。2010年,夏厦在技改上投入近1500万元,用于引进进口设备,提高自动化程度,提升产品档次,增强企业实力(d27)。夏建敏认为,"产品结构决定了夏厦齿轮是一家劳动密集型企业,但依靠增加劳动力扩大产能的做法一定会被淘汰,只有改进技术,提高产品精度,才能吸引市场"(d28)。2012年,由于经济形势总体不佳,不少企业缩小了生产规模(d29)。但夏建敏却认为这是一个契机,因为订单量有所下降,夏厦有了更多的时间和精力来积蓄能量,为转型做准备(d30)。面对逆境,夏厦另辟蹊径,积极开发新市场,延伸产业链(d31)。在开发新市场方面,大陆地区游艇以往使用的齿轮,都是从日本和台湾地区进口的(d32),2012年年初,公司与国内某知名企业签订协议,为游艇核心部件生产配套齿轮(d33)。从齿轮样品设	d13 父抓住机会 d14 父果断创业 d15 父事业发展 d16 家族成员分工明确 d17 企业改制 d18 企业成长 d19 父果断引进技术 d20 父重视技术 d21 父善于利用外部社会资本 d22 父重视管理 d23 公司迁址,规模扩大 d24 企业持续发展 d25 传承后企业业绩 d26 父忧患意识 d27 传承后企业技改投入 d28 父重视技术 d29 社会经济环境恶劣 d30 父抓住时机 d31 企业积极寻找出路 d32 父果断决策	dd8 子懂事体恤他人(d6 d10 d56) dd9 子耳濡目染(d8 d122) dd10 子具有责任感(d10 d11 d12 d55 d125) dd11 子接班传承困惑(d69 d94) dd12 家族成员工作细分(d16 d115) dd13 父重视技术(d19 d20 d28) dd14 父社会资本(d21 d33 d129 d130) dd15 父管理意识(d22 d49) dd16 企业壮大(d23 d24 d44 d114 d116 d117 d131) dd17 企业重视技术投入(d27 d91) dd18 父抓住时机(d30) dd19 父拓展新市场(d31 d34)

续表

计、试机到试机成功，直至批量生产，夏厦成功打开了这一市场。这一新的游艇市场第一年就为夏厦带来 3000 万元以上的新增产值(d34)。在延伸产业链方面，夏厦引进国外先进设备，提高自动化程度，提升产品档次(d35)。2012 年，公司在引进的同时走上了自主研发设备的道路(d36)。年初，夏建敏就开始筹划转型升级项目，以期从零件加工跨越到数控设备研发制造，满足企业自身生产需求的同时，还可以将多余设备投放市场，从而创造新的利润增长点(d37)，"从生产加工齿轮，向生产齿轮加工设备转型，形成企业内部的上下游产业链，有效控制企业的投资风险(d38)"。数控滚齿机是齿轮生产企业必需的设备，夏厦要转型升级，首要任务就是技术攻关，使其自主研发的数控设备性能能与进口设备相媲美(d39)。2012 年 3 月，夏厦组建成立了夏厦投资控股有限公司，作为企业的产学研平台和研发中心(d40)。2012 年 5 月，通过政府部门的牵线搭桥，夏厦总经理夏建敏与上海大学、上海交通大学等高校及科研机构签订了协议，共同研发数控滚齿机(d41)。同时，公司还邀请国内各个高校及科研机构的机械专家以技术入股的形式加盟夏厦投资控股有限公司(d42)。夏建敏信心满满地说："我们必须迎难而上，不断积蓄能量，做强齿轮行业产业链，努力打造中国小模数齿轮生产基地。"由此，夏厦迈出了由生产齿轮向生产设备转变的第一步，开始为企业延伸产业链、实现转型积蓄能量(d43)。2012 年，夏厦被评为宁波市科技型企业;2013 年，获评镇海区专利大户、镇海区转型升级十佳企业、国家高新技术企业(d44)。 　　夏厦继承人夏挺是一位年轻的"海归"(d45)，2009 年被评为宁波市十大创业新秀，2012 年被评为宁波市镇海区十大杰出青年(d46)。在英国留学期间，夏挺根据自己的喜好，选择了酒店管理为主修专业(d47)。夏挺说，当初在英国选择专业时，父母没有任何干预，只想让他到国外历练一下(d48);而他也没考虑接班的事情，一直觉得父母管理企业挺好，而且他们也还年轻(d49)。夏挺所选专业看起来与他后来从事的行业及家族企业完全不符，但酒店管理中以人为本、专注服务的理念却影响了其后来的企业管理实践(d50)。海外留学经历也使夏挺增长了知识，增多了见识，更加有自信(d51)。2008 年 9 月，夏挺从英国伯明翰大学硕士毕业，归国后到公司帮忙(d52)，虽然父母一起做工作让他	d33 父子决定企业与名企合作 d34 开发新市场获得成效 d35 父转向延伸产业链 d36 企业自主研发设备 d37 企业转型升级 d38 父风险意识强 d39 技术重要性体现 d40 传承后重视科研 d41 重视研发设备 d42 与高校及科研单位合作 d43 企业向产业链转型 d44 企业获得成绩 d45 子具有海外留学背景 d46 子社会荣誉 d47 子不喜欢齿轮行业，但喜欢管理 d48 父辈不干涉子专业选择，自由式培养 d49 子认同父辈的现有管理模式 d50 子管理专业背景 d51 留学经历让子更加自信	dd20 企业发展新策略(d27 d31 d33 d36 d37 d43 d57 d83) dd21 父发展相关产业链(d35) dd22 企业转型升级(d37 d43 d116) dd23 父风险意识(d38 d26) dd24 与高校科研单位的合作(d42 d129 d130) dd25 子海外留学的背景(d45 d118) dd26 子管理经验获得(d50) dd27 子社会荣誉(d46) dd28 父对子自由式培养模式(d48 d61)

留在自家公司,但当时他还是不想到公司发展,并且已经在上海一家资讯公司找好了工作(d53)。刚好那年过年前夏厦销售经理离职了,过了年工厂厂长又离职了(d54),夏挺感觉公司人员变动太大了,一个在公司干了7年,一个干了10年,是父亲的左膀右臂,像朋友一样,他们的离开对父母的打击很大,所以夏挺觉得在这样的情况下有责任也有义务留在公司帮忙(d55),这样父母也会开心点(d56)。早在2007年,在父母的支持下,依托夏厦的品牌、资源优势,夏挺在国内已注册成立了宁波雅仕得传动机械有限公司,担任总经理一职(d57)。雅仕得是一个崭新的业务领域,是父子双方共同承诺各自发展的新业务,但也是依托夏厦母体的力量,独立出来的子公司(d58)。企业创立之初,父亲夏建敏给了儿子很大的支持,不仅提供资金、设备及技术,还给足发展空间,即便有了不同的想法,也绝对不干涉(d59)。在这种支持下,夏挺组建了自己的创业团队,开始研发新技术,走上了实业创业之路(d60)。他曾自豪地称赞父亲:"创业道路上,父亲能够完全放手,这个是很多人做不到的(d61)!" 雅仕得专业生产汽车电子助力转向系统(EPS)、小齿轴、汽车发动机正时系统、汽车摇窗电机蜗杆等(d62)。夏挺说:"汽车零部件夏厦之前没有进入过,所以雅仕得等于是产品升级(d63)。虽然汽车零部件生产跟原来齿轮差不多,但产品构件的稳定性要求不一样,汽车零部件的稳定性要求会比较高(d64)。以前做齿轮只要做出形状,看上去像个齿轮就可以了。现在的要求不一样,如材料批次管理、检验报告等,这个也表明这个市场在成熟(d65)。赚钱是以前好赚,以前对质量要求不高,现在各方面的要求比较系统了(d66)。汽车行业在制造行业中综合要求比较高,也比较成熟,因为汽车与人的生命安全是紧密相关的,而且汽车配件要求整套质量稳定。第1个和第1万、第100万个质量差别不能大,不然装配到汽车上问题就很大了。虽然说100万件中只有1件不合格,但是刚好装配到一辆车上,那这辆车的事故可能性就是百分之百了(d67)。"这是夏挺选择汽车齿轮生产的原因之一。当然,夏厦作为一家主要生产精密齿轮的制造生产型企业,也不可避免地会遇到发展瓶颈,需要转型升级,这是夏挺当初选择汽车齿轮生产的另外一个原因(d68)。雅仕得的创立使公司转型升级成为可	d52 子工厂实习 d53 子有创业的决心 d54 企业人才流失 d55 子认为有责任留在企业中 d56 子善良,体恤父母辛苦 d57 子开创新业务 d58 新业务属性 d59 新业务父完全放权,不干涉 d60 子独立创业 d61 子感谢父亲新业务创建时完全放权 d62 新业务专营车辆齿轮 d63 新业务是老业的升级版 d64 新业务选择车辆齿轮的原因 d65 齿轮行业在发展 d66 齿轮行业要求高质量产品 d67 车辆齿轮要求更稳定的质量	dd29 子工作实践经历(d7 d52 d81) dd30 子创业决心(d53 d95) dd31 企业面临危机(d29 d54) dd32 子传承家族企业原因(d54 d55 d56) dd33 子独立开创新业务(d57 d60 d83) dd34 父完全放权不干涉(d48 d59 d61) dd35 新业务与老业务的关系(d58 d63 d68)

续表

能,从单个零部件生产为主转向汽车齿轮生产。雅仕得创立之初,夏挺也承受了很大压力,他说,"拥有'海归'和'创二代'的双重身份,很多人觉得你有这么个平台,做好了也是应该的,做不好就是你的问题(d69)"。	d68 新业务是实现老业务转型升级的试验田	dd36 产业的高质量要求(d66 d67 d92)
经历过初期办厂的艰难,甚至赔钱风波,雅仕得慢慢成长起来(d70)。公司先后与美国汽车零部件巨头 TRW(天合)汽车集团,德国采埃孚股份公司(ZF Friedrichshafen AG)公司及韩国 Mando 公司进行技术合作,不仅成功开发了多个新一代电子助力转向系统项目(d71),更引进了国外先进的生产技术及制造设备(d72),从而取代了日本、韩国公司生产的电子助力转向系统在亚洲市场的领导地位,使公司产品成为国内客户首选品牌(d73)。2009 年,公司实现销售收入 1020 万元,利税 289 万元(d74)。从 2009 年开始,雅仕得与国外某企业共同研发太阳能热发电定日镜减速器,获得成功(d75)。该减速器结构新颖,速比和输出扭矩大,体积小、重量轻,传动效率高,使用寿命可达 30 年。年产 100 万件太阳能减速器生产设备改造项目建成投产后可以达到降耗增效、提高劳动生产率、节约成本的目的,从而全面提升公司的技术实力(d76)。2012 年,雅仕得年产 100 万件太阳能减速器生产设备改造项目获得了宁波市重点技术改造专项项目第一批补助资金,连同宁波金鑫粉末公司一起,共获得将近 200 万的政府补助资金,占宁波市总补助金额的 22%(d77)。	d69 子创业初期的困惑 d70 子尝试创业受挫折 d71 新业务企业与国外巨头技术合作 d72 新业务企业引进技术及设备 d73 新业务产品信价比高 d74 新业务企业收获好业绩 d75 新业务企业业务扩展 d76 新业务综合技术实力提升 d77 新业务获得政府资金补助	dd37 子经历挫折(d70 d111) dd38 子执着坚持(d111 d112) dd39 新业务与国外巨头技术合作(d71) dd40 新业务重视技术质量(d72 d73 d87 d89) dd41 新业务使企业业务扩展(d75 d93)
虽然还是一个传统行业,但第一年经营下来,雅仕得就赚钱了,现在雅仕得每年有 30% 的利润增长(d78)。夏挺在分享雅仕得创业的成功经验时说到,创业初期自己主要是做市场这块(d79),跟客户接触比较多,也没有一开始要赚钱的想法,开始还是以结交朋友为主,所以很多人会乐意给你一些经验和建议(d80),听多了,做多了,经验自然就累积起来了。现在公司合作的基本上是世界 500 强企业,合作方把你当朋友之后,看了你的工厂就会给你提些好的建议。可以说很多成长的经验来自于客户、朋友(d81)。	d78 新业务企业出成绩 d79 儿专攻市场 d80 儿朋友多,人缘好 d81 儿创业中累积经验	dd42 新业务企业绩效(d74 d78 d84 d88) dd43 企业获得政府补贴(d77) dd44 子开拓新市场(d83 d93)
在新业务创建的过程中,夏挺慢慢搭建起了朋友和客户平台,从中受益良多(d82)。在初尝创业成功的滋味后,夏挺于 2009 年 3 月与江西一家科技公司合资创办了宁波朗曼达工具有限公司(d83)。朗曼达公司在国内首先试制成功高速干切	d82 儿创业中积蓄人脉 d83 儿再开创新业务	dd45 子个人性格(d80 d96 d108 d110)

的硬质合金滚刀,开始小试生产销售,并取得了当年办厂、当年产出、当年销售产品的良好业绩(d84)。朗曼达公司拥有小模数蜗杆形剃齿刀、镶片蜗杆形齿轮加工刀具、弹性磨头、滚刀完全利用的综合滚齿方法等发明专利(d85)。公司还外聘了专家队伍,长期合作,保证了研发的顺利进行(d86)。此外,朗曼达研究的超硬超细高速干切硬质合金齿轮滚刀被列为宁波市科技型中小企业技术创新基金项目(d87)。2009年朗曼达创建的第一年,公司总收入225万元,上缴税收20万元,创利润35万元(d88)。	d84 新业务获得好业绩 d85 新业务重视开发研究 d86 新业务企业外聘人才 d87 新业务重视技术创新 d88 新业务收获好成绩	dd46 子社交天赋(d82 d126 d128)
朗曼达创立后,借助高速干切滚齿机为试验平台,开发国产材料,培育自主知识产权,打造核心技术,专业开发高速干切滚齿刀具(d89)。朗曼达借鉴国外先进技术并结合我国实际情况进行技术创新(d90),在成立之后的3年里,公司投入了更多的资金添置设备并实现数控化改造,形成小模数高速干切整体硬质合金齿轮滚刀稳定的批产能力(d91)。夏挺信心满满地说:"朗曼达所生产的高速干切滚刀产品各项质量指标已达到甚至超过先进工业国家水平,其合理的性价比使公司产品成为国内客户首选品牌(d92)。"朗曼达一直致力于开发国外市场,做大出口,目前已经获得了一定的成效(d)93。	d89 新业务培育自主知识产权,打造核心技术 d90 新业务重视创新 d91 新业务投入资金购置设备 d92 新业务质量达标 d93 新业务拓展国外市场	dd47 子挑战精神(d57 d83 d111) dd48 新业务重视人才(d86)
对于家族企业传承,夏挺也有自己的困惑(d94)。首先,夏挺与众多的二代接班人一样,本有自己的理想抱负,并不是一开始就有继承家族企业的意愿(d95),也不希望社会因个别事件而给"富二代"贴上负面标签,甚至把这个群体"一棍子打死"(d96)。夏挺说:"我们接过了父辈的创业旗帜,一心扑在企业上,我们做大做强的愿望比父辈更强烈,希望社会能多给我们一点掌声(d97)。"其次,当夏挺进入企业时,一开始夏建敏是希望手把手教他,直接告诉夏挺他的经验是什么,希望夏挺去模仿(d98),结果确却是父亲有父亲的想法,儿子又有儿子的想法,父子之间就会产生矛盾,因此需要经常沟通(d99)。夏挺说:"其实我爸是希望我像他那样去管理工厂,但是问题是我们的知识背景完全不一样。他在这个工厂、在这个行业做了20多年,经验很丰富,是我没有的,让我完全按照他的样子去做,这辈子恐怕连他的80%都达不到(d100)。现在工厂管理还在靠老板的个人能力,还没有规范到靠制度管理,而我的能力只有他的80%或60%,这样的话岂不是工厂的规模还要缩小(d101)?所以我来了以后主要是把他以前忽略的一些地方(劣势)	d94 子传承困惑 d95 子原独自创业 d96 子不愿成"富二代" d97 子希望成绩获得肯定 d98 父希望亲自教子 d99 父子产生矛盾 d100 父子经营企业背景不同	dd49 新业务重视创新(d87 d90) dd50 新业务重视设备投资(d91) dd51 子传承困惑(d94 d95 d96)

续表

拔高一些,而不是把他以前做的好的地方(优势)再去拔高(d102)。这样我们就可以站在对方的角度思考问题了。"再次,当夏挺大胆创办的从母公司独立出来的雅仕得、朗曼达有了起色、出了业绩后,夏厦整个集团的接班问题就冒出来了(d103)。夏挺认为,雅仕得、朗曼达经营的顺畅是因为其手下的员工都是自己一手培养起来的(d104),员工对夏挺、对公司有感情,任何事情可以商量(d105);而夏厦就不同了,如果牵涉夏厦生产业务,只能让父亲去操心(d106)。夏挺说:"在夏厦,有时候我好会作出的决策要布置下去时,到我爸那儿就会卡壳,就不算了(d107)。"好在夏挺善于自我调节,能适应环境(d108)。夏挺说:"毕竟大家的出发点都是为公司好,没有自己的私心,说明大家对公司都很重视(d109)","我尽力做到父亲需要意见时提供给他,如果他让我自己去做,我也事先跟他沟通下,这样就不会造成事情做到一半时因为有意见而做不下去(d110)。第二代接班的时候不可能不犯错误,再聪明的老板也会有失手的时候。对我爸来讲,他会想,这种错误我已经犯过了,你最好不要去犯了,但是我没有犯过类似错误,就不会真正去体会、去反思。这和温室里的植物是一样的,不经历挫折对成长没有什么好处。做企业该交的学费还是得交(d111)"。 　夏挺对夏厦的未来发展信心满满(d112),"我们接下来的想法是把所有零部件的加工都放在夏厦那边,把雅仕得的汽车齿轮生产也全部转到夏厦去,夏厦这一块只做传统行业,而这传统行业也要做得精(d113)。比如我们会把发展目标锁定在智能型行业,也就是机器人这块,现在已经同ABBA进行合作;还会专攻精密零件,如与西门子医疗进行合作(d114)。雅仕得以后就做齿轮箱的开发设计与装配(d115)。这样各个公司相对来说就有不同的定位,能够发挥各自的强项,体现各自的优势,公司也能实现转型升级(d116)"。夏厦从单个零部件生产为主,转向生产汽车齿轮,涉足工业机器人、医疗等行业,现在更是延伸进入齿轮设计和组装领域,实现了业务的纵深拓展(d117)。因为拥有酒店管理专业知识及海外留学经历,夏挺非常自信(d118),他对家族企业的未来有比较明确的定位,"我们公司团队有设计开发整套产品的能力。夏厦、雅仕得以及朗曼达的许多客户,都可以合理整合(d119)。如瑞典的一个公司要我们帮忙开发一	d101 父子管理理念相左 d102 子希望改善父管理上的不足 d103 希望儿子接班提上日程 d104 子有自己的团队,是新业务成功的保障 d105 新业务企业有凝聚力 d106 父主管老业务 d107 子无法插足老业务 d108 子心态好,能自我调节 d109 父子双方都重视企业 d110 子尽力与父事事沟通 d111 子愿意接受创业考验 d112 子对未来充满希望 d113 生产整合,产品做精 d114 扩展业务 d115 母子公司分工明确 d116 公司转型升级 d117 公司实现拓展业务能力 d118 子拥有的教育背景让其自信 d119 公司客户可以得到有效整合	dd52 子希望获得父肯定(d97 d127) dd53 父子矛盾交集点(d99 d100 d101 d102 d107) dd54 新业务凝聚力(d105) dd55 父子业务分工明确(d106 d115) dd56 子自我调节(d108 d110)

续表

个新型的齿轮,要求从外面看上去没有传动的柱子,这需要我们自己设计齿轮箱,再配到他们的结构上,还要做清洗。这种配套设计,几个公司合作就能发挥优势,实现互补(d120)。又如,原先有客户问我们买齿轮,现在他们可以让我们开发一个齿轮箱,帮助他们设计、装配直到最后批量供货。我们目前正在开发的工业机器人上的齿轮箱,以前只是做零件,现在是完成整个部件再加安装。所以说,现在我们不只要生产产品,还要转向提供服务。朗曼达以前有客户需要滚刀,我们把滚刀设计好、制造好就可以了;现在则同设备联系起来,客户有需求的话,公司可以把滚刀、工艺、设备包括夹具都帮他配好。因为他自己选的设备质量未必能达到我们的要求,而我们给他提供的东西他马上就可以用在生产上。公司甚至考虑连订单都帮他接好,把一系列都配好"(d121)。	d120 母子公司合作提供给客户全套服务 d121 重视服务,发展服务 d122 子耳濡目染 d123 父企业家精神 d124 子传承企业家精神	dd57 父子公司生产整合、产品做精(d113 d119 d120) dd58 母公司与子公司获得转型升级(d116 d131)
几年的企业管理实践及与父母共同相处中的耳濡目染,夏挺快速成长着(d122)。夏挺说:"父辈在创造财富时,不忘自己身上所承担的社会责任,不遗余力地贡献自己的力量,展示了民营企业家的精神特质和人格魅力,而企业家精神又是企业的灵魂(d123)。现在企业进入了再发展期,更应好好学习这种企业家精神,传承这种企业精神(d124)。"夏挺接管企业后,参与了各项慈善事业,如2010年与几位企业家组成旱情考察团,奔赴镇海区对口帮扶的贵州普安县;2014年,参与了百色希望小学的捐助(d125)。他还参加了各种社会团体活动,现任镇海区青年企业家协会副秘书长,也是宁波创二代协会的成员之一(d126)。更可贵的是,他连续几年被评为"宁波市镇海区创业新秀"(d127)。	d125 子承担社会责任 d126 子参加社会活动,扩展人际网 d127 子被肯定 d128 子开阔眼界,重视人际网	dd59 母公司与子公司都重视服务(d120 d121) dd60 母公司与子公司客户获得有效整合(d119)
夏挺认为,做实业也非常需要开阔的眼界,走出工厂与外界保持一定的联系是非常必要的,如加入创二代协会,就接触了一批专业做天使基金的会员,可以参与其中一些非常有创意的投资;而埋头苦干实业、两耳不闻窗外事,只会错失许多开阔眼界的机会(d128)。		dd61 子传承企业家精神(d124)
夏挺父子在积极参与各种社会活动的同时,也不忘与高校的互动。一是校企合作。2010年,夏厦与镇海区职业教育中心学校合作开设了校企联办班。夏挺在联办班签约仪式上发言,与大家分享了他作为现代企业家对于人才培养的理解。他非常赞同校企联合办学的培养模式,认为人才的培养不仅仅是教育部门的事情,也是全社会的事情,更		dd62 子社会责任感(d125 d126)

续表

是作为社会重要组成部分的企业的责任(d129)。二是与高校及科研单位合作。2012年,夏厦与上海大学、上海交通大学等高校及科研机构合作签订协议,共同研发数控滚齿机(d130)。这标志着夏厦迈出了由生产齿轮向生产设备的第一步,开始为企业延伸产业链、实现转型积蓄能量(d131)。	d129 父子都提倡校企合作	dd63 子拓展社交关系(d126 d128)
	d130 与科研机构合作	dd65 典型的转移传承(d132 d133)
	d131 企业延伸产业链	
雅仕得传动机械有限公司成了夏厦代际传承中的契机,伴随着雅仕得的发展,夏建敏、夏挺之间完成了家族企业的传承(d132)。夏厦传承过程中,为更好地完成家族资源的传承,父子选择了业务转移的形式(即创建新业务)(d133),在新业务的准备、成立、经营过程中,夏挺作为接班人,其能力逐渐提升,进而顺利接班(d134)。	d132 边学边传承	dd66 家族成功传承典范(d134)
	d133 转移传承	
	d134 传承典范	dd67 子创业自信(d118 d112 d51)

二、开放性译码的概念化和范畴化

个案 D 的资料开放性译码分析的第二步为初步概念的概念化及概念的范畴化,具体分析思路如下:对已经得出的初步概念进一步归类、抽象,逐次提炼出概念 Dx 等;对已经得出的概念继续提炼和归类,逐一提炼出范畴 DDx 等。初步概念化英文字母标识的使用与贴标签部分同理,也是使用字母代替后面引领的句子或词语进行缩编。经过初步概念化这一过程,我们获得了归类更清楚的传承人资源、继承人资源、传承途径、传承前企业状况及传承后企业发展状况。于是,初步概念化的内容逐次替代了资料内容,而我们对资料的精炼和缩编也逐渐深入,我们分析和研究复杂庞大资料的任务进而简化为考察这些概念,尤其是范畴间的各种关系和联结。初步概念的概念化与概念的范畴化如表 8-3、表 8-4 所示。

表 8-3　个案 D 的开放性译码表(续):初步概念的概念化

初步概念	概念化
dd1 父果断决策(d1 d14 d19 d59)	D1 父机会意识(dd1 dd18)
dd2 父冒险精神(d2 d32 d35)	D2 父仔细执着有规划(dd4 dd7)
dd3 父吃苦耐劳(d3 d5)	D3 父创新意识强(dd5 dd19 dd21)
dd4 父仔细执着(d4 d33)	D4 父艰苦创业(dd3)
dd5 父创新意识(d31 d33 d35 d36 d129)	D5 父创新发展意识(dd5 dd18 dd19 dd21)
dd6 父企业初步成功(d15 d24)	D6 企业初期发展(dd6)
dd7 父处事有规划(d4 d17 d33 d35 d36 d48)	D7 父重技术重质量理念(dd13 dd17 dd57)
dd8 子懂事体恤他人(d6 d10 d56)	D8 父强管理意识(dd15)
dd9 子耳濡目染(d8 d122)	D9 父社会网络资源(dd14)

续表

初步概念	概念化
dd10 子具有责任感(d10 d11 d12 d55 d125)	D10 企业发展新策略(dd19 dd20 dd21 dd22 dd24 dd57)
dd11 子接班传承困惑(d69 d94)	D11 父风险意识强(dd23)
dd12 家族成员工作细分(d16 d115)	D12 子管理专业知识背景(d25 d26)
dd13 父重视技术(d19 d20 d28)	D13 子个人禀赋(dd8 dd27 dd45)
dd14 父社会资本(d21 d33 d129 d130)	D14 子对家庭企业的责任感(dd10)
dd15 父管理意识(d22 d49)	D15 子接班的压力(dd11 dd51)
dd16 企业壮大(d23 d24 d44 d114 d116 d117 d131)	D16 父子管理矛盾的调和(dd53 dd56)
dd17 企业重视技术投入(d27 d91)	D17 子社会声誉(dd27)
dd18 父抓住时机(d30)	D18 父对子自由式培养模式形成（dd28 dd34）
dd19 父拓展新市场(d31 d34)	D19 子经历艰苦的创业期(dd37 dd38)
dd20 企业发展新策略（d27 d31 d33 d36 d37 d43 d57 d83）	D20 子创业决心(dd30 dd67)
dd21 父发展相关产业链(d35)	D21 传承时机(dd31 dd32)
dd22 企业转型升级(d37 d43 d116)	D22 子开创新业务(dd33)
dd23 父风险意识(d26 d38)	D23 选择新业务的原因(dd35 dd36)
dd24 与高校科研单位的合作(d42 d129 d130)	D24 新业务以技术为核心的创新发展理念(dd40 dd49 dd50)
dd25 子海外留学的背景(d45 d118)	D25 新业务获得的绩效(dd41 dd42)
dd26 子管理经验获得(d50)	D25 子社会关系传承和发展(dd46 dd63)
dd27 子社会荣誉(d46)	D26 子挑战精神(dd47)
dd28 父对子自由式培养模式(d48 d61)	D27 新业务凝聚力(dd54)
dd29 子工作实践经历(d7 d52 d81)	D28 母公司与子公司的企业绩效（dd58 dd60）
dd30 子创业决心(d53 d95)	D29 子公益理念(dd62)
dd31 企业面临危机(d29 d54)	D30 企业家精神传承(dd61)
dd32 子传承家族企业原因(d54 d55 d56)	D31 转移传承的成功典范(dd65 dd66)
dd33 子独立开创新业务(d57 d60 d83)	D32 家族成员和谐相处（dd34 dd52 dd55 dd57 dd58 dd60）
dd34 父完全放权不干涉(d48 d59 d61)	D33 新业务重视人才(dd48)
dd35 新业务与老业务的关系(d58 d63 d68)	D34 新老业务结合获得转型升级(dd58 dd60)
dd36 产业的高质量要求(d66 d67 d92)	
dd37 子经历挫折(d70 d111)	
dd38 子执着坚持(d111 d112)	

续表

初步概念	概念化
dd39 新业务与国外巨头技术合作(d71)	
dd40 新业务重视技术质量(d72 d87 d89)	
dd41 新业务企业业务扩展(d75 d93)	
dd42 新业务企业绩效(d74 d78 d84 d88)	
dd43 企业获得政府补贴(d77)	
dd44 子开拓新市场(d83 d93)	
dd45 子个人性格(d80 d96 d108 d110)	
dd46 子社交天赋(d82 d126 d128)	
dd47 子挑战精神(d57 d83 d111)	
dd48 新业务重视人才(d86)	
dd49 新业务重视创新(d87 d90)	
dd50 新业务重视设备投资(d91)	
dd51 子传承困惑(d94 d95 d96)	
dd52 子希望获得父肯定(d97 d127)	
dd53 父子矛盾交集点(d99 d100 d101 d102 d107)	
dd54 新业务凝聚力(d105)	
dd55 父子业务分工明确(d106 d115)	
dd56 子自我调节(d108 d110)	
dd57 父子公司生产整合、产品做精(d113 d119 d120)	
dd58 母公司与子公司获得转型升级(d116 d131)	
dd59 母公司与子公司都重视服务(d120 d121)	
dd60 母公司与子公司客户获得有效整合(d119)	
dd61 子传承企业家精神(d124)	
dd62 子社会责任感(d125 d126)	
dd63 子拓展社交关系(d126 d128)	
dd65 典型的转移传承(d132 d133)	
dd66 家族成功传承典范(d134)	
dd67 子创业自信(d51 d118 d112)	

表 8-4　个案 D 的开放性译码表(续):概念的范畴化

概　念	范畴化
D1 父机会意识(dd1 dd18)	DD1 继承者强烈的创业自信(D20 D15 D23 D26)
D2 父仔细执着有规划(dd4 dd7)	DD2 继承者对家族企业传承的责任感 (D14)
D3 父创新意识强(dd5 dd19 dd21)	DD3 创始人重技术重质量的创新理念(D3 D5 D7 D2)
D4 父艰苦创业(dd3)	DD4 父子在企业管理上的磨合(D16 D12 D8)
D5 父创新发展意识(dd5 dd18 dd19 dd21)	DD5 企业外部社会网络资源传承和拓展(D9 D25 D17 D29)
D6 企业初期发展(dd6)	DD6 以创新转型为主导的家族企业转移传承(D3 D5 D18 D20 D22 D24 D31)
D7 父重技术重质量理念(dd13 dd17 dd57)	DD7 继承者敢于尝试的挑战精神传承(D19 D20 D26 D30)
D8 父强管理意识(dd15)	DD8 继承者个人禀赋(D13 D17)
D9 父社会网络资源(dd14)	DD9 以新业务的创立为基础的企业新策略 (D10 D22 D23)
D10 企业发展新策略(dd19 dd20 dd21 dd22 dd24 dd57)	DD10 继承者跨过艰难的创业期(D19)
D11 父风险意识强(dd23)	DD11 父子创业理念认同(D4 D18 D19)
D12 子管理专业知识背景(d25 d26)	DD12 家族企业联盟的构建(D28 D34)
D13 子个人禀赋(dd8 dd27 dd45)	DD13 创业精神传承(D4 D19 D20)
D14 子对家庭企业的责任感(dd10)	DD14 家族信任(D14 D16 D18 D32)
D15 子接班的压力(dd11 dd51)	DD15 新老业务实力提升(D6 D25 D28 D34)
D16 父子管理矛盾的调和(dd53 dd56)	DD16 继承者管理知识及经验的累积(D13 D19 D22)
D17 子社会声誉(dd27)	DD17 行业的长期导向(D23)
D18 父对子自由式培养模式形成(dd28 dd34)	DD18 家族和谐氛围的形成(D32)
D19 子经历艰苦的创业期(dd37 dd38)	DD19 继承者机会识别能力形成 (D21 D23 D30)
D20 子创业决心(dd30 dd67)	DD20 新业务企业凝聚力形成(D27 D33)
D21 传承时机(dd31 dd32)	DD21 家族企业转移传承的成功典范(D31 D30)
D22 子开创新业务(dd33)	
D23 选择新业务的原因(dd35 dd36)	

续表

概　念	范畴化
D24 新业务以技术为核心的创新发展理念 （dd40 dd49 dd50）	
D25 新业务获得的绩效（dd41 dd42）	
D25 子社会关系传承和发展（dd46 dd63）	
D26 子挑战精神（dd47）	
D27 新业务凝聚力（dd54）	
D28 母公司与子公司的企业绩效（dd58 dd60）	
D29 子公益理念（dd62）	
D30 企业家精神传承（dd61）	
D31 转移传承的成功典范（dd65 dd66）	
D32 家族成员和谐相处（dd34 dd52 dd55 dd57 dd58 dd60）	
D33 新业务重视人才（dd48）	
D34 新老业务结合获得转型升级（dd58 dd60）	

三、宁波夏厦齿轮有限公司的代际传承主轴译码分析

经过对个案 D 相关实地资料的开放性译码分析，研究者提炼出了 21 个范畴，实现了对案例的初步归纳，但这些范畴还是孤立的，其内部关系并不能识别。而主轴译码的任务就是将这些独立的范畴联结起来，选择性译码则能进一步对资料进行重新整合和提炼。

主轴译码阶段主要使用典范模型分析工具来引导研究者对范畴关系的系统梳理。研究者根据典范模型在因果条件、现象、脉络、中介条件、行为/互动策略、结果等六个方面的要求，将开放性译码中的范畴编排到相对应的位置，建立范畴关系的。主轴译码阶段的每一个典范模型都会对应一个主范畴，而被安置于模型中不同位置的、源自开放性码分析的那些范畴则称之为副范畴。运用典范模型对 D 公司的范畴关系进行识别，得出 2 个主范畴，分别为"基于冒险精神的代际契合"典范模型和"创新和转型为主导的转移传承"典范模型。范畴关系如表 8-5、表 8-6 所示。

表 8-5　主范畴："基于冒险精神的代际契合"典范模型

因果关系	DD14 家族信任（D16 D14 D18 D32） DD2 继承者对家族企业传承的责任感（D14）	现　象	DD7 继承者敢于尝试的挑战精神传承（D19 D20 D26 D30）
脉　络	DD1 继承者强烈的创业自信（D15 D20 D23 D26） DD11 父子创业理念认同（D4 D18 D19） DD19 继承者机会识别能力形成（D21 D23 D30）	中介条件	DD8 继承者个人禀赋（D13 D17） DD11 父子创业理念认同（D4 D18 D19） DD4 父子在企业管理上的磨合（D8 D12 D16） DD19 继承者机会识别能力形成（D21 D23 D30）
行为(互动)策略	DD9 以新业务的创立为基础的企业新策略（D10 D22 D23） DD17 行业的长期导向（D23）	结　果	DD13 创业精神传承（D4 D20 D19） DD21 家族企业转移传承的成功典范（D30 D31）

表 8-6　主范畴："创新和转型为主导的转移传承"典范模型

因果关系	DD16 继承者管理知识及经验的累积（D13 D19 D22） DD1 继承者强烈的创业自信（D20 D15 D23 D26）	现　象	DD4 父子在企业管理上的磨合（D8 D12 D16）
脉　络	DD10 继承者跨过艰难的创业期（D19） DD19 继承者机会识别能力形成（D21 D23 D30） DD17 行业的长期导向（D23） DD20 新业务企业凝聚力形成（D27 D33）	中介条件	DD14 家族信任（D14 D16 D18 D32） DD18 家族和谐氛围的形成（D16 D18 D32） DD11 父子创业理念认同（D4 D18 D19）
行为(互动)策略	DD12 家族企业联盟的构建（D34 D28） DD9 以新业务的创立为基础的企业新策略（D10 D22 D23） DD3 创始人重技术重质量的创新理念（D3 D5 D7 D2）	结　果	DD6 以创新转型为主导的家族企业转移传承（D3 D5 D18 D20 D22 D24 D31） DD15 新老业务实力提升（D6 D25 D28 D34）

　　夏厦的案例中，创始人夏建敏不满足于按部就班的稳定工作，与妻子一起创业，成就了今天的夏厦齿轮有限公司。在经济形势总体不佳，不少企业因此缩小了生产规模时，夏建敏带领夏厦另辟蹊径，为游艇核心部件生产配套齿轮，开辟了新市场，延伸了产业链。而这一新的游艇市场第一年就为夏

厦齿轮带来 3000 万元以上的新增产值。继承人夏挺从小与父母生活在一起,父亲对自己选择行业的专注,不轻易放弃任何一次发展机会的精神,使其受益匪浅,并影响了其后来的创业。夏挺学成回国后,并不想坐享其成,成为名副其实的"富二代",因此他没有直接接管企业,而是在父母的支持下,依托夏厦的品牌、资源优势,创办了宁波雅仕得传动机械有限公司,走上了实业创业之路。虽然创业过程艰辛,但他大胆仔细、聪明专业的管理模式使夏厦的新老业务不断拓展。由此可见,企业家精神在夏厦两代人对创业的共同认知下实现了良好的代际传承。

夏厦两代经营者企业家精神的共同之处集中体现在恰当大胆的冒险精神及对产品、技术的不断创新,他们实行了一种以技术革新、产品转型升级为导向的创业型管理模式。父夏建敏在 2003 年就果断引进国外小模数高速干切滚齿设备,实践获得了成功,并于 2004 年成立企业工程(技术)研发中心。2010 年,夏厦齿轮在技改上投入近 1500 万元,用于引进进口设备,提高自动化程度,提升产品档次,增强企业实力。2012 年,公司走上了自主研发数控设备的道路,夏厦齿轮由此迈出了由生产齿轮向生产设备转变的第一步,开始为企业延伸产业链、实现转型积蓄能量。发展过程中,为了能够及时转型升级,夏挺在雅仕得创立之初选择了汽车齿轮作为主攻产品。夏挺对夏厦集团的未来发展有非常合理的规划:原来的夏厦工厂只做传统行业,但要做得更精;雅仕得以后就做齿轮箱的开发设计与装配;公司旗下的各个子公司要有不同的定位,能够发挥各自的强项,体现各自的优势,实现转型升级。

四、宁波夏厦齿轮有限公司的代际传承选择性译码分析

"基于冒险精神的代际契合"和"创新和转型为主导的转移传承"是宁波夏厦齿轮有限公司代际传承的主要特征。继承人与创始人对彼此创业理念的认同及共有的敢于挑战的冒险精神,使家族企业传承初期创始人欣然接受继承人自主创业的模式。继承人强烈的创业自信、酒店管理专业和海外留学背景、个人禀赋等,使新业务创立之后家族企业在技术创新、产品延伸、管理改革方面获得了长足的发展。继承人的自主创业为企业延伸产业链、实现转型积蓄了力量。因此,可以用"基于冒险精神的代际契合"和"创新和转型为主导的转移传承"来描述宁波夏厦齿轮有限公司代际传承的传承主线。

第四节　宁波夏厦齿轮有限公司传承路径与模式

一、家族性资源的代际契合

在这一节中，我们基于扎根理论分析所得到的 21 个范畴，结合资源观视角下继任者的角色认知理论，对 21 个核心范畴从家族性资源、传承路径内外因和传承效果三个方面进行分类。我们将夏厦齿轮的"基于冒险精神资源代际契合的创新和转型为主导的转移传承"过程分为家族性资源、传承路径、内外因和传承绩效四个部分来进行分析和梳理，详见图 8-1。

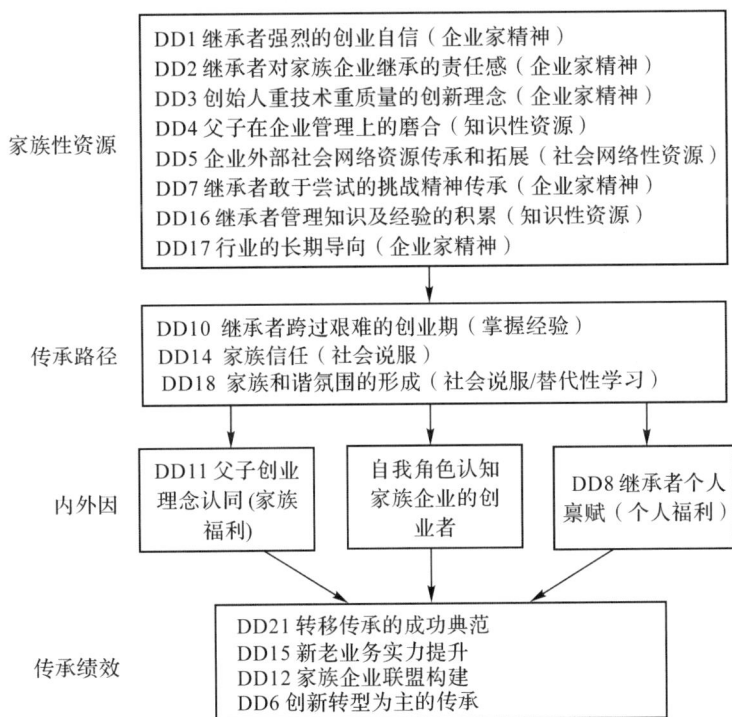

家族性资源

> DD1 继承者强烈的创业自信（企业家精神）
> DD2 继承者对家族企业继承的责任感（企业家精神）
> DD3 创始人重技术重质量的创新理念（企业家精神）
> DD4 父子在企业管理上的磨合（知识性资源）
> DD5 企业外部社会网络资源传承和拓展（社会网络性资源）
> DD7 继承者敢于尝试的挑战精神传承（企业家精神）
> DD16 继承者管理知识及经验的积累（知识性资源）
> DD17 行业的长期导向（企业家精神）

传承路径

> DD10 继承者跨过艰难的创业期（掌握经验）
> DD14 家族信任（社会说服）
> DD18 家族和谐氛围的形成（社会说服/替代性学习）

内外因

> DD11 父子创业理念认同（家族福利）
> 自我角色认知家族企业的创业者
> DD8 继承者个人禀赋（个人福利）

传承绩效

> DD21 转移传承的成功典范
> DD15 新老业务实力提升
> DD12 家族企业联盟构建
> DD6 创新转型为主的传承

图 8-1　"基于冒险精神的代际契合的创新和转型为主导的转移传承"过程分析

二、家族性资源的代际拓展

（一）以管理知识和经验为主的知识性资源传承

夏厦一代创始人夏建敏在创业初期通过自己及家人的勤奋努力，硬是把加工小五金的"小作坊"创建成了有模有样的齿轮加工厂。经过十年的发展，小齿轮行业入行门槛低、竞争激烈、质量跟不上国际标准等问题层出不穷，夏厦在发展中也遇到了瓶颈。2003 年，创始人夏建敏面对不足，果断引进国外小模数高速干切滚齿设备，实践后获得了成功，并于 2004 年成立企业工程（技术）研发中心。之后公司得益于外资融资和政府税收的优惠政策，充分借鉴台湾先进企业管理经验，增强了管理意识，企业规模很快扩张。创始人重技术、强管理的精神在继承人身上也得到了极好的传承与体现。继承人求学时期，创始人大力支持其海外留学，学习国外先进的管理知识。继承人学成回国后，创始人出资出场地，但不加任何干涉，让继承人发挥创新精神，独自创立雅仕得传动机械有限公司，组建自己的团队，根据自己的理念管理公司。继承人在新业务的创建及运作过程中得到了历练，为以后的成功传承奠定了基础。

（二）大胆创业、产品创新的企业家精神传承

企业家精神是夏厦代际传承中传承得最彻底、传承效果最显著的资源。夏厦两代人企业家精神的共同之处集中体现在恰当大胆的冒险精神及对产品、技术的不断创新。

父辈的冒险精神主要体现在：2012 年经济形势总体不佳时，不少企业因此缩小了生产规模，夏厦却另辟蹊径，为游艇核心部件生产配套齿轮，积极开辟新市场及延伸产业链。这一新的游艇市场第一年就为夏厦带来 3000万元以上的新增产值。继承人从小与父母生活在一起，创始人对自己选择行业的专注，不轻易放弃任何一次发展机会的精神，使其受益匪浅。这一精神在后来继承人独立创业中得到了有效传承。继承人学成回国后并未直接接管企业，而是在父母的支持下，依托夏厦的品牌、资源优势，创办了宁波雅仕得传动机械有限公司，走上了实业创业之路。

父辈的企业家创新精神主要体现在：2003 年，夏建敏果断引进国外小模数高速干切滚齿设备，实践获得了成功，并于 2004 年成立企业工程（技术）研发中心。2010 年，夏厦齿轮在技改上投入近 1500 万元，用于引进进口设备，提高自动化程度，提升产品档次，增强企业实力。2012 年，公司走上了自主研发数控设备的研发道路。由此夏厦齿轮迈出了由生产齿轮向生产设备

转变的第一步，开始为企业延伸产业链、实现转型积蓄能量。在发展过程中，为了能够及时转型升级，夏挺在雅仕得创立之初选择了汽车齿轮作为主攻产品。夏挺对夏厦集团的未来发展已有了非常好的规划：原来的夏厦工厂只做传统行业，但要做得更精；雅仕得以后就做齿轮箱的开发设计装配；公司旗下的各个子公司要有不同的定位，能够发挥各自的强项，体现各自的优势，最后实现转型升级。自信积极、勇于创新的企业家精神在夏厦两代当家人身上得到了很好的诠释，这种企业家精神资源也在企业传承过程中实现了代际继承。

（三）企业外部社会网络资源拓展式传承

夏厦发展初期，父辈在扩大企业规模与稳步发展中不忘技术创新及实施先进管理。企业发展十年后，创始人受益于外资融资及政府税收的优惠政策，合理支配社会资本性资源，于2004年成立了企业工程（技术）研发中心，并充分借鉴台湾的先进企业管理经验，快速扩大了企业规模。继承人创业初期，没有任何经验，为了获得多方建议、积累经验，他广泛接触客户，不为赚钱，只为多交些朋友。时间长了，大家就纷纷给建议、提意见。这样，在新业务创建的过程中继承人慢慢搭建起了朋友和客户平台，从中受益良多。近几年，继承人重视科研，不断与高校及相关科研单位合作，共同研发数控滚齿机，使夏厦齿轮迈出了由生产齿轮转向生产设备的第一步，开始为企业延伸产业链、实现转型积蓄能量。由此可见，企业外部社会网络资源在夏厦代际过程中不仅得到了传承，更获得了拓展式的发展。

三、有效的传承路径

（一）继承人创业期的能量积蓄

在夏厦案例中，二代接班人通过自主创业累积了经验、人脉、实力，从而接管整个集团，实现了代际传承。这种创办新业务的过程其实是能量积蓄的过程，是一种极为有效的传承途径。继承人夏挺在新业务创建过程中不仅组建了自己的研发创新团队，而且慢慢搭建起了商业伙伴及客户平台，积累了实践经验。在新业务成长起来后，夏挺也不忘肩上所承担的社会责任，参加慈善活动，参与各种社会团体活动，拓展了人际关系网。新业务的创立、成长磨炼了夏挺意志，挖掘及培养了其能力，使其在成长中逐渐具备了接班人应有的能力及素质。

（二）家族信任

夏厦创始人夏建敏在经营夏厦齿轮有限公司时，事无巨细亲历亲为，是一位自信而又认真的企业家。当儿子夏挺选择出国读研再深造时,膝下只有一子的夏建敏没有阻拦,他尊重儿子对所学专业的选择,支持儿子"走出去"。父辈的不干涉还表现在尊重儿子对传承模式的选择。在父母的大力支持下,儿子夏挺有了接班的意愿,更拥有了挑战未来的勇气。在传承过程中,他将自己定位为创业者角色,通过新业务的创建挖掘并培养了自己的能力,使自己具备了传承人应有的素质,最终完成家族企业的代际传承。可见,家族的信任、父辈不予干涉的培养方式是另一个重要的传承中介。

(三)和谐的家族氛围

夏厦两代管理者成长背景不同、知识背景不同,容易产生代沟和矛盾,好在父子总能找到适当的解决办法。夏挺理解父亲对企业的感情,但凡是父亲想了解的事情,他都积极配合,事无巨细一一作答,而父亲也理解、信任儿子。在两代人良好的传承沟通下,父子采用了业务转移的方式逐渐过渡进行企业传承。良好的传承沟通、和谐的家族氛围是代际传承的另一条有效途径。

四、重要的传承中介

(一)父子创业理念认同

在夏厦传承过程中,继承人与创始人对彼此创业理念的认同及共有的敢于挑战的冒险精神,使家族企业传承创始人初期欣然接受继承人自主创业的选择。继承人强烈的创业自信、酒店管理专业背景和海外留学背景、个人禀赋等,使新业务创立之后家族企业在技术创新、产品延伸、管理改革方面获得了长足的发展。可见,父子俩对创业理念的共同认可是夏厦成功传承的重要中介。

(二)继承人的个人禀赋

一方面,夏厦的继承人夏挺从小生活在父母身边,伴随着家族企业成长而成长。幼时看着父母干活,他总是主动帮忙,完成学业回国后便留在企业实习。可见夏挺在接手企业前的实践历练,是其完成实业创业的前期准备。

另一方面,夏挺的海外留学背景、实习经历及工作锻炼使其工作能力及管理者素质快速提升,已具有了接班夏厦的能力。在回归家族企业、自主创办新业务时,夏挺积极组建技术研发团队,实施现代化管理,顺利开启了新业务的运作,使夏厦实现了第一次转型升级。

第五节 宁波夏厦齿轮有限公司代际传承总结与评价

一、以企业家精神资源为主导的家族性资源传承

在夏厦案例中,企业家精神资源得到了有效的传承。这里的企业家精神资源主要指夏厦两代人的创新精神、冒险精神、合作精神、敬业精神、学习精神、诚信及执着精神。企业家精神资源之所以得到有效传承,最重要的因素是两代人都敢于挑战、敢于尝试,对创建新业务有共同的认识;父亲不安于现状的创业精神,潜移默化地感染着儿子,使儿子在生活中获得了大量替代性学习的机会,在传承中选择效仿父亲自主创业,最终实现家族性资源的完整传承。

二、以放手创业为主导的培养方式

夏厦创始人对继承人的培养方式是支持、放手,尊重对继承人的兴趣爱好、专业选择、就业选择等。创始人敏给了继承人很大的支持,不仅提供资金、设备及技术,还给足发展空间,即便有了不同的想法,也绝对不干涉。在这种支持下,继承人组建了自己的创业团队,开始研发新技术,走上了实业创业之路。由此可见,在传承过程中,创始人要给予继承人足够的自由、足够大的平台,让其自主探索未来发展之路,同时也要努力激发继承人参与家族企业的兴趣,创造机会让继承人参与家族企业的经营管理。

三、以创新转型为载体的家族企业转移式发展

夏厦案例中,企业家精神突出表现为创新和冒险,分别代表了企业家的愿景及执行力。夏厦创始人放手让继承人独立创业,而新业务与老业务有着不同的产品定位,能够发挥各个子公司的强项,体现各自的优势。企业从单个零部件生产为主,转向汽车齿轮生产,再陆续涉足工业机器人、医疗等行业,并延伸进入齿轮设计和组装领域,实现了业务的纵深拓展。

综上可知,互相欣赏、合作,家族的信任,和谐的家族文化,人格特质的契合以及创始人的保驾护航,能为传承奠定扎实的基础。在这些前提下,家族性资源如企业家精神、经营理念、社会性资源等才能在创始人与继承人之间实现有效传递,从而让家族企业在转移传承中不断壮大。夏厦案例中,以企业家精神为主导的家族性资源的有效传递是成功传承的基础,以放手创业为主的培养方式是成功传承的保障,以创新转型为载体的家族企业转移式发展是成功传承的路径。

第九章　案例五:浙江爱妻电器有限公司

　　本章分析的案例是浙江爱妻电器有限公司(AICHEN)(后简称"爱妻"),创始人周赛方(岳父)励精图治,通过大规模技术改造和技术开发,把一家小家电加工作坊发展成为国内知名的电器生产企业,仅用一年多时间就成功完成了企业的代际传承,2009年将公司业务全权交由鄂大川(女婿)经营管理。鄂大川接管公司后,根据自己对当前经济形势的分析和对未来经济趋势的准确预测,结合公司的品牌优势和技术优势,对公司业务和销售渠道进行了精简,将公司原有的众多业务聚焦在电压力锅、电磁炉和电饭煲等具有明显技术含量的产品上,同时果断放弃外销业务,专注于公司产品的内销业务,企业经营井然有序,业绩稳步上升,公司的核心竞争力和可持续发展能力大大增强,得到家族成员和业界的一致赞誉。爱妻电器创始人通过内部培训、资金支持和充分信任,使企业继承人在完全熟悉公司环境和公司业务的基础上,独立思考,果断决策,对原有庞杂的业务和销售渠道进行聚焦,迅速成长为可以独当一面的企业家。浙江爱妻电器有限公司的代际传承引人注目,是民营企业成功代际传承的榜样和典范。

第一节　浙江爱妻电器有限公司案例简要呈现

一、浙江爱妻电器有限公司发展历程概述

　　爱妻创始人周赛方,作为改革开放之初宁波民营企业萌芽力量的一份子,于20世纪80年代末开办了小家电生产作坊,90年代初投入2500万元

对企业进行了大规模技术改造,并且与当时生产了中国第一口压力锅的双喜电器公司进行联营,开发研制日用铝制品。邓小平同志"南方谈话"后,周赛方感受到了一股强大的经济改革浪潮,抢先一步获得信息,凭借其个人的胆识及魄力,于 1992 年投资创办了浙江爱妻集团。接下来的十几年,他一直兢兢业业地经营着公司,集团现辖有浙江爱妻电器有限公司、浙江爱妻电器有限公司中山分公司、宁波希拉里炊具有限公司、宁波吉时达置业有限公司、宁波爱妻销售有限公司 5 家全资子公司,经营领域包括炊具、小家电、压延铝片、进出口贸易、房地产等。20 世纪 90 年代末是爱妻电器最辉煌的时期,其品牌知名度已悄然盖过了苏泊尔及爱仕达等众多名牌。但进入 21 世纪,由于企业摊子过大、产品种类过多、销售模式陈旧,加之当时的炊具行业市场准入门槛低,国内消费者消费能力有限等原因,爱妻遇到了企业发展的巨大瓶颈。

鄂大川,这个来自中国北方的女婿,2008 年进入爱妻熟悉业务并进行管理,仅用一年多时间即于 2009 年从岳父周赛方手里全面接管公司业务,成为爱妻总经理,成为这个家族企业的接班人。2009 年鄂大川接管公司时并不想效仿其他继任者,上任后发动一场多元化的变革或进行产业升级来改变家族企业的命运,彰显自己的能力,其展示给家族成员及全体员工的是认真的创业态度和让公司稳健发展的能力。面对公司发展遇到的诸如企业摊子过大、产品种类过多、销售模式陈旧、炊具行业市场准入门槛低、国内消费者消费能力有限等巨大瓶颈,鄂大川悉心学习、虚心请教、认真归纳分析和总结,根据公司的品牌优势和技术优势(专利),结合当时国际金融危机的形势和自身对未来经济发展趋势的预测,果断决定将原有的庞杂的业务范围进行大规模的精简,将公司业务聚焦到电压力锅、电磁炉和电饭煲等具有明显品牌和技术优势的产品上,同时,果断放弃公司的外贸业务,专注于优势产品和内销。经过几年的发展和变革,爱妻不仅顺利地完成了家族企业的传承,突破了公司发展的瓶颈,而且业绩平稳上升,不断发展壮大,目前公司占地面积和员工人数逐年增加,总产值超过 10 亿元。

目前,创立于 1992 年的浙江爱妻电器公司已然成为一家专业研发、生产、销售中高档炊具、生活小家电产品的现代化大型企业,同时也是国内规模最大的压力锅生产企业之一,企业员工达 800 余人,公司拥有雄厚的技术力量和一流的产品生产线,具有完善的产品检测手段和售后服务体系,并且已通过 ISO 9001:2008 质量管理体系认证。公司为压力锅国家标准拟订单位之一,压力锅产品通过了 QS 认证。电器产品全部符合 3C 国家强制性产品认证要求,并先后获得德国 GS、TUV 安全标准证书,美国 UL 安全认证,香港标准及检定中心授予的英国 BS 1746:1987 安全证书,为此浙江爱妻电器有限公司被评为高压锅—餐具十大品牌、浙江省著名商标,入选中国五金制品行业协会理事单位。凭借先进的生产设备、严格的品控流程、高水平的技术研发队伍,爱妻产品在同行业竞争中始终保持着高品质的领先优势。公司拥有自有知识产权的产品专利 83 项,其中发明专利 6 项,是宁波专利示范企业。公司严格执行国家质量标准,被评为质量示范单位、浙江省管理示范型企业,产品被评为全国消费者信得过产品、浙江省名牌产品,爱妻商标被评为浙江省著名商标。经过 20 年的辛勤耕耘,爱妻产品已从压力锅单品拓展到炊具系列和小家电系列,两大类别共 160 多个品种。公司已在国内建立了完善的销售网络和售后服务网络,产品进入了各知名卖场、地方卖场、专卖店等销售渠道,市场份额不断扩大。2011 年,整个集团的总产值逾 8 亿元人民币,其不粘压铸铝锅产品远销美国、加拿大、日本、欧盟、中东、东南亚等国家和地区。凭借优良的品质、精湛的工艺、新颖的造型,爱妻已成为高品质的象征,产品赢得了广大消费者的青睐和赞誉。爱妻公司一贯秉承"科技、创新、求实、诚信"的企业宗旨,以不断提升国内外消费者的生活层次为己任,让每一位消费者充分享受爱妻产品带来的生活魅力,体验厨房之乐趣,品享人生之美味。爱妻在发展过程中,不仅重视企业自身的发展,而且勇于承担社会责任,为社会各界捐款,开展慈善公益事业,2014 年成为宁海县人民政府表彰的"宁海慈善贡献奖"获奖单位之一。浙江爱妻电器有限公司发展历程如表 9-1 所示。

表 9-1　浙江爱妻电器有限公司发展历程

年　份	标志性事件
1995 年	被宁波市工商局评定为宁波市二十家龙头企业之一
1997 年	被评为全国大型乡镇企业、宁波市年度企业,资信等级 AAA 级;产品被评为全国消费者信得过产品
1998 年	宁波市人民政府授予爱妻压力锅宁波市名牌产品称号
1999 年	被评为浙江省管理示范型企业
2000 年	产品被认定为浙江省名牌产品
2001 年	投资近千万元扩建新厂房,引进先进不粘锅生产线,建造小家电生产基地
2002 年	爱妻商标被评为浙江省著名商标

续表

年　份	标志性事件
2003 年	通过 ISO 9001 质量管理体系认证
2010 年	被评为全国炊具行业卓越企业
2013 年	爱妻电器进入"浙商全国 500 强"

三、浙江爱妻电器有限公司代际传承简介

浙江爱妻电器有限公司董事长周赛方,总经理鄂大川,二人为翁婿关系。鄂大川在爱妻电器的传承,既有"空降兵"的性质,又有"温水煮青蛙"的特点。"空降兵"是因为,鄂大川在进入爱妻电器之前在恒生银行做主管工作,业务开展得顺风顺水,若不是因为女朋友,应该是不会转行做工厂的;而"温水煮青蛙"则是因为,鄂大川被女朋友劝说得没有办法了,在岳父不知二人关系的情况下,去公司面试做销售业务。这种跨度较大的行业转换,需要极大的决心,也需要较长的适应期。但是,凭着自己在银行积累的工作经验和超强的学习能力,鄂大川在公司成长得很快,销售业绩提升迅速,对公司的环境、产品、存在的问题也有了自己的看法,不久就引起了未来岳父周赛方的注意,而同时女朋友也向周赛方坦白了二人的关系,这样 1 年后鄂大川就顺理成章地接管了公司,一步一步顺利完成爱妻电器的代际传承。

周赛方作为 20 世纪 80 年代的宁波第一代创业者,具有宁波人与生俱来的创业意识和创新精神,从一个小家电加工作坊起步,在 90 年代初就投入巨资进行技术改造和技术升级,并与双喜电器公司进行合作,这种长远的发展眼光和合作意识令人钦佩。1992 年正式成立浙江爱妻电器有限公司,创立"爱妻"(AICHEN)品牌,一方面是现实的压力,另一方面则源于其敏锐的品牌嗅觉。周赛方作为企业创始人,深知企业必须在技术上不断创新,才能研发新产品,创立自己的品牌。创业初期,公司没有自己的品牌,只能与双喜电器公司的压力锅联营,但是需要购买双喜的商标。而压力锅是在宁波生产的,产品上标了个"N",后来很多客户要货都要带"N"字头的,因为爱妻的产品质量的确好。后来双喜电器公司也嫌麻烦,就让他们直接同爱妻公司联系,很多客户鼓励爱妻自己做品牌,而公司也意识到品牌的重要性,因为每年要付给双喜公司很大一笔商标费用,就这样"爱妻"创立了。品牌有了,很多事情也就好做了。做出了压力锅后,爱妻电器生意一直很好,爱妻还在中央电视台投入 2000 多万元做广告,这一点爱妻比苏泊尔和爱仕达

都要早。1996 年,爱妻电器的产量在全国排在第二位。就这样,爱妻电器从没有品牌到通过联营借名牌发展,再到创立自己的品牌,至 1998 年,爱妻压力锅已拥有六大系列,三十多个规格,并连续三年产量超百万台,销售额超亿元。尤其是 1998 年,爱妻压力锅的生产量、销售额、市场占有率、利税额在全国同行中名列第二,被国家统计局列为同类产品三大品牌之一。同时,1992—2001 年将近十年的时间里,爱妻投入大量资金对企业进行技术改革,进行产品研发,大大提高了公司的核心竞争力。

从没有品牌到借名牌发展,再到创立自己的品牌,爱妻电器在周赛方的带领下不断前进。从一开始资产不足 2 万元到 2001 年总资产超过 2.5 亿元,其中最关键的就是周赛方的创新理念,他坚信"只有创新,才有发展"。1992 年,公司投入 2500 万元,对企业进行大规模技术改造,开发研制日用铝制品,同年销售额就达到了 4000 多万元。1994 年,又投入 1000 多万元,引进新技术,把两条压力锅生产线改造成国内一流的生产线。1995 年,公司产值已破亿元大关,成为国内最大的压力锅生产企业之一,被国家农业部认定为大二型企业。可以说,技术引进使爱妻获得巨大成功,而创新则促成了爱妻的崛起。1996 年,公司在总结众多国内外大中型企业发展经验后,结合最新的市场调查,毅然解除与双喜电器的联营合约,走上了自创品牌的艰辛之路。周赛方创建了宁波爱妻压力锅有限公司,开始着手研制新产品,1998 年,爱妻压力锅的生产量、销售额、市场占有率、利税额在全国同行中排名第二,被国家统计局列为同类产品三大品牌之一。为了使企业进一步发展壮大,爱妻电器加大产品开发力度。1998 年,开发研制了奶锅、汤锅、炒锅、水壶、多用锅和家用电水壶、吸油烟机等系列炊具产品,使爱妻成为多元化大型企业集团。在产品革新上,爱妻更是获得多个国家专利,尤其是"双重安全"的自动报警阀装置,为国内首创,已获国家实用新型、外观型等多项专利,一时风靡整个行业,成为压力锅安全新标准。在质量管理上,爱妻更是丝毫不松懈,不断创新,提出"质量就是企业的生命"的宗旨,从严、狠抓产品质量。因此,爱妻产品多次被评为全国消费者信得过产品,被国家内贸局监督检测中心推荐为消费者优先选择产品;1998 年就通过了 ISO 9002 国际质量标准认证,2001 年再次通过年复评;1999 年,"爱妻"商标获评浙江省著名商标、企业获评浙江省管理示范型企业。

2002 年以来,周赛方在原有公司基础上,相继创立了广东中山分公司、宁波希拉里炊具有限公司、宁波吉时达置业有限公司、宁波爱妻销售有限公司等四家全资子公司,这样公司业务范围不断扩大,从原有的爱妻电器扩展到小炊具、房地产等方面。由于企业摊子过大、产品种类过多、销售模式陈旧,加之当时的炊具行业市场准入门槛低,国内消费者消费能力有限等,爱妻遇到了企业发展的巨大瓶颈。2006年,爱妻电器交由家族其他成员管理,企业业绩出现下滑趋势,周赛方于是要求自己唯一的女儿从银行辞职回来管理公司,而周赛方的女儿又要求当时还是自己男朋友的鄂大川去帮忙。鄂大川从内心来讲并不愿意去,当时他在恒生银行做得顺风顺水,同时也担心跨行业做不好没法收场,考虑了很长时间,最终还是在女友的软磨硬泡下答应去公司面试,从而进入爱妻电器做了销售工作。

鄂大川,东北人,不仅具有北方人的直爽个性,也不失南方人的沉稳。他谦虚内敛、为人低调,做事踏实认真。鄂大川家里的亲戚中机关公务员较多,大学毕业后,父母本想让他去省委党校,将来从政,但他从心底不喜欢公务员朝九晚五的单调生活,尤其是看到父亲经常出去喝酒应酬,导致患上高血压、糖尿病,除了早饭在家吃,一天到晚都在外面,和家里人几乎没有很好的沟通,他不愿意过这样的生活。于是,大学毕业后,他毅然离开东北,到了宁波,进入香港恒生银行宁波分行,从事理财业务,与周赛方的女儿(后来成为他的妻子)共事,工作一年多就做了业务主管。当时与鄂大川一起进入恒生银行的一个同事现在已经做了上海恒生银行的行长,他们都是恒生的元老级人物,鄂大川如果没有离开恒生银行,现在也应该做到分行的行长职位。周赛方的女儿从效实中学毕业后就到英国留学,之后回国。回国后她不想直接去自家的企业,就到银行去锻炼。2007年,周赛方家族其他成员管理公司的时候业绩有些下滑,周赛方的业务又扩展到很多方面,因此他要求女儿回公司帮忙,而这间接促成了鄂大川2008年通过面试进入公司,继而经过1年多的接触和磨合,于2009年全面接管爱妻的经营与管理工作。

接管公司之后,鄂大川开始逐渐介入企业的管理,引入现代企业制度来管理公司,从制度、人事等方面进行治理,为了家庭的和谐和公司的顺利运作,公司中几个亲戚逐渐退出,产品生产线也全部调整顺畅,公司的销售业绩以每年30%的速度稳步增长。与此同时,鄂大川开始整合各方信息,针对2008年国际金融危机及其影响,结合爱妻电器在品牌和技术方面的优势,果断将原有的庞杂业务聚焦于电压力锅、电磁炉和电饭煲等具有明显技术含量的产品上来,着重打造爱妻电器的产品质量并完善公司产品的售后服务,针对内销业务投入精力较少、售后服务跟不上等主要问题,以及企业半死不活、仅靠老客户维持而没有拓展新市场的局面,鄂大川利用公司电压力锅等产品拥有的专利和技术,不断开发新产品,不断加强产品的售后服务,提高了产品的美誉度,品牌效应再次显现。针对当时外需不振的情况,鄂大川果断放弃外贸业务,专注于公司产品的内销业务,使得公司服务消费者的能力进一步提升。从公司管理制度的优化到优势产品的聚焦,再到销售模式的聚焦(专注于产品的内销),鄂大川稳扎稳打,使爱妻电器近年来在现代企业制度管理下稳健发展,业绩逐年增加,成为宁波炊具行业的典范。

第二节　浙江爱妻电器有限公司案例典型性分析

一、产业代表性

爱妻主营电压力锅、电磁炉、电饭煲和豆浆机等厨房用具,所在的行业属于家电制造业,并逐渐向技术密集型制造业转变。厨房用具每家每户都要用,它不是一次投入就可以使用几十年的产品,属于家庭必需品,因此存在刚性需求。此外,随着居民生活水平的提高,高品质厨房用具的需求越来越大,城镇及农村地区对高品质厨房用具的需求也在上升,因此这一市场潜力巨大。

二、企业代表性

爱妻电器有限公司成立于1992年,员工800余名,是一家专业研发、生产、销售中高档炊具、生活小家电产品的现代化大型企业,同时也是国内规模最大的压力锅生产企业之一.公司拥有雄厚的技术力量和一流的产品生产线,具有完善的产品检测手段和售后服务体系,并已通过ISO 9001：2008质量体系认证。公司还是压力锅国家标准拟订单位之一,压力锅产品通过了QS认证。电器产品全部符合3C国家强制性产品认证要求,并先后获得德国GS、TUV安全标准证书,美国UL安全认证,香港标准及检定中心授予的英国BS 1746：1987安全证书,为此浙江爱妻电器有限公司被评为高压锅一餐具十大品牌、浙江省著名商标、浙江省名牌产品,入选中国五金制品行业协会理事单位。凭借先进的生产设备、严格的品控流程、高水平的技术研发队伍,爱妻产品在同行业竞争中始终保持着高品质领先优势。公司拥有自有知识产权的产品专利83项,其中发明专利6项,是宁波专利示范企业。因公司严格执行国家质量标准,被国内贸易局评为质量示范单位、浙江省管理示范型企业,产品被评为全国消费者信得过产品,爱妻商标被评为浙江省著名商标。经过20多年的辛勤耕耘,爱妻产品已从压力锅单品拓展到炊具系列和小家电系列，两大类别共 160 多个品种。公司已在国内建立了完善的销售网络和售后服务网络，爱妻产品进入了各知名卖场、地方卖场、专卖店等销售渠道，市场份额不断扩大。2011 年整个集团的总产值逾 8 亿元，压铸不粘产品远销美国、加拿大、日本、欧盟、中东、东南亚等国家和地区。凭借优良的品质、精湛的工艺、新颖的造型，爱妻已成为高品质的象征，产品赢得了广大消费者的青睐和赞誉。

三、传承代表性

爱妻的代际传承属于岳父传承、女婿接班，接班后女婿对公司业务和销售模式进行了聚焦，传承方式和类型都具有很强的代表性，传承时间较早，传承过程顺利，传承效果良好。爱妻总经理鄂大川于 2009 年从岳父周赛方手中全面接管公司的业务，其传承过程可以用"自然"和"稳健"来形容，是宁波家族企业传承的典范。鄂大川以普通员工的身份通过面试进入公司，从销售干起，后迫于形势坦白与周赛方女儿的关系，继而接手公司，周赛方以足够的宽容和充分的信任让他放开手脚管理公司，之后通过启发式的聊天和身体力行，潜移默化地将自己的经验、经营理念和创新精神传承给鄂大川，使传承过程稳健而又自然。当然，鄂大川早期的经验积累，以及与岳父融洽的沟通也对爱妻的代际传承起到了重要作用。

四、传承效果分析

（一）企业经营管理绩效提高

鄂大川正式接手爱妻以后，在经营管理方面采取了一系列新的措施。如在继续加强技术研发的基础上，利用公司的专利技术不断开发系列产品，加大技术创新；增加对人才引进的投入，提高企业管理水平，在岳父的协助下，逐步劝退公司管理层中的家族成员，采用规范的制度来管理公司；利用公司已经建立的品牌和技术优势，精简业务，对产品进行聚焦，专注于产品生产、研发和销售；果断放弃公司原有的外贸业务，聚精会神做产品内销；秉承"质量是企业生命线"的宗旨，不断提高产品的质量，使公司产品通过了各种高水平的产品质量认证；加强制度建设，除了行政管理以外，重点加强生产及业务管理；加强管理团队建设，以内部选拔为主、外部招募为辅的方式，组建产品研发团队、产品销售团队，用对人、用好人。通过这一系列措施的贯彻实施，公司的产值逐年增加，从 1998 年的 1.6 亿元上升到 2010 年的亿元，2011 年则达到了 6 亿元，2013 年更是突破了 8 亿元大关，企业效益亦大幅度增长。2012 年，爱妻入选全国浙商 500 强企业；2013 年，爱妻被评为国家日用五金炊具卓越企业,跻身2013中国餐具、烹饪灶具品牌排行榜之列,成为浙江管理示范单位。

在设备技改方面,鄂大川坚信"创新才是硬道理"。20多年的发展中,爱妻产品经过几次大的技术改进,无论在外观上,还是在安全性能上,均有了较大的改进。如旗下的压力锅产品,技术含量越来越高,外观也更漂亮了,设计更加人性化,使用更便捷;弹簧式安全阀已经取代了传统的易熔片式安全阀,增加了开、合盖装置,从结构上也杜绝了错误操作可能引发的爆锅和烫伤;鼓型压力锅造型别致,吸热更充分,重心更稳,更具安全保证。

鄂大川接手公司后,管理理念也逐渐发生了变化,未来他打算逐步收缩工厂,重点放在品牌经营,组建品牌开发团队、质量控制团队、供应链团队,着重进行品牌运作。

(二)家族和谐

除了管理经验,周赛方非常看重对家人的关爱和责任,他经常对女婿讲,家和万事兴,如果你家里的事情都搞不好,外面的事情就不可能搞好。不管在外面忙到多晚,周赛方晚上一定会回家,包括去外地出差,他经常坐夜里的飞机回家,与家人团聚。这种家庭观念深深地影响了女婿鄂大川,鄂大川经常在下班后及时回家,陪同家人聊天,这对于家庭的和谐和企业的兴旺发达都起到了不可或缺的作用。鄂大川的内弟承担着家族其他公司的业务,两人配合非常默契,权责明确,家庭气氛非常和谐,这在家族企业中也是很少见的。

(三)企业员工满意

爱妻电器的车间和办公环境舒适、安全、洁净,员工积极向上、爱岗敬业。公司通过加强管理团队建设、有计划的岗位培训、管理制度修订和组织结构调整等方式,不断提高企业员工的满意度。2014年4月,鄂大川在宁波大学生创业大赛城市学院站与学生面对面交谈中被问及从"创一代"到现在的"创二代"过程中印象最深的正能量是什么时,他从容地回答:"父辈给我一个最大的影响是,做企业不能虚,我们做企业不仅仅是对自己负责,也要对我们的员工、客户、上下游的供应商甚至是社会负责,看的最重的是资金和信誉,这是我觉得我在父辈们中得到的最宝贵的经验。"由此也可以看出鄂大川对员工的重视。

第三节　浙江爱妻电器有限公司代际传承资料
的开放性译码分析

在浙江爱妻电器有限公司"基于资源观的聚焦式传承"资料整理完毕之后,本章开始对数据进行扎根理论的开放性译码分析。开放性译码是用基于实地资料提炼出来的概念和范畴来准确反映资料本质的过程,是基于仔细考察和比较分析从而为实地资料中的现象或事件取名字并加以分类、整合的创造性分析过程。经过开放性译码阶段分析,实现个案资料的概念化和范畴化,实现对资料的提炼、比较、归纳和整合。通过指认现象、界定概念、提出范畴等具体阶段,实现案例资料的聚敛,确保资料到概念、概念到范畴的提炼和操作科学准确,为下一阶段的主轴译码分析奠定基础。

一、开放性译码的定义现象和标签归类

为了便于资料分析,本书将爱妻案例称为个案 E。为了保证实地资料提炼的连续性、渐进性,本书将个案 E 的资料开放性译码分析细分为四个步骤,即贴标签、初步概念化、概念化、范畴化。本节先介绍前两个步骤,具体思路如下。首先,将实地资料置于表格之中,为了提高分析的精确度和严密性,便于对资料进行逐句定义,在表格第一栏,即整理后的实地资料部分每句话后面都标注"(ex)";其次,将表格第二栏"开放性译码"分为"贴标签(定义现象)"和"初步概念化"两部分内容,体现传承过程中的关键信息以及传承的过程;再次,用第二栏的"ex+概念"对应第一栏的"句子+(ex)",于是,第一栏的整体内容就转换为由第二栏"贴标签(定义现象)"部分的概念群表示;最后,提炼中难免会出现多个标签指代同一现象的情况,或者多个标签具有本质一致性的情况,因此,对"贴标签(定义现象)"一栏的内容进行重新归类,并以"eey+概念"这一初步概念指代前面那些本质上类似的标签(比如 ex1、ex2、ex3 等)。于是,eey 就成为一个表达同类定义的初步概念,而这些定义的归类在本质上反映了对现象的归类。

经过对资料进行逐句贴标签(定义现象)和初步概念化,最终得到 122 个标签,并按照传承人的资源、继承人的资源、资源传承途径、传承前后企业发展情况以及传承评价对标签进行了归类,以体现传承的过程。贴标签(定义现象)和初步概念化如表 9-2 所示。

表 9-2　个案 E 的开放性译码表:贴标签(定义现象)和初步概念化

个案 E 的代际传承访谈资料	开放性译码	
	贴标签 (定义现象)	初步概念化
周赛方对人非常宽容(e1),做事踏实认真(e2),骨子里有一种坚韧的创业意识(e3)和创新精神(e4)。做企业之前他家里很穷(e5),在安徽结婚时的房子是自己一个人动手盖的,当时根本没钱请人(e6),这种性格决定了他绝不是一个甘于平庸的人。20 世纪 80 年代末,他白手起家,开办小家电加工作坊,刚开始是给别人做零件,自己亲自做,没有任何员工,做好给别人送过去(e7)。1992 年,周赛方受到邓小平"南方谈话"的鼓舞,敏锐地觉察到改革开放带来的商机,抢先一步获得信息(e8),凭借其个人的胆识和魄力(e9),正式投资创办了浙江爱妻电器有限公司(e10)。创立"爱妻"(AICHEN)品牌(e11),这一方面是现实的压力,另一方面则源于其对品牌的深刻认知。周赛方作为企业创始人,创业初期就表现出甬商善于捕捉商业信息、果断决策的作风(e12)。他深知企业要获得成功,必须在技术上不断创新,才能研发新产品(e13),创立自己的品牌。创业之初,公司没有自己的品牌,只能与双喜电器公司的压力锅联营,但是需要购买双喜的商标(e14)。压力锅是在宁波生产的,产品上标了个"N",后来很多客户要货都要带"N"字头的,因为爱妻产品质量的确好(e15)。后来双喜电器公司也嫌麻烦,就让这部分客户直接同爱妻公司联系,很多客户鼓励爱妻做自己的品牌,而公司也意识到品牌的重要性,因为每年要付给双喜公司很高一笔商标费用,就这样"爱妻"(AICHEN)创立了。品牌有了,好多事情也都好做了(e16)。做出了压力锅后,爱妻电器生意一直很好,还在中央电视台投入2000 多万元做广告,这一点爱妻比苏泊尔和爱仕达都要早(e17)。1996 年,爱妻电器的产量在全国排第二位(e18)。就这样,爱妻电器从没有品牌到通过联营借名牌发展,再到创立自己的品牌(e19),至 1998 年,爱妻压力锅已拥有六大系列,三十多个规格(e20),并连续三年产量超百万台,销售额超亿元(e21)。1998 年,爱妻压力锅的生产量、销售额、市场占有率、利税额名列全国同行第二,被国家统计局列为同类产品三大品牌之一(e22)。同时,	e1 父性格魅力 e2 父做事风格 e3 父创业意识 e4 父创新精神 e5 父家境贫寒 e6 父家庭责任感 e7 父实干敬业 e8 父善捕捉信息 e9 父具胆识、魄力 e10 父创立公司 e11 父重视品牌 e12 父行事果断 e13 父技术创新意识 e14 父品牌领先意识 e15 父产品质量意识 e16 品牌创立 e17 父重视广告打造品牌 e18 产量大幅提高 e19 艰难打造品牌 e20 公司主打产品 e21 业绩持续增长 e22 公司地位提升	ee1 父性格特征 (e1 e40 e115) ee2 父经验获得 (e2 e10 e38) ee3 父管理风格 (e7 e12 e42 e43 e44 e45 e46 e47 e48 e49) ee4 父质量观念 (e15 e46) ee5 父品牌理念 (e11 e14 e16 e17) ee6 父技术观念 (e13 e25 e47 e48)

1992—2001 年将近 10 年的时间里,爱妻投入大量的资金对企业进行技术改革,进行产品研发,大大提高了公司的核心竞争力(e23)。	e23 技术投入巨大	ee7 父创新意识 (e3 e4 e13 e24 e113)
从没有品牌到借名牌发展,再到创立自己的品牌,爱妻电器在周赛方的带领下不断前进。从一开始资产不足 2 万元到 2001 年总资产超过 2.5 亿元,其中起关键作用的就是周赛方的创新理念(e24),他坚信"只有创新,才有发展"。1992 年,公司投入 2500 万元,对企业进行大规模技术改造(e25),开发研制日用铝制品(e26),同年产销量就达 4000 多万元(e27)。1994 年,又投入 1000 多万元资金,引进新技术,把两条压力锅生产线改造成国内一流的生产线(e28)。1995 年,公司产值已破亿元大关,成为国内最大的压力锅生产企业之一,被国家农业部认定为大二型企业。可以说,技术引进使爱妻获得巨大成功,而创新则促成了爱妻电器的崛起(e29)。1996 年,公司在总结了众多国内外大中型企业发展经验后,结合最新的市场调查,毅然解除联营合约,走上了自创品牌的艰辛之路。创建了宁波爱妻压力锅有限公司,开始着手研制新产品。为了使企业进一步发展壮大,爱妻加大产品开发力度。1998 年开发研制了奶锅、汤锅、炒锅、水壶、多用锅和家用电水壶、吸油烟机等系列炊具产品,使爱妻成为多元化大型企业集团(e30)。在产品革新上,更是获得多个国家专利(e31),尤其是"双重安全"的自动报警阀装置,为国内首创(e32),已获国家实用新型、外观型等多项专利(e33),成为压力锅安全新标准。在质量管理上,爱妻电器更是一步不松,不断创新,提出"质量就是企业的生命"的宗旨,从严、狠抓产品质量(e34)。因此,产品多次被评为全国消费者信得过产品,被国家内贸局监督检测中心推荐为消费者优先选择产品(e35);1998 年就通过了 ISO 9002 质量管理体系认证,2001 年再次通过年复评(e36);1999 年,"爱妻"商标获评浙江省著名商标、企业获评浙江省管理示范型企业(e37)。	e24 父创新理念 e25 父重视技术改造 e26 研发新产品 e27 技改提高销量 e28 持续技术引进 e29 技改促企业发展 e30 产品革新 e31 自主研发获取专利 e32 技术领先 e33 专利荣誉 e34 父社会责任 e35 质量荣誉 e36 质量国际接轨 e37 企业荣誉	ee8 父长期战略理念(e8 e9 e11 e14 e25 e34) ee9 父决策风格(e2 e12) ee10 父企业内部资源(e48 e49) ee11 父企业外部资源(e95) ee12 父市场意识(e3 e8)
2002 年以来,周赛方在公司原有业务的基础上,相继创立了广东中山分公司、宁波希拉里炊具有限公司、宁波吉时达置业有限公司、宁波爱妻销售有限公司等四家全资子公司(e38),这样公司的业务范围不断扩大,从原有的爱妻电器扩展到了小炊具、房地产、投资等多个方面(e39)。	e38 父拓展公司 e39 业务范围增加	
从一开始只有自己一人的小作坊到现在拥有		

续表

800 多人的生产型企业,不管企业做到何种程度,周赛方始终用自己的人格魅力在影响着每一个员工(e40),规规矩矩做人(e41),认认真真做事(e42),在企业中低调、朴实(e43),将自己的实干精神发挥到极致(e44)。他经常深入车间第一线(e45),亲自监督产品质量(e46),把关技术改革(e47),对工厂的各项事宜都了如指掌,只要听一听声音他就知道设备出了什么问题(e48),对企业员工更是关心备至(e49)。	e40 父人格魅力 e41 父做人信条 e42 父做事风格 e43 父不张扬 e44 父实干精神 e45 父亲力亲为 e46 父重视质量 e47 父重视技术 e48 父精通设备 e49 父善待员工	ee13 父团队意识 (e49) ee14 父全局意识 (e43 e116)
由于企业经营范围过大、产品种类过多、销售模式陈旧,加之当时的炊具行业市场准入门槛低,国内消费者消费能力有限等,爱妻遇到了企业发展的巨大瓶颈(e50)。2007 年,周赛方家族其他成员管理公司的时候业绩有些下滑(e51),周赛方就要求自己唯一的女儿从银行辞职,回家管理公司(e52)。而周赛方的女儿不愿管理公司,就要求当时还是自己男朋友的鄂大川去帮忙(e53)。鄂大川从内心来讲并不愿意去(e54),因为他当时在恒生银行做得顺风顺水,同时也担心跨行业做不好没法收场(e55),考虑了很长时间,最终还是在女友的软磨硬泡下答应去公司面试,从而进入了爱妻电器做销售工作(e56)。但他决定不做"空降兵",2008 年,他通过几轮面试进入爱妻,在销售岗位上做了一年多,未来岳父始终不知其真正身份(e57),也正是这一年多的销售工作,鄂大川迅速地了解了爱妻的各方面情况(e58),这也为 2009 年坦白与周赛方女儿的人关系以及 2010 年正式接手爱妻电器的运营奠定了良好的基础(e59)。	e50 公司经营瓶颈显现 e51 公司业绩下滑 e52 父邀女接班 e53 女责婿接班 e54 婿犹豫是否接班 e55 婿担心接班风险 e56 婿瞒身份低调进入公司,从事销售 e57 父并不知情 e58 婿行业知识积累 e59 婿接手公司	ee15 婿知识准备 (e65) ee16 婿经验获得 (e56 e58 e69) ee17 婿创新精神 (e75 e76 e77) ee18 婿个人声誉 (e61)
鄂大川,北方人,具有北方人的直爽个性,也不失南方人的沉稳(e60)。他谦虚内敛、为人低调(e61),做事踏实认真(e62)。鄂大川家里的亲戚中机关公务员较多,受此影响,大学毕业后,父母希望他去省委党校,将来从政(e63)。但他从心底不喜欢公务员朝九晚五的单调生活,尤其是看到父亲经常出去喝酒应酬,导致患上高血压、糖尿病,生活很不健康,除了早饭在家吃,一天到晚都在外面,和家里人几乎没有很好的沟通(e64),他不愿过这样的生活。于是,大学毕业后他毅然离开北方,到了宁波,进入香港恒生银行宁波分行,从事理财业务(e65),与周赛方的女儿(后来成为他的妻子)成了同事(e66)。2007 年,周赛方家族其他成员管理公司的时候业绩有些下滑(e67),周赛方的业务又扩展到很多方面(e68),因此要求女儿回公司帮忙,而	e60 婿性格特点 e61 婿做人风格 e62 婿做事风格 e63 婿家庭环境 e64 婿不愿从政 e65 婿入社会从事理财业务 e66 婿结识夫人 e67 父公司业绩下滑 e68 父公司业务范围大幅扩展	ee19 婿性格特征 (e60 e61 e62)

续表

这间接促成了鄂大川 2008 年通过面试进入公司,继而经过 1 年多的接触和磨合,于 2009 年全面接管爱妻。接管公司之后,鄂大川开始逐渐介入企业的管理(e69),他引入现代企业制度来管理公司(e70),从制度、人事等方面进行治理,为了家庭的和谐和公司的顺利运作,公司中几个亲戚逐渐退出(e71),产品生产线也全部调整顺畅(e72),公司的销售业绩以每年 30% 的速度增长(e73)。与此同时,鄂大川接管公司后开始利用各方信息(e74),针对 2008 年国际金融危机及其影响,他结合爱妻电器在品牌和技术方面的优势(e75),果断清理掉原有的庞杂业务,将企业资源聚焦于电压力锅、电磁炉和电饭煲等具有明显技术含量的产品(e76),着重提高爱妻电器的产品质量并完善产品售后服务(e77)。针对公司内销业务投入精力较少、售后服务跟不上等主要问题(e78),以及公司半死不活、仅靠老客户维持而没有拓展新市场的局面(e79),鄂大川利用公司电压力锅等产品拥有的专利和技术,开不断发新产品,加强产品的售后服务,提高了产品的美誉度,品牌效应再次显现(e80)。同时,他结合当时外需不振的情况,果断放弃外贸业务(e81),专注于公司产品的内销业务(e82),使公司服务消费者的能力进一步提升(e83)。从公司管理制度革新到优势产品的聚焦,再到销售模式的聚焦(专注于产品的内销)(e84),鄂大川稳扎稳打,使爱妻电器近年来在现代企业制度管理下稳健发展,业绩逐年增加,成为宁波炊具行业的典范(e85)。 　　在这样一个自然传承的过程中,周赛方始终通过潜移默化的方式(e86),有意识地培养女婿鄂大川(e87),从来没有刻意地给鄂大川做具体业务方面的教育和指导(e88),也不会因为某个决策失误严厉批评他(e89),而是给予鄂大川更多的信任,放手让其大胆去干(e90),通过家庭聊天的方式给一些经营上的建议、指导,并给予鼓励和肯定(e91)。这种宽松的家族文化很好地舒缓了鄂大川刚接手公司时的一些紧张和不安,让其能够结合经济发展形势和社会需求独立思考(e92),从而做出合理的判断和决策(e93)。同时,由于鄂大川是北方人,刚接手公司时在宁波当地基本没有什么人脉资源(e94),为此周赛方毫无保留地将自己几十年的人脉资源通过各种机会传承给女婿(e95),帮助他逐渐建立起有效的社会资源网络,这对鄂大川顺利度过传承创业的前几年尤为重要。实际上,周赛方将	e69 婿从基层积累经验,时机成熟接手公司 e70 婿引入现代企业管理制度 e71 婿进行人事改革 e72 婿调整生产线 e73 公司业绩提高 e74 婿研究市场信息 e75 婿深刻认识企业优势:品牌和技术 e76 婿业务聚焦 e77 婿重视产品质量和售后服务 e78 婿发现内销问题 e79 婿分析市场拓展问题 e80 婿果断采取措施 e81 婿放弃外贸 e82 婿聚焦内销 e83 婿提升服务能力 e84 聚焦传承 e85 公司稳健发展 e86 父潜移默化交接 e87 父有意识培养接班人 e88 父避免刻意指导 e89 父避免批评 e90 父充分信任 e91 家庭聚会聊天 e92 婿独立思考 e93 婿独立决策 e94 婿缺乏人脉资源 e95 父传承社会网络资源	ee20 婿价值观(e63 e64) ee21 婿团队意识(e103 e121) ee22 婿技术战略意识(e75 e106) ee23 婿市场意识(e78 e79 e81 e82) ee24 婿管理风格(e62 e92 e93) ee25 婿企业内部资源(e66) ee26 婿风险意识(e55 e69) ee27 婿机会识别行为(e70) ee28 父急需人才接任(e50 e51 e87) ee29 父开明信任完全交接(e90) ee30 继承人社会积累(e65) ee31 家族沟通形式(e86 e91) ee32 家族沟通风格(e88 e89)

续表

公司全权交予女婿打理后,前一两年还帮着出点主意,后来已完全不管公司具体事务,即使鄂大川有意请教相关方面的建议,周赛方也只是让其自己看着办就好,这一点不是所有企业家都能够做到的(e96)。	e96 父充分信任,完全放手	ee33 家族沟通气氛(e97)
爱妻的家族文化为企业的持续传承提供了强大的支撑(e97)。鄂大川在接手家族企业的过程中,并未将自己定位为继承者(e98),而是定位为一个进行"二次创业"的变革者(e99),不仅要守业,更要在父辈创下的基业基础上,结合当前及未来社会形势,不断创新,确保家族传统行业中优势资源的持续增长,并将这一产业做大做强(e100)。	e97 家族文化 e98 婿定位非继承者 e99 婿定位创业者 e100 婿定企业发展目标	ee34 社会资源传递(e94 e95) ee35 公司早期阶段性成长(e18) ee36 技术创新成果(e23 e26 e27 e28 e29)
在本书课题组的采访中,鄂大川信心满满地说:"我们现在只做内销,内销这一块做得很稳(e101),我们没有自满于自身的优势,因为只有不断自我超越才能一直领先(e102),为了获得更长足的发展,企业不断吸收优秀人才(e103),打造一个具备专业技术和管理素质的团队(e104),通过自主研发和创新,不断开发出更多引领燃气具行业趋势的重点产品,爱妻已成为享誉行业内的专家型企业(e105)。"鄂大川接手公司以来,延续公司一直以来重视的技术研发工作(e106),加强品牌建设(e107),他认为品牌和技术同等重要,唯有两者都重视,才能将公司发展壮大。目前,公司主营业务是内销,鄂大川已果断放弃了外贸业务,也不做相关的投资业务。他希望在接管公司后,能够在现有的压力锅、灶具等系列小家电基础上,更好地把握市场,开发出更多的系列产品,挖掘更理想的销售模式,将家族产业进行整合调整(e108),形成一个结构更为精练、产业更为专注、核心竞争力更强的家族企业,也就是将企业做"精",从而通过聚焦形成合力(e109)。	e101 婿聚焦内销 e102 婿不满现状,欲自我超越 e103 婿吸收优秀人才 e104 婿组建专业管理团队 e105 公司引领行业 e106 婿重视技术研发 e107 婿重视品牌建设 e108 婿整合家族产业 e109 婿精简业务,聚焦合力	ee37 公司声誉(e37) ee38 公司质量提升(e35 e36) ee39 公司规模扩大(e21 e27 e29) ee40 公司产品升级(e20 e26 e30) ee41 市场成效(e32 e33 e50 e51) ee42 公司持续成长(e105) ee43 技术创新突破(e75 e106) ee44 市场成效(e73 e74 e78 e79 e81 e82)
在经营公司的同时,鄂大川还特别注重承担社会责任(e110)。爱妻在2013年投入1100万进行节能降耗,效果显著,在宁海企业环境行为信用等级划分中,爱妻在企业污染物排放、总量控制、环境管理、守法经营、社会环境行为等评价指标中均显示为蓝色(好)(e111)。同时,鄂大川与岳父一样热衷于公益事业,近几年他带领爱妻连续参加宁波市光彩事业促进会事项,也经常参与西店镇人民政府组织的爱心人士捐款,2014年公司出资100万元捐助广西省百色市巴别中心小学(e112)。	e110 婿注重承担社会责任 e111 婿投巨资致力节能减排	
通过有意识的培养和潜移默化的影响,周赛方	e112 婿回报社会	

续表

身上的创业意识和创新精神(e113)、踏实认真的工作作风(e114)、谦虚低调的性格(e115)和用人不疑的做法(e116),在鄂大川身上也有了很好地体现,	e113 父企业家精神 e114 父工作作风 e115 父性格谦虚 e116 父充分信任	ee45 产业聚焦 (e76 e77) ee46 人力资源管理(e70 e103 e121 e122)
这从鄂大川继任后公司业绩的增长、家庭成员较高的满意度中可以体现出来(e117)。目前,公司已经顺利完成传承,经营步入正轨,鄂大川近几年在公司管理及产品研发上花了不少的精力,用他的话说	e117 婿成功传承	ee47 品牌建设 (e75 e107)
是"基本已理顺"(e118),但他也表示必须学习岳父创业时兢兢业业做事的精神(e119),同时绝不重复其二十几年的经营方式,要在其基础上大胆创新	e118 传承后公司经营顺利 e119 婿传承敬业精神	ee48 规范管理 (e70 e71 e76 e84)
(e120)。接管企业后,鄂大川果断聘请咨询管理公司,招募高端人才,组建产品研发团队。同时,在企	e120 婿不守旧,大胆创新	ee49 社会资源拓展(e95)
业内部推出人才发展理念,通过确立和完善内部人才培养和发展机制,保证事业发展所需人才以内部选拔为主,外部招募为辅。视员工为伙伴,通过人		ee50 公司荣誉 (e109 e119)
力资源制度和体系建设落实企业文化(e121),建立卓越人力资源管理系统,力争成为优秀雇主,帮助每一位员工获得成功;明确各级管理者是公司人力	e121 婿重视人事制度建设,善待员工	ee51 企业社会责任(e110 e111
资源管理的核心力量,管理者通过有效录用、选拔、激励、评价、培训和发展员工等人力资源管理手段,提升部门和公司核心能力,支持部门业务成长和公司战略推进(e122)。	e122 婿建立人力资源管理制度	e112)

二、开放性译码的概念化和范畴化

个案 E 的资料开放性译码分析的第二步为初步概念的概念化及概念的范畴化,具体分析思路如下。

对已经得出的初步概念进一步归类、抽象,逐次提炼出概念 Ex 等;对已经得出的概念继续提炼和归类,逐一提炼出范畴 EEx 等。初步概念化英文字母标识的使用与贴标签部分同理,也是使用字母代替后面引领的句子或词语进行缩编。经过初步概念化这一过程,传承人资源、继承人资源、传承途径、传承前企业状况及传承后企业发展现状更为清楚仔细的归类。于是,初步概念化的内容逐次替代了资料内容,而我们对资料的精炼和缩编也逐渐深入,分析和研究复杂庞大资料的任务进而简化为考察这些概念,尤其是范畴间的各种关系和联结。初步概念的概念化以及概念的范畴化如表 9-3、表 9-4 所示。

表 9-3　个案 E 的开放性译码表(续):初步概念的概念化

初步概念	概念化
ee1 父性格特征(e1 e40 e115)	E1 父挑战精神(ee1)
ee2 父经验获得(e2 e10 e38)	E2 父技术创新观念(ee6)
ee3 父管理风格(e7 e12 e42 e43 e44 e45 e46 e47 e48 e49)	E3 父严格管理公司(ee3)
ee4 父质量观念(e15 e46)	E4 父重视产品质量(ee4)
ee5 父品牌理念(e11 e14 e16 e17)	E5 父经验丰富(ee2)
ee6 父技术观念(e13 e25 e47 e48)	E6 父重视品牌建设(ee5)
ee7 父创新意识(e3 e4 e13 e24 e113)	E7 父创新精神(ee7)
ee8 父长期战略理念(e8 e9 e11 e14 e25 e34)	E8 企业初期发展(ee18)
ee9 父决策风格(e2 e12)	E9 父诚信经营(ee9)
ee10 父企业内部资源(e48 e49)	E10 父长期战略理念(ee18)
ee11 父企业外部资源(e95)	E11 企业内部凝聚力(ee13)
ee12 父市场意识(e8)	E12 父求贤若渴(ee28)
ee13 父团队意识(e49)	E13 父领导有方(ee9 ee13)
ee14 父全局意识(e43 e116)	E14 父重视员工(ee13)
ee15 婿知识准备(e65)	E15 父企业外部资源(ee11)
ee16 婿经验获得(e56 e58 e69)	E16 父慈善行为(ee14)
ee17 婿创新精神(e75 e76 e77)	E17 父社会网络资源(ee10 ee11)
ee18 婿个人声誉(e61)	E18 企业危机传承(ee28 ee29)
ee19 婿性格特征(e60 e61 e62)	E19 婿管理经验和知识背景(ee15 ee16 ee30)
ee20 婿价值观(e63 e64)	E20 家族完全信任(ee29 ee31 ee32 ee33)
ee21 婿团队意识(e103 e121)	E21 婿个人能力(ee18 ee20 ee21)
ee22 婿技术战略意识(e75 e106)	E22 婿性格沉稳(ee19)
ee23 婿市场意识(e78 e79 e81 e82)	E23 婿提前介入家族企业(ee21 ee23 ee27)
ee24 婿管理风格(e62 e92 e93)	E24 婿接班时承受压力(ee26)
ee25 婿企业内部资源(e66)	E25 婿专注于产业聚焦(ee45)
ee26 婿风险意识(e55 e69)	E26 婿企业管理改革(ee24 ee25)
ee27 婿机会识别行为(e70)	E27 管理效率大幅提升(ee35)
ee28 父急需人才接任(e50 e51 e87)	E28 婿敏锐的市场嗅觉(ee23)
ee29 父开明信任完全交接(e90)	E29 婿聚焦于产品内销(ee38 ee40)
ee30 继承人社会积累(e65)	E30 婿技术战略意识(ee22 ee36 ee43)
ee31 家族沟通形式(e86 e91)	E31 婿善捕捉市场机会(ee23 ee41)
ee32 家族沟通风格(e88 e89)	E32 家族产业战略联盟(ee34 ee35)
ee33 家族沟通气氛(e97)	E33 企业持续发展(ee39 ee42)
ee34 社会资源传递(e94 e95)	E34 婿以产品和市场为核心的发展理念(ee23 ee38 ee40 ee41)

续表

初步概念	概念化
ee35 公司早期阶段性成长(e18)	E35 家庭和谐文化(ee31 ee32 ee33)
ee36 技术创新成果(e23 e26 e27 e28 e29)	E36 婿企业家精神(ee21 ee22 ee23 ee26)
ee37 公司声誉(e37)	E37 婿重视现代企业管理(ee21 ee24 ee46 ee47)
ee38 公司质量提升(e35 e36)	E38 婿勇于承担企业社会责任(ee37)
ee39 公司规模扩大(e21 e27 e29)	E39 企业家精神传承(ee7 ee17 ee34)
ee40 公司产品升级(e20 e26 e30)	E40 产业和市场聚焦的传承典范(ee23 ee40 ee44 ee45)
ee41 市场成效(e32 e33 e50 e51)	
ee42 公司持续成长(e105)	
ee43 技术创新突破(e75 e106)	
ee44 市场成效(e73 e74 e78 e79 e81 e82)	
ee45 产业聚焦(e76 e77)	
ee46 人力资源管理(e103 e121 e122)	
ee47 品牌建设(e75 e107)	
ee48 规范管理(e70 e71 e76 e84)	
ee49 社会资源拓展(e95)	
ee50 公司荣誉(e109 e119)	
ee51 企业社会责任(e110 e111 e112)	

表 9-4　个案 E 的开放性译码表(续)：概念的范畴化

概念	范畴化
E1 父挑战精神(ee1)	EE1 以产品和市场为导向的经营理念(E34)
E2 父技术创新观念(ee6)	EE2 企业内部社会资源(E11)
E3 父严格管理公司(ee3)	EE3 企业外部社会网络资源传承和拓展(E15 E17)
E4 父重视产品质量(ee4)	EE4 社会公益精神(E16 E38)
E5 父经验丰富(ee2)	EE5 创始人的企业家精神(E1 E2 E3 E4 E6 E10)
E6 父重视品牌建设(ee5)	EE6 创始人的人格魅力(E9 E11 E12 E13 E14)
E7 父创新精神(ee7)	EE7 行业发展紧跟趋势(E18 E28 E29 E30 E31)
E8 企业初期发展(ee18)	EE8 家族充分信任(E12 E20)
E9 父诚信经营(ee9)	EE9 家庭的和谐文化(E35)
E10 父长期战略理念(ee18)	EE10 以危机为主导的传承时机(E18)
E11 企业内部凝聚力(ee13)	EE11 接班时企业处于危机状态(E18 E23 E24)

续表

初步概念	概念化
E12 父求贤若渴(ee28)	EE12 企业完全交接(E20)
E13 父领导有方(ee9 ee13)	EE13 继承者的企业家精神(E21 E22 E36)
E14 父重视员工(ee13)	EE14 继承者的销售经验和管理知识(E19)
E15 父企业外部资源(ee11)	EE15 继承者的改革举措(E25 E26 E32)
E16 父慈善行为(ee14)	EE16 以产品和市场聚焦为主的家族企业传承(E25 E29 E40)
E17 父社会网络资源(ee10 ee11)	EE17 稳固的姻亲关系(E12 E18 E24)
E18 企业危机传承(ee28 ee29)	EE18 深谙公司的优劣势(E23 E24 E25 E29)
E19 婿管理经验和知识背景(ee15 ee16 ee30)	EE19 两代人的特质契合性(E2 E3 E4 E29 E30 E37)
E20 家族完全信任(ee29 ee31 ee32 ee33)	EE20 企业家精神传承的典范(E9 E10 E36 E39)
E21 婿个人能力(ee18 ee20 ee21)	
E22 婿性格沉稳(ee19)	
E23 婿提前介入家族企业(ee21 ee23 ee27)	
E24 婿接班时承受压力(ee26)	
E25 婿专注于产业聚焦(ee45)	
E26 婿企业管理改革(ee24 ee25)	
E27 管理效率大幅提升(ee35)	
E28 婿敏锐的市场嗅觉(ee23)	
E29 婿聚焦于产品内销(ee38 ee40)	
E30 婿技术战略意识(ee22 ee36 ee43)	
E31 婿善捕捉市场机会(ee23 ee41)	
E32 家族产业战略联盟(ee34 ee35)	
E33 企业持续发展(ee39 ee42)	
E34 婿以产品和市场为核心的发展理念(ee23 ee38 ee40 ee41)	
E35 家庭和谐文化(ee31 ee32 ee33)	
E36 婿企业家精神(ee21 ee22 ee23 ee26)	
E37 婿重视现代企业管理(ee21 ee24 ee46 ee47)	
E38 婿勇于承担企业社会责任(ee37)	
E39 企业家精神传承(ee7 ee17 ee34)	
E40 产业和市场聚焦的传承典范(ee23 ee40 ee44 ee45)	

三、浙江爱妻电器有限公司的代际传承主轴译码分析

经过对个案 E 相关实地资料的开放性译码分析,研究者提炼出了 20 个范畴,实现了对案例的初步归纳,但这些范畴还是孤立的,其内部关系并不能识别。而主轴译码的任务就是将这些独立的范畴联结起来,选择性译码则能进一步对资料进行重新整合和提炼。

主轴译码阶段主要使用典范模型分析工具来引导研究者对范畴关系的系统梳理。研究者根据典范模型在因果条件、现象、脉络、中介条件、行为(互动)策略、结果六个方面的要求,将开放性译码中的范畴编排到相对应的位置,建立范畴关系。主轴译码阶段的每一个典范模型都会对应一个主范畴,而被安置于模型中不同位置的、源自开放性码分析的那些范畴则称之为副范畴。运用典范模型对 E 公司的范畴关系进行识别,得出 2 个主范畴,分别为"基于企业家精神的代际契合"典范模型及"以产业和市场为主导的聚焦传承"典范模型。范畴关系如表 9-5、表 9-6 所示。

表 9-5　主范畴:"基于企业家精神的代际契合"典范模型

因果关系	EE8 家族信任(E12 E20) EE17 稳固的姻亲关系(E12 E18 E24)	现　象	EE10 以危机为主导的传承时机(E18) EE11 接班时企业处于危机状态(E18 E23 E24)
脉　络	EE14 继承者的销售经验和管理知识(E19) EE3 企业外部社会网络资源传承和拓展(E15 E17) EE2 企业内部社会资源(E11) EE9 家族的和谐文化(E35) EE12 企业完全交接(E20) EE15 继承者的改革举措(E25 E26 E32)	中介条件	EE13 继承者的企业家精神(E21 E22 E36) EE5 创始人的企业家精神(E1 E2 E3 E4 E6 E10) EE20 两代人的特质契合性(E2 E3 E4 E29 E30 E37) EE6 创始人的人格魅力(E9 E11 E12 E13 E14)
行为(互动)策略	EE1 以产品和市场为导向的经营理念(E34) EE4 社会公益精神(E16 E38) EE7 行业发展紧跟趋势(E18 E28 E29 E30 E31)	结　果	EE20 企业家精神传承的典范(E9 E10 E36 E39)

爱妻的案例中,岳父和女婿的性格特质存在很多相似性,从岳父早期创业经历中所表现出来的勇于挑战、与员工同甘共苦,可以看出创始人性格开朗、有领导魅力,因此在他身边聚集了很多忠诚度很高的人才,形成了丰富的社会网络关系资源,有一定的社会影响力和号召力;女婿在银行工作期间

就有着出色的工作能力和管理能力,其性格内敛,乐观向上,非常有人缘,接手家族企业后不循规蹈矩,不仅合理配置和发展企业内部资源,而且积极开拓社会网络资源,在现代企业管理理念指导下,利用自身优势,对企业进行了全面的改革,迅速让公司走上正轨,转危为安,继而持续发展,为家族企业的顺利传承奠定了扎实的基础。

表 9-6　主范畴:"以产业和市场为主导的聚焦传承"典范模型

因果关系	EE10 以危机为主导的传承时机(E18) EE14 继承者的销售经验和管理知识(E19)	现象	EE11 接班时企业处于危机状态(E18 E23 E24) EE17 稳固的姻亲关系(E12 E18 E24)
脉络	EE3 企业外部社会网络资源传承和拓展(E15 E17) EE2 企业内部社会资源(E11) EE7 行业紧跟时代(E18 E28 E29 E30 E31)	中介条件	EE8 家族充分信任(E12 E20) EE9 家庭的和谐文化(E35)
行为(互动)策略	EE15 继承者的改革举措(E25 E26 E32) EE1 以产品和市场为导向的经营理念(E34)	结果	EE16 以产品和市场聚焦为主的家族企业传承(E25 E29 E40)

鄂大川接管家族企业,是迫于企业面临经营危机,又没有更合适的接班人愿意经营家族企业。正是在这种情况下,家族给予了他充分的信任和支持。结合当时国际市场需求萎靡和工厂所生产的产品繁多的实际情况,鄂大川凭借自己在银行积累的工作经验和一年多的销售经验,在创业者完全信任和放手的情况下,果断采取了两个方面的措施:其一,整合企业资源,抛弃边缘产品,将精力和资源聚焦于具有优势的3~5个产品上来,提高技术水平,实现产业转型升级;其二,结合国际市场需求萎靡和工厂外销人才缺乏的实际情况,果断将外销业务抛弃,专心做内销,提高企业在国内的销量和知名度。在产业和市场两方面的聚焦,使爱妻集中了自身优势资源,不仅摆脱了困境,而且从此走上了快速发展的道路。爱妻之所以能够顺利实现代际传承,创始人周赛方和继承人鄂大川身上共同的企业家精神也起到了不可或缺的作用。周赛方在企业初创时期和经营阶段所展现出的创业意识和创新精神使企业持续发展,并不断拓展新的业务;鄂大川在接手公司短短两三年时间里,采取果断措施,使公司扭亏为盈,带领公司再创佳绩,这一过程中,其社会责任意识和企业家精神表现得淋漓尽致。可见,"基于企业家精神的代际契合"和"以产业和市场为主导的聚焦"是浙江爱妻电器有限公

司代际传承的主要特征。

四、浙江爱妻电器有限公司的代际传承选择性译码分析

"基于企业家精神的代际契合"和"以产业和市场为主导的聚焦"是浙江爱妻电器有限公司代际传承的主要特征。在传承初期,企业面临经营与管理危机,继承人与创始人对行业发展趋势的相同判断及二人共有的企业家精神使创始人在家族企业传承时完全信任继承人并放手让其开拓创新。加之继承人沉稳的性格和老练的作风、在银行多年积累的管理经验、个人禀赋等,使传承后家族企业实现了技术创新、产品聚焦、市场聚焦、管理改革。产品和市场聚焦为企业延伸产业链、实现长足发展积蓄了力量。在家族成员的努力下,爱妻最终扭亏为盈并持续壮大。因此,可以用"基于企业家精神的代际契合"和"以产业和市场为主导的聚焦"来描述浙江爱妻电器有限公司代际传承的传承主线。

第四节　浙江爱妻电器有限公司传承路径与模式

在这一节,我们基于扎根理论分析所得到的 20 个范畴,结合资源观视角下继任者的角色认知理论,对 20 个核心范畴从家族性资源、传承途径和传承效果三个方面进行分类,我们将爱妻电器的"基于企业家精神代际契合的以产业和市场为主导的聚焦传承"过程分为家族性资源、传承路径、内外因和传承绩效四个部分来进行分析和梳理,详见图 9-1。

一、爱妻电器的聚焦代际传承模式剖析

实际上,第一代家族创业者能够顺利将企业交给合适的接班人,并非一件易事,涉及创始人的因素、继承人的因素、两代人顺利交接的中介和途径。对于创始人而言,首先考虑的自然是自己的儿子、女儿,或者儿媳、女婿,爱妻是由岳父传承给女婿,主要是因为周赛方的女儿认为做企业太过辛苦,内心没有这种继承的意愿,加上鄂大川的性格、经验等条件较为适合,岳父将家族企业传承给女婿的这种独特方式也就顺理成章。同时,爱妻在发展过程中摊子铺得较大,周赛方一人精力不足,加之当时经营上也出现了一些问题,业绩逐渐下滑,周赛方必须尽快寻找到合适的接班人。

继承人对于创始人所经营的公司有经营兴趣和继承意愿至关重要,只有从内心里愿意接受,才会有激情和动力去继承公司并将其做大做强。当

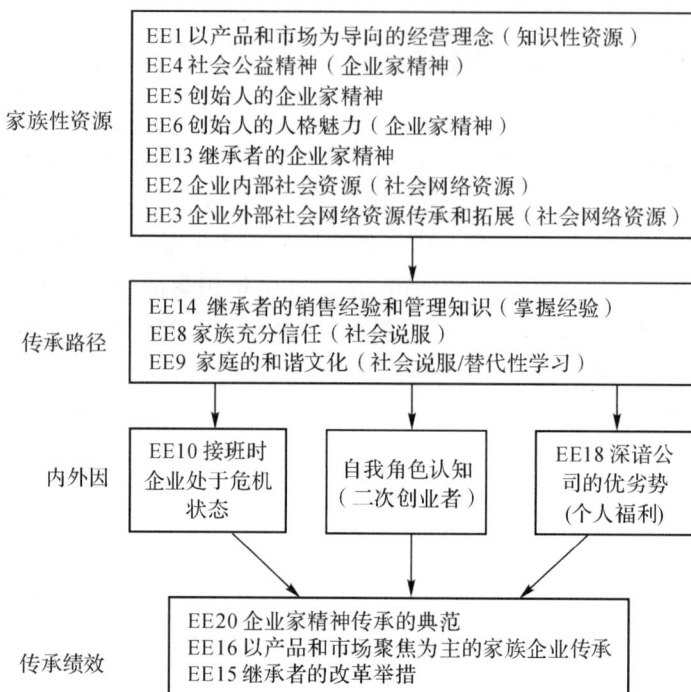

图 9-1 "基于企业家精神代际契合的以产业和市场为主导的聚焦传承"过程分析

然,继承人需要做好各方面的准备,如知识积累、经验积累、创业意识和创新精神、社会责任感等,都是不可或缺的。一旦继承人对家族事业建立了一种传承的责任感和使命感,那么顺利接班就成功了一半。

二、爱妻电器的聚焦代际传承模式下继承人的自我认知和传承契机

如图 9-2 所示,爱妻创始人周赛方的资源通过传承中介和途径,几乎都成功地传承给了继承人鄂大川,这离不开家族宽松的沟通氛围及岳父周赛方的豁达开明、充分信任等,更离不开继承人鄂大川的自我认知。2009 年正式从岳父手中接过爱妻时,鄂大川就没有把自己简单定位为继承者和守业者,而是将自己定位为一个二次创业者,不仅要让爱妻在自己的手中扭亏为盈、步入正轨,还是要在原有基础上实现二次创业,让企业面貌焕然一新、业绩稳健增长,提高产品的技术含量和品牌附加值,做到行业领先,品牌响亮。正是基于这样的自我认知和定位,鄂大川在继承的过程中,不仅将岳父的人格魅力、管理经验、质量观念、技术引进和升级理念、品牌意识、社会责任、敬业精神、创新精神、社会网络资源等吸收过来,而且结合自己的专业知识和

敏锐的商业意识,引入现代企业管理制度,完善公司的规章制度,制度化管理与人性化管理相结合,将公司治理得井然有序、生机勃勃。在此基础上,他结合经济形势和未来发展趋势,充分挖掘公司现有的技术优势、品牌优势和资本优势,整合企业资源,将原有的众多业务进行精简,并果断放弃外贸业务,集中优势生产和销售电压力锅、电磁炉和电饭煲等小家电,集中精力做内销,使公司产值在 210 年就达到了 3.5 亿元,2013 年更是超过了 8 亿元,公司销售业绩突飞猛进。

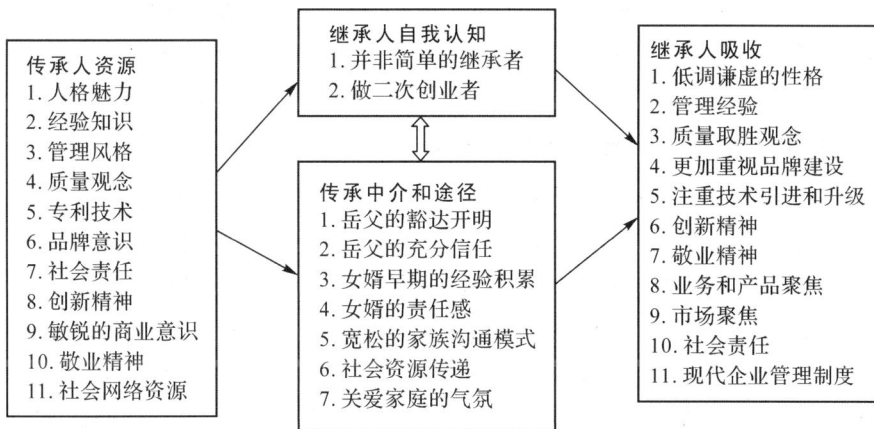

图 9-2 浙江爱妻电器有限公司聚焦代际传承模式

此外,爱妻的顺利传承也离不开创始人周赛方豁达开明的性格。周赛方一开始是要求女儿来继承爱妻的,但女儿觉得经营企业太累,因而怂恿男友鄂大川进入公司,但鄂大川也有顾虑,他银行做得顺风顺水,万一进入工厂不适应,如何退出将是一个问题。但终究架不住女友的软磨硬泡,于是瞒着周赛方通过面试进入企业的销售部门,一做就是一年,一年后二人才公开关系,周赛方非但没有责怪,反而对鄂大川非常赏识,不久就将公司的业务全权交给了鄂大川。一方面是继承人低调进入公司熟悉业务和产品,另一方面是传承人充分信任、完全放手,让继承人放手去干,从而沉下心来冷静思考,作出合理的决策,在这个过程中继承人逐渐产生了发展家族企业的使命感和责任感。

三、爱妻电器聚焦代际传承模式下的传承中介

在使命感和责任感的驱使下,继承人沉下心来,通过扎扎实实的工作实践,学到了电器行业的专业知识和管理经验,逐步完成了企业内部社会资本传承和企业外部社会资本传承。在自我效能感理论中,岳父行为处事潜移默化的影响可以归结为替代性学习,而1年的销售工作实践则是掌握经验的过程。当然这些资源的良好传承还有赖于两个中介条件。其一是家族的信任。创始人的彻底放权表明其对继承人的能力有信心,家庭内部的明确分工也体现了创始人对继承人的信心和用心。获得家族信任后,继承人对家族事业的责任感更强了。其二是宽松的家庭沟通气氛,这在传承初期非常重要。形式上是家人一起聊天,实际上是沟通和交流的有效渠道。这种家族文化很好地为家族企业的持续传承提供了支撑,也为传承的成功保驾护航。父辈的指导、建议、鼓励和肯定,能够改变继承人的自我效能感,所以这个过程就是一个典型的社会说服过程,体现了沟通的家族性。

四、爱妻聚焦代际传承模式下继承人的改革举措

在爱妻实现交接后,继承人以变革者和二次创业者的角色认知,使公司在品牌建设、新市场拓展、技术引进和技术升级等方面都有了长足的发展。品牌建设方面,鄂大川和岳父一样,认为只有拥有自己的品牌,公司才能够实现稳健发展,产品才能够获得更高的附加值。未来,他计划重点加强品牌建设,打造名牌,组建质量控制团队和供应链团队,进行品牌运作,坚持走品牌创新之路。鄂大川接手爱妻后的一系列动作都可以反映出其对品牌建设的重视。新市场拓展方面,他果断放弃外贸业务,专注于公司产品的内销。实际上,并不是外贸业务没有利润,而是鄂大川认为爱妻的外贸业务投入与回报不成正比,对于中国这样潜力巨大的市场,集中精力做内销,积极拓展国内各个省市的市场,投入回报率会更加可观。社会责任方面,爱妻在2013年宁海县企业环境行为信用等级划分中,关于企业污染物排放、总量控制、环境管理、守法经营、社会环境行为等评价指标均显示为蓝色(好)。鄂大川和岳父一样崇尚公益事业,近几年他带领爱妻不断参与宁波市光彩事业促进会事宜,也经常参与西店镇人民政府组织的爱心人事捐款。2014年还出资100万元捐助广西省百色市巴别中心小学等。企业家精神方面,与岳父一样,鄂大川保持着经常深入一线的习惯,经常深入车间第一线,亲自监督产品质量,把关技术改革,对这份事业可谓全身心的投入。

在这样的传承过程中,继承人最终和岳父一样形成了以技术、人才、责任为导向的经营理念,从译码分析过程中,不难发现翁婿二人对品牌建设和技术创新的持续关注,对人才的重视和对社会的责任感,敬业精神和创新精神等企业家精神,在代际传承过程中都被很好地传承下来了。

第五节　浙江爱妻电器有限公司代际传承总结与评价

一、以企业家精神资源为主导的家族性资源传承

在本案例中,企业家精神资源得到了有效的传承,极大地提高了企业的核心竞争力。案例中的企业家精神资源,包括爱妻两代人的创新精神、敬业精神、学习精神、执着精神、诚信意识以及敏锐的商业意识。企业家精神资源得以有效传承的最重要因素,是两代人都能够根据时代的变化,敏锐地把握商业契机,对所经营的事业有着不怕失败、敢于承担责任的挑战精神。这种精神使爱妻两代管理者对创业都有自己独特的见解。周赛方不安于现状的创业精神和对鄂大川的充分信任,使鄂大川在生活和工作中获得了大量替代性学习的机会,同时,鄂大川还根据自己的判断大胆创新,使企业原有的业务、产品和市场实现聚焦,最终实现家族性资源的有效传承。

二、以产品创新和市场创新为主线的聚焦传承

在公司的传承过程中,创始人及其家族对继承人给予了充分的信任和支持,传承人因此大胆聚焦于新产品研发和国内市场,以产品创新和市场创新为途径完成了家族企业的代际传承。鄂大川结合当时国际市场需求萎靡和家族企业所在行业产量过剩的实际情况,根据自己的工作经验和销售经历,果断决定整合企业资源,抛弃边缘产品,清理原有的庞杂业务,将企业资源聚焦于电压力锅、电磁炉和电饭煲等具有明显技术含量的产品,并不断提高产品技术水平;同时,他果断切割掉了企业的外销业务,专心做内销,着力提高企业产品在国内的市场占有率和市场知名度。这种集中自身优势发力的策略,不仅使家族企业摆脱了市场困境,还使其重新走上了快速发展的道路。

从爱妻的案例可知,家族企业的代际传承不必限于直系血亲之间,只要条件具备,翁婿传承也是一个好的选择。互相合作、家族信任、和谐的家族文化、人格特质的契合以及创始人的保驾护航,是成功传承的重要保障。爱妻在转移传承中实现了以企业家精神资源为主导的家族性资源传承、以产品创新和市场创新为主线的聚焦传承,从而不断发展与壮大。

第十章　案例六:宁波东方电缆股份有限公司

本章分析的案例是宁波东方电缆股份有限公司(后简称"东方电缆"),作为宁波的一家国家级高新技术企业、国家创新型企业,自 1998 年由夏崇耀(父)创立以来,其发展迅速,目前已申报上市。2009 年夏峰(子)进入公司后,利用其自身的理工科背景和技术优势及浙江省海洋经济发展的机遇,加强科学研究,以科技促发展,带领企业转型升级,目前东方电缆已经顺利完成家族企业的传承。在传承过程中,为更好地完成家族资源的传承,东方电缆采取了业务聚焦的形式(即聚焦海底电缆业务),传承人夏峰从科技研发和技术创新切入,一点一滴进行积累和沉淀,从而辐射公司的生产、销售等各方面业务,不仅提高了公司的核心竞争力,而且自身的能力逐渐提升,进而顺利接班。通过科技研发和技术创新,企业继承人在海底电缆和脐带缆的研发及产业化过程中各项能力快速提升,迅速成长为可以独当一面的青年企业家;与此同时,海缆业务的聚焦又让家族企业整体实力得到提升并实现可持续发展,也为公司顺利实现代际传承奠定了坚实的基础。因此,东方电缆这种以业务聚焦为路径的家族企业传承方式,是民营企业成功代际传承的典范,值得深入研究。

第一节　宁波东方电缆股份有限公司案例简要呈现

一、宁波东方电缆股份有限公司发展历史概述

宁波东方电缆股份有限公司成立于 1998 年,坐落于浙江省宁波市,位

于中国大陆海岸线中段，经济发达的长江三角洲南翼，毗邻上海、杭州，具有得天独厚深水良港的北仑港。注册资本 11000 万元，下设 2 个全资子公司，即江西东方电缆有限公司、宁波海缆研究院工程有限公司。

东方电缆是自主研发并专业制造电线电缆的企业，主要从事各种电线电缆的研发、生产、销售及其服务，主导产品为海缆、电力电缆和电气装备用电线电缆，主要包括 220kV 及以下交联电缆（交联海底电缆、光电复合交联海底电缆、高中低压电力电缆）、核电站用电缆、轨道交通用电线电缆、通信电缆等，其中以海缆、高压电力电缆为公司业务发展重点。拥有 500kV 及以下交流海缆、陆缆、±300kV 及以下直流海缆、陆缆的系统研发生产能力，并涉及海底光电复合缆、海底光缆、智能电网用光复电缆、核电缆、通信电缆、控制电缆、电线、综合布线、架空导线等一系列产品；同时提供海洋工程用线缆的客户定制化服务（如脐带缆等）；并通过了 ISO 三大体系认证，拥有挪威船级社 DNV 认证证书。

公司以"自主创新、精益管理、优化资源、科学发展"为指导思想，依托承担国家科技支撑计划项目"220kV 及以下光电复合海底电缆、海底交联电缆及生产装备开发"、国家高技术研究发展计划（"863 计划"）项目"水下生产系统脐带缆"关键技术研究和牵头起草海底电缆国家标准的契机，以海缆研究院为龙头，以院士工作站为载体，以标准为策略，逐步建立了竞争情报体系、应用研发体系和动态管理体系，为保持中国海缆第一品牌的地位不动摇奠定了扎实基础。

公司一直非常重视新产品和新技术的自主研发，公司与全资子公司共拥有专利 47 项，处于受理期的专利 3 项；被浙江省知识产权局和浙江省经济和信息化委员会评为浙江省专利示范企业。公司自主研发的"高等级大长度 110kV 光电复合海底电缆关键技术与产业化"2009 年被中华全国工商联合会评为科技进步一等奖，被中国机械工业联合会、中国机械工程学会评为中国机械工业科学技术奖二等奖，被浙江省人民政府评为浙江省科学技术奖二等奖，2012 年被中国海洋工程咨询协会评为海洋工程科学技术一等奖。公司自主研发的额定电压 35kV 三芯大截面光电复合海底交联电缆关键技术研发与产业化 2009 年被宁波市人民政府评为宁波市科学技术进步一等奖。公司自主研发的额定电压 35kV 及以下低烟无卤环保型地铁用电力电缆、核电站用耐辐射 1E 级电缆 2008 年被浙江省机械工业联合会评为浙江机械工业科技进步三等奖。公司的大长度 110kV 光电复合交联海底电缆、核电站用耐辐射 1E 级电缆被认定为国家火炬计划项目。

公司具有很强的技术创新能力。2009 年公司被浙江省财政厅、浙江省国资委、浙江省金融办、浙江省质监局和浙江省总工会评为浙江省创新型示范企业,被宁波市人民政府评为宁波市工业创业创新综合示范企业;2010 年公司被国家科技部、国务院国资委、中华全国总工会评为国家创新型企业。公司海缆系统研发创新团队被浙江省委办公厅、浙江省人民政府办公厅评为浙江省重点创新团队。公司建立了浙江省院士专家工作站、博士后科研工作站,并被共青团中央、中华全国青年联合会认定为中国青年科技创新行动示范基地。2008 年 9 月,公司被宁波市科技局、财政局、国税局和地税局认定为国家级高新技术企业,并于 2011 年 9 月通过复审。2007 年公司被浙江省经济贸易委员会、浙江省国家税务局、浙江省地方税务局、浙江省财政厅、杭州海关认定为浙江省企业技术中心。

公司在海缆领域的技术实力突出。根据中国电器工业协会电线电缆分会的相关证明,东方电缆(在海缆领域)拥有先进的技术、产品质量可靠,打破了国外企业垄断的局面。2011 年公司牵头制定了目前海缆领域唯一一个国家标准——《额定电压 10kV($U_{m}=12kV$)至 110kV($U_{m}=126kV$)交联聚乙烯绝缘大长度交流海底电缆及附件》(JB/T 11167.1-2011)。公司"220kV 及以下光电复合海底电缆、海底交联电缆及生产装备开发技术"项目被列入国家科技支撑计划重点项目;"水下生产系统脐带缆的制造工艺技术及试制""与±320kV及以下柔性输电用直流海缆关键技术研究"课题被列为国家"863 计划"子课题,"水下生产系统脐带缆关键技术研究(Ⅱ期)"课题被列为国家"863 计划"子课题。220kV 海缆和脐带缆的成功研发及投产打破了国外同行在海缆高端市场多年的垄断地位。2012 年,公司的 220kV 光电复合海底电缆被国家科学技术部认定为国家重点新产品,220kV 光电复合海底电缆系统试样通过了电力工业电气设备质量检验测试中心检测,型式试验项目全部合格,顺利取得检测报告。2013 年,公司的±200kV 和±160kV 直流海底电缆(含软接头)系统顺利通过国家电线电缆质量监督检验中心型式试验,取得检测报告。2013 年,公司率先生产并交付了±160kV 直流海缆并成功在南网大型风电场柔性直流示范工程上挂网运行,同时,公司的±200kV 直流海缆和陆缆中标国网舟山多端柔性直流示范工程。2014 年,公司的 33kV 光纤复合海底电力电缆(含工厂接头)通过荷兰 KEMA 检测机构的型式试验,取得检测报告。

公司是国内高电压等级海缆生产基地之一,也是宁波市制造业百强企业。公司产品被广泛应用于电力系统、电信系统、石化系统、工程设施等领域。公司通过了 ISO 9001:2008 质量管理体系认证、ISO 14001 环境管理体系认证和 OHSAS 18001 职业健康与安全管理体系认证。公司于 2012 年被认定为浙江省工商企业信用 AA 级"守合同重信用"单位和福利企业先进单位,于 2014 年被宁波市人民政府授予"2013 年度宁波市市长质量奖"。

公司始终以创新发展思维为宗旨,全力实现"拥有自主知识产权,具备世界先进水平,具有国际核心竞争力的现代企业"的宏伟愿景。

宁波东方电缆股份有限公司发展历程如表 10-1 所示。

表 10-1　宁波东方电缆股份有限公司发展历程

年　份	标志性事件
1998 年	成立宁波东方电缆材料有限公司
2005 年	投入巨资开始研发光电复合海底电缆
2006 年	中国单根截面最大、110kV 无接头最长的光电复合海缆投放市场,首创国内四个"第一"
2007 年	"220kV 及以下光电复合海底电缆、海底交联电缆及生产装备开发技术"列入国家科技支撑计划项目
2008 年	"水下生产系统脐带缆关键技术研究(II期)"课题被列为国家"863 计划"子课题
2009 年	"高等级大长度 110kV 光电复合海缆关键技术研发与产业化"获评中华全国工商联合会科技进步一等奖、机械工业部科技进步二等奖等多项荣誉; 中国首根电压等级最高、单根长度最长、截面最大的 110kV 光电复合海缆服务于南方电网联网工程; 成立宁波海缆研究院有限公司
2010 年	中国第一根自主知识产权的 220kV 干式交流海底电缆交付使用; 中国第一长度 110kV 干式交流海底电缆服务舟山群岛; 中国首根自主研发的动力脐带缆出口东南亚
2011 年	牵头制定的海缆领域唯一一个国家标准——《额定电压 10kV($U_m = 12$kV)至 110kV($U_m = 126$kV)交联聚乙烯绝缘大长度交流海底电缆及附件》(JB/T 11167.1—2011)正式发布实施; 国内用户使用的首根国产动态脐带缆成功应用于中国 CACT 作业者集团; "220kV 及以下光电复合海底电缆、海底交联电缆及生产装备开发技术"被列入国家科技支撑计划项目,顺利通过国家科技部验收。
2012 年	由于在科研和技术创新方面成就突出,成为国家创新型试点企业
2013 年	水下生产系统脐带缆(II期)被列为国家"863 计划"子课题; 被评为世界市场中国(电缆)十大年度品牌

二、宁波东方电缆股份有限公司代际传承简介

宁波东方电缆股份有限公司董事长夏崇耀、总经理夏峰,二人为父子关系。东方电缆的成功传承,既有转型升级的需要,又有技术创新的特点。一

方面,夏峰进入公司是在 2009 年从英国留学回来后,由于父辈创造了东方电缆这样一个良好的平台,夏峰也与其他的"创二代"一样,带着在英国留学期间培养的严谨的工作态度和理念以及电缆行业发展的方向性资料,进入公司即从研发和技术革新切入,从一张白纸起步,一点一滴积累,成立宁波东方海缆研究院,对海缆和脐带缆进行深入研究,获得了国家科技部和海洋局多个高层次项目,并获得多项授权专利。另一方面,国内电缆企业众多,大多没有自己的核心技术,靠低层次的价格竞争参与市场竞争。"十二五"期间国家呼吁节能减排,降低能耗,企业要加快转型升级,东方电缆作为国内的电缆企业之一,加快转型升级更是刻不容缓。夏峰在进入公司后,借着海洋经济发展的机遇和转型升级的需要,加强公司的研发,进行技术创新,从而使公司在发展过程中有了其他企业在短时间内无法模仿的核心技术,打破了国外企业在海底电缆和脐带缆方面的垄断,公司也从一家传统的制造企业升级为国家创新型企业,同时成为国内线缆行业知名度高、影响力大的企业,"东方电缆"也成为国内海缆生产的第一品牌。在这样一个过程中,夏峰从研发和技术逐步做起,不仅带出了属于自己的研发团队,还全面接管了公司的业务,这种传承既水到渠成,又在各方面工作的管理中提升了能力,从而顺利完成东方电缆的代际传承。

夏崇耀,1959 年出生,本科学历,中共党员,高级经济师,曾多次荣获全国、浙江省、宁波市"优秀乡镇企业家""优秀青年""优秀共产党员"称号,荣获"全国优秀青年科技创新奖"。历任宁波东方通信电缆厂厂长,东方集团董事长、总裁,江西东方董事长,东方大金董事长。曾担任宁波市政协委员、宁波市人大代表、宁波市北仑区人大常委,宁波市高新技术促进会副会长、浙江省青年科学技术协会副会长、浙江省总工会委员,中国电器工业协会电线电缆分会理事,宁波市企业联合会、宁波市工业经济联合会、宁波市企业协会副会长,宁波市电线电缆商会会长,浙江省电线电缆行业协会常务理事等社会职务。现任东方电缆公司董事长兼总经理。

与其他第一代创业者一样,夏崇耀从普通的推销员做起,一做就是 5年,这期间历经各种艰辛,吃了很多苦,积累了丰富的经验。后来,他抓住改革开放的机遇,利用集体企业改制的机会,成立宁波东方电缆材料有限公司。1999 年,宁波东方电缆材料有限公司更名为宁波东方线缆材料有限公司。公司在 20 世纪 90 年代发展迅速,进入 21 世纪,公司的业绩进一步增长。2004 年 12 月,根据公司股东会决议,并经宁波市工商局核准,公司更名为宁波东方电缆有限公司。随着公司业绩的迅速发展,低层次的竞争越来越不适应社会发展趋势，企业的发展遇到了国内同行业的激烈竞争，转型升级迫在眉睫。夏崇耀及时判断形势，借着中央大力发展海洋经济的契机，将眼光瞄准了广袤的大海，加上当时海底电缆又是国内同行业的软肋，夏崇耀开始将业务重点由陆地电缆向海底电缆转移。这种转移说起来简单，但做起来却困难重重，因为当时海底电缆的核心技术几乎全掌握在国外电缆工厂的手中，国内海缆技术尚处于起步阶段，要攻克技术难关需要较大的科研投入。于是2007年夏崇耀将已经大学毕业的儿子夏峰送到英国拉夫堡大学，攻读机械工程专业，希望其能够学习英国的先进技术，将来为企业技术创新打开局面。

　　夏峰，1985年出生，中学时代就非常优秀，由于父母经商，经常出差，初中起他就开始住校，这也间接养成了夏峰独立生活、独立思考和决策的性格。由于成绩优异，初中毕业后他就被直接保送到万里高中，2003年考入浙江科技学院，攻读工业工程专业。虽然杭州距离宁波很近，但作为家中独子的夏峰在大学期间很少回家，在学校里和同学一起过着无忧无虑的生活，而大学四年的学习也培养了他理工科的思维模式。2007年夏峰大学毕业，此时东方电缆的发展正如火如荼，但也面临着技术创新和转型升级的困境，父亲夏崇耀对已经大学毕业的儿子期望值很高，但其大学期间所学知识与东方电缆的现实要求相去甚远，因而在父亲的引导下，夏峰在大学毕业后就申请到英国拉夫堡大学留学，攻读机械工程大类中的先进制造工程专业硕士。英国留学的一年时间很短，但夏峰学到了很多，这个专业跟东方电缆公司的业务相关，学成之后可以直接应用到家族企业的发展中，对企业的发展有直接的帮助，而英国学者严谨的科研态度和作风也让夏峰受益匪浅。在采访中夏峰提到，英国的研究生教育与国内区别很大，国内以授课为主，英国是以项目的方式上课，一个项目一上就是7天，接下来7天学生自己完成项目任务，类似于做课题。这种独特的授课方式教的是一种方法和理念，重在培养学生独立思考的能力和创新思维，加上国外教学相对严谨，夏峰在留学期间学得非常投入，花了很多精力，当然收获也很大。一年的时间很快就过去了，接下来就是写毕业论文，国外的毕业论文要求比较高，而且绝对不能抄袭，夏峰花了三四个月写毕业论文，定期要向导师汇报，导师要把握论文方向有没有偏离。夏峰的论文由于质量较高，答辩时他又发挥不错，最终被评为优秀毕业论文，这在中国留学生中还是比较少的。

　　2008年夏峰硕士毕业后，恰逢英国一家与电缆行业相关的企业招聘实习生，他顺利进入这家公司实习，主要负责设备的安装和调试。实习的这一年夏峰吃了不少苦,也积累了丰富的实践经验。安装设备的工作要求很高,每天的工作就是跟着有经验的老师傅,戴着安全帽、防护镜,穿着专业的背心和铁鞋,总共加起来十多斤,因为设备很大,安装的时候要爬上爬下,每天如此,这个工作做起来是很辛苦的,但也正因为如此,夏峰中午的胃口特别好,吃得很香。虽然每天的食物都是肯德基、必胜客等快餐,但夏峰对这种食物还是比较习惯的。一年的实习,夏峰吃了很多苦,不仅对设备安装了如指掌,语言能力也大为提高,更重要的是,这些设备和东方电缆的设备类似,属于同一个行业,这对他后来经营家族企业有很大的帮助。实习阶段的生活非常充实,但结束后直接留在那里的难度比较大,而且夏峰认为在英国融入不了主流社会,感觉很不好;更为重要的是,父亲夏崇耀早已在电话中催促他回国进入企业准备接班。于是在2009年实习结束后,夏峰回国,进入东方电缆。

与其他的创二代不同,夏峰进入东方电缆后,并没有从传统的车间开始,而是结合自身在英国所学,根据东方电缆的实际情况,从技术创新切入,亲自招聘大学毕业生;为了组建海缆研究院,培养一支高水平的研究团队,身为集团副总裁的夏峰跟随父亲东奔西走,四处寻访专家。在拜访了多位海缆研究专家后,夏峰向父亲提议"柔性引智",即与专家维系一种"似紧非紧、似松非松"的管理合作关系,这样既可一同攻克海洋难题,又不占用他们太多的科研时间。征得父亲同意后,夏峰一次次赶赴全国各地,给清华大学、哈尔滨工业大学、浙江大学等高校及科研机构的18位专家一一送上了公司聘书。最终,依托中国海缆前沿生产技术,汇集以院士为代表的20多名国内知名专家,以及该企业50余名技术骨干的海缆研发团队——宁波海缆研究院成立了,夏峰任院长。通过近年来的不懈努力,夏峰成功牵手中国工程院院士、国内电缆电线行业领军人物黄崇祺,并在公司成立了院士工作站,开展国家科技支撑计划项目"220kV及以下光电复合海底电缆、海底交联电缆及生产装备开发"。不仅如此,他还领衔起草了海底电缆国家标准,使东方电缆成为国内唯一掌握海洋脐带缆设计分析技术,并能进行自主生产的民营企业。海缆研究院主要承担公司的科研项目研究和技术开发,夏峰担任院长后,父亲夏崇耀非常支持他的工作,完全放手让他去干,从来不过问细节。经过六七年的沉淀和积累,夏峰基本熟悉了这方面最前沿的研究领域和发展方向。

2009年夏峰从英国回来时,开发海洋经济与新能源建设的国家战略地位日益凸显,东方电缆的业务已经开始向海底电缆转移。当时,海洋领域研究对国内企业而言，还属于高精尖科学前沿项目。由于一些重要的尖端技术长期被国外企业所垄断，对于国内民营企业而言，人才和资本短缺更是严重。但夏峰却激流勇进，看准时机，适时转型升级。他回国时就带了一个项目，包括很多图纸和照片，他又找了一些企业一起研发，研发出来后即投入生产。在英国时他就是负责设备安装的，因此该项目的安装都是他亲自负责，这样海底电缆这一块的生产线就完成了，当时在国内属于比较领先的海缆业务也能满足要求了。海底交联电缆极易受到意外撞击及许多未知因素的影响，其制造装备和技术一直是世界公认的大型复杂技术工程。2010 年，国内首根 220kV 光电复合海底电缆在东方电缆诞生，一举打破了国外电缆巨头多年的垄断。

之后，东方电缆开始了脐带缆的研究。水下生产系统脐带缆是电缆（动力缆或信号缆）、光缆（单模或多模光缆）、液压或化学药剂管（钢管或软管）组合，似同婴儿维系在母体上汲取营养的"生命之带"，是海底油气勘采、海洋工程等领域的关键设备。脐带缆设计既要兼顾电力、通信、液压等功能，又要满足复杂海况动态响应要求，其材料强度、柔韧性、抗腐蚀和抗渗透要求极高。长期以来，我国使用的脐带缆全部依赖进口。为打破国外行业巨头垄断，借助海底电缆优势，在夏峰躬身领衔下，东方电缆开始了海洋深水脐带缆的研发。"水下生产系统脐带缆关键技术研究（Ⅱ期）"项目被列为"863 计划"子课题，并成为国家海洋局示范产业化项目。2009 年，夏峰带领团队开始了"超高压光电复合海底电缆以及海洋深水系统脐带缆"的研发，经过两年多的坚持与努力，东方电缆终于成为中国首家脐带缆生产企业。2013 年海缆研究院又在夏峰的带领下，在 220kV 海底电缆、海洋平台用深水海缆等方面获得授权专利 7 项，东方电缆的核心竞争力和知名度大幅提高。

由于在研发方面的突出成就，国家科技部、海洋局对东方海缆研究院的实力深信不疑，2014 年又将新的科研项目委托东方电缆来做。这样，东方电缆在科技研发的同时，既获得了国家的资金支持，又实现了核心业务的产业化，进而借助国家的力量提高了公司的知名度和声誉，公司的市场营销局面也就自然地打开了。

作为一个学院派的创业者，夏峰善于思考，在经营管理中独辟蹊径，通过差异化创新，找到了与其他电缆企业不同的发展方向。中国海底电缆市场未来竞争将越来越激烈，对于海缆的研究，夏峰将重点放在海上石油勘探和海上风电领域，启动"高电压等级柔性直流输电海缆"项目的研发。作为海洋经济的践行者,东方电缆目前已将业务从陆地拓展至海洋,并组建了宁波东方道柯海洋技术有限公司等涉海企业,以形成产业链互补、技术互补的海陆并进发展方向。公司主攻脐带缆系列产品,推进深海生产系统关键设备国产化。

除了脚踏实地做事、做企业之外,夏峰也积极承担社会责任,热心公益事业。在企业内部,夏峰致力于创建和谐企业,通过设立"困难互助资金",专门资助重病员工和特殊困难员工,并坚持每年春节走访慰问困难员工,把温暖和关爱送到每一名需要帮助的员工心中。除在公司任职外,夏峰还担任宁波市政协委员、市工商联执委、市"创二代"联谊会副会长等多个社会职务。一直以来,夏峰始终把公益慈善、环境保护、安全生产和关怀员工等视为己任,也作为企业发展的重要目标。近几年,公司先后设立了慈善帮困基金、未成年人重大病救助基金、新农村建设等一系列公益项目。正是在夏峰的极力倡导下,2013年东方电缆等4家公司联合发起设立了润慈公益基金会,基金会秉承"扶贫助教、关爱民生"的宗旨,积极扶贫助残,资助弱势群体。

2014年6月,东方电缆公司承担的"大长度高电压光电复合海底电缆关键技术研发与产业化"项目,因攻克了大长度高电压光电复合海底电缆关键技术难题,实现大长度高电压光电复合海缆的国产化,为解决孤岛供电、发展海洋经济、维护海洋权益作出了突破性贡献,获国家能源科技进步二等奖。其中夏峰功不可没,时年29岁的夏峰已然成为国内知名海缆品牌的代言人。经过多年的深造和实践研究,他最终打下了深厚的专业基础。如今,在他的带领下,东方电缆成为宁波乃至浙江地区海洋装备产业发展的领跑者。

夏峰从企业的技术角度切入,以技术创新带动市场营销、品牌建设和人力资源建设,从仅仅负责企业的研发到全面负责公司的各项事务,目前已经成为公司的副董事长和副总经理,完全可以独当一面,这样的代际传承不仅自然、水到渠成,而且是宁波家族企业代际传承的典范。在采访中,夏峰不断提到两点:一是现代企业尤其是电缆行业要实现可持续发展,必须有技术方面的沉淀和积累,从而形成企业的核心竞争力,只有这样其他企业就不可能在短时间内进行复制和模仿;二是他从内心里不喜欢经济、金融这类专业,而对理工科知识非常感兴趣,特别是技术方面,钻研得比较深入,这也促成了他从技术创新切入,逐渐实现代际传承。

第二节　宁波东方电缆股份有限公司案例典型性分析

一、产业代表性

电线电缆是输送电（磁）能、传输信息和实现电磁能量转换的线材产品，广泛应用于国民经济各个领域，被喻为国民经济的"血管"与"神经"。电线电缆制造业是国民经济中最大的配套行业之一，是机械行业中仅次于汽车行业的第二大产业，电线电缆产品广泛应用于电力、能源、交通、通信、汽车以及石油化工等产业，其发展受国内外宏观经济状况、国家经济政策与产业政策以及各相关行业发展的影响，与国民经济的发展密切相关。

目前，中国电线电缆制造业总产值已超过美国，成为世界第一大电线电缆生产国。从 2006 年开始，我国先后出台了《国务院关于振兴装备制造业发展的若干意见》以及《装备制造业调整和振兴规划》等政策，电线电缆行业的需求大幅增加，电线电缆行业的产值大幅提升。2011 年开始，国民经济"十二五"发展规划以及多地的区域海洋经济发展规划等一系列政策相继出台，江苏四大风电项目特许权招标等工作纷纷启动，全国第一个海洋经济特区——浙江舟山群岛新区获批，这些举措必将带来海洋能源开发的加速发展，进而产生对海缆的巨大需求，海缆即将进入一个黄金发展期。

东方电缆则是自主研发并专业制造电线电缆的企业，主要从事各种电线电缆的研发、生产、销售及其服务，主导产品为海缆、电力电缆和电气装备用电线电缆，主要包括 220kV 及以下交联电缆（交联海底电缆、光电复合交联海底电缆、高中低压电力电缆）、核电站用电缆、轨道交通用电线电缆、通信电缆等，其中以海缆、高压电力电缆为公司业务发展重点。虽然电缆企业在国内数量众多，但大多是没有自主知识产权和核心技术的企业，东方电缆靠着自身在海底电缆和脐带缆方面的核心技术，已经成为国内该行业的龙头老大。充分利用海洋资源发展海洋经济，已经成为世界各国的共识，"十二五"期间，电力电缆和架空导线行业市场、海底电缆的市场（海上石油平台、海上风力发电及输电等）、电气装备用电线电缆和通信电缆的市场需求稳步增长，东方电缆公司市场前景广阔。

二、企业代表性

东方电缆生产的产品属于海洋产业,是典型的战略型新兴企业,公司拥有多项专利生产技术,已经成为国家创新型企业,在宁波市甚至浙江省都有很强的代表性。

(一)公司研发实力雄厚,自主创新能力强

东方电缆是国家级高新技术企业、国家创新型试点企业、浙江省创新型示范企业、宁波市工业创业创新综合示范企业、中国青年科技创新行动示范基地,海缆系统研发创新团队为浙江省重点创新团队。公司建有省级企业技术中心、院士工作站、博士后科研工作站。通过长期的引进和培养,公司建立了一支拥有 93 名技术人员的高水平专业技术团队,拥有专业的海缆研发平台和海缆研发团队。公司是浙江省专利示范企业,目前拥有 47 项专利,包括 12 项发明专利、35 项实用新型专利,3 项发明专利正在申请。

(二)健全的研发机制

东方电缆建立了完善高效的技术创新组织体系:科学技术协会负责技术、研发的决策、评审;企业技术中心负责研发的组织和协调;专业项目组负责项目的具体实施。公司坚持"跟踪—调研—消化吸收—创新—领先—再创新"的技术创新路径与原则,以市场为导向,紧跟国际前沿技术,始终保持海缆技术在国内的领先优势。同时,公司制定了形式多样的人才激励政策和绩效考核制度,高度重视对研发人员的再培养,提高研发人员的积极性,为公司技术创新提供了保障。

(三)海缆产品核心技术优势明显

东方电缆通过持续的技术创新和自主研发,逐步在海缆产品制造和工业设计两个领域内形成了 17 项核心技术,并获得 38 项专利,是国内少数拥有成熟的 110kV 及以上海底电缆和脐带缆生产技术的企业,打破了国外线缆生产巨头在高电压海缆领域多年的市场垄断。

2005 年,公司成功开发填补国内空白的 35kV 光电复合海底电缆、海底交联电缆。2006 年,公司成功开发 110kV 及以下海底电缆并投放市场。2007 年,公司参与的 220kV 及以下光电复合海底电缆、海底交联电缆及生产装备开发技术被列入电线电缆行业首个"国家科技支撑计划重点项目"。2008 年,公司的"水下生产系统脐带缆的制造工艺技术及试制"课题被列为国家"863"计划子课题。2010 年,公司中标的浙江省电力公司舟山电力局泗

礁输变电工程项目 102.9 千米 110kV 交联海底电缆打破国内同等级交联海底电缆的长度纪录。同年 10 月,公司生产并交付了国内最高电压等级的 220kV 光电复合海底电缆,目前该产品已安全挂网运行超过一年且用户使用报告显示该产品性能符合设计要求,浙江省电力公司出具的《宁波东方电缆股份有限公司 220kV 海缆挂网运行综合评审报告》显示产品性能稳定,运行期间情况良好,满足电网安全生产要求。2010 年,公司生产的首根国产脐带缆——动态脐带缆成功出口印尼,进入国际市场。2011 年,公司为中国 CACT 作业者集团制造的动态脐带缆,也是国内用户使用的首根国产脐带缆交付使用。2011 年,公司牵头制订了目前海缆领域唯一一部国家标准——《额定电压 10kV(U_m=12kV)至 110kV(U_m=126kV)交联聚乙烯绝缘大长度交流海底电缆及附件》(JB/T 11167.1－2011)。2012 年,公司 220kV 光电复合海底电缆被国家科学技术部认定为国家重点新产品,220kV 光电复合海底电缆系统试样通过了电力工业电气设备质量检验测试中心检测,型式试验项目全部合格,顺利取得检测报告。2013 年,公司生产的±200kV 和±160kV 直流海底电缆(含软接头)系统顺利通过国家电线电缆质量监督检验中心型式试验,取得检测报告。2013 年,公司率先生产并交付了±160kV 直流海缆并成功在南网大型风电场柔性直流示范工程上挂网运行,同时,公司生产的±200kV 直流海缆和陆缆中标国网舟山多端柔性直流示范工程。2014 年,公司生产的 33kV 光纤复合海底电力电缆(含工厂接头)通过荷兰 KEMA 检测机构的型式试验,取得检测报告;公司的"水下生产系统脐带缆关键技术研究(Ⅱ期)"课题被列为国家"863 计划"子课题并正式启动。

三、传承代表性

东方电缆公司的代际传承,其实是一个非常自然的过程,夏崇耀送儿子去英国留学,选择先进制造工程专业,其用意就是让儿子学习和公司业务相关的知识,为将来接班做准备。夏峰在英国学习期间,已经开始关注东方电缆的业务和发展方向,其在实习期间从事的设备安装工作,也为后来进入公司积累了丰富的经验。2009 年夏峰从英国留学回来后,进入企业并没有全面接管公司的业务,而是从技术创新入手,着手组建自己的核心科研团队,并成立东方海缆研究院,将自己的重点放在公司未来发展方向上,即海底电缆和脐带缆方向,结合公司的实际情况,承担国家科技部、海洋局的科研项目,进行研究与开发,逐步实现产业化。通过对海底电缆和脐带缆的研发,公司的知名度逐渐提高,从而带动了公司的市场营销、品牌建设和企业管理,夏峰则由主管研发的部门经理发展成为全面接手公司业务的副总经理。这种以业务聚焦方式进行代际传承的方式,有很强的代表性,传承人高瞻远瞩,让继承人学习先进的技术,从而在接手公司时有自身的核心优势;继承人则凭借其读书和实习期间在技术方面的积累和沉淀,以技术创新切入公司业务,逐渐接手公司业务,顺利实现传承。

夏峰在回国后带领东方海缆研究院的科研团队,开展了一系列的科研项目,包括国家科技部、海洋局的一系列项目,既增强了公司的科研实力,又提升了公司的业绩,更为重要的是,夏峰在工作的过程中,各方面的能力不断提高,逐渐成长为可以独当一面的管理者。

四、传承效果分析

(一)公司的核心竞争力提高

夏峰进入公司后,业务重点向海缆转移,公司在海缆方面的投入不断增加。公司 2014 年的融资计划中,总融资 4 亿元,其中 1.8 亿元用于补充流动资金,余下的 2.2 亿元则投向海缆项目。在海缆业务方面,2013 年度实现营业收入 1871.90 万元,净利润 304.64 万元,该项业务的净利率为 16.27%,远高于公司传统电线电缆业务。海上风电场是目前国际新能源发展的重要方向,也将是我国风电产业发展的"方向中的方向"。海上风电需要通过铺设于海底的电缆传输回岸上,因而必将拉动国内市场对海缆的需求。公司在海缆业务方面发展迅速,加上核心技术的研发,其核心竞争力不断提升,在同行业中的地位逐渐提高,目前已经成为国内电缆行业的龙头企业。2014 年 8 月,东方电缆发布了招股说明书,拟在上交所上市并募集资金,其中很大一部分将用于公司未来海缆业务的发展。

(二)家庭成员认可,社会评价高

自 2009 年进入公司,夏峰从公司的科研团队组建到东方海缆研究院的成立,从参与国家科技部"863 计划"项目到现在亲自主持科研项目,从研发部门辐射到公司各个部门,一步一个脚印,踏踏实实做事,认认真真做人,继承了父辈身上内敛、谦虚的特质,他聚焦技术创新,不断提高公司的核心竞争力和知名度,将东方电缆做到了前所未有的高度。父亲夏崇耀对此十分自豪,也非常满意。从社会评价来看,不论是浙江的媒体,还是宁波的媒体,都对"创二代"夏峰给予了极高的评价。从《浙江日报》到《宁波日报》,从浙江在线新闻网到宁波创二代网,均从不同方面对夏峰利用技术创新和海底电缆研发促进企业转型升级进行了报道和评价,社会各界对这位年轻的副总经理给予了高度评价,并对其未来的发展寄予了很高的期望。

(三)企业员工满意

进入公司后,夏峰除了关注公司的技术创新、市场营销、品牌建设、产品质量之外,还非常重视人力资源建设,尤其关注企业员工的满意度。东方海缆研究院成立后,夏峰亲自到全国各大院校招聘应届毕业生,组建公司的科研团队,这些新员工专业各不相同,包括海洋经济、通信工程、机械工程等,夏峰与他们一起摸索,共同参与课题的开发与研究,通过几年的打磨,团队成员之间相互信任,员工对夏峰做事、做人都相当信服,满意度很高。在研究院的专家队伍建设方面,夏峰提议"柔性引智",即与各地专家维系一种"似紧非紧、似松非松"的管理合作关系,征得父亲同意后,夏峰一次次赶赴全国各地,给清华大学、哈尔滨工业大学、浙江大学等高校及科研机构的18位专家一一送上了公司聘书。最终,依托中国海缆前沿生产技术,汇集以院士为代表的20多名国内知名专家,以及该企业50余名技术骨干的海缆研发团队——宁波海缆研究院成立了,夏峰任院长。在企业内部,夏峰致力于创建和谐企业,设立了"困难互助资金",专门资助重病员工和特殊困难员工,并坚持每年春节走访慰问困难员工,把温暖和关爱传递给每一名需要帮助的员工。

总之,东方电缆公司的代际传承,不仅仅是一种传承和守业,还是在父辈的肩膀上,牢牢把握当前社会发展的趋势,聚焦公司的技术创新,利用研发和技术优势逐渐接管公司,通过不断承接国家级的科研项目提升公司的核心竞争力,使公司有了自己的核心技术,严格意义上讲,这就是二次创业。借用夏峰自己的话,随着环境和条件的变化,我们这一代绝不能是简单的继承,更要在现有的基础上拥有自己的核心技术,并不断积累和沉淀,才可能不被其他企业简单复制和超越。

第三节　宁波东方电缆股份有限公司代际传承资料的开放性译码分析

宁波东方电缆股份有限公司"基于资源观的聚焦式传承"资料整理完毕之后,本章开始对数据进行扎根理论的开放性译码分析。开放性译码是一种基于实地资料提炼出来的概念和范畴来准确反映资料本质的过程,是基于仔细考察和比较分析从而为实地资料中的现象或事件取名字并加以分类、整合的创造性分析过程。开放性译码阶段分析,可以实现个案资料的概念化和范畴化,实现对资料的提炼、比较、归纳和整合。通过指认现象、界定概念、提出范畴等具体阶段,实现案例资料的聚敛,确保资料到概念、概念到范畴的提炼和操作科学准确,为下一阶段的主轴译码分析奠定基础。

一、开放性译码的定义现象和标签归类

为了便于资料的分析,本书将东方电缆案例称为个案 F。为了确保实地资料提炼的连续性、渐进性,本书将个案 F 的资料开放性译码分析细分为四个步骤,即贴标签(定义现象)、初步概念化、概念化和范畴化,本节先介绍前两个步骤,具体思路如下。

首先,将实地资料置于表格之中,为了提高分析的精确度和严密性,便于对资料进行逐句定义,在表格第一栏,即整理后的实地资料部分每句话后面都标注"(fx)";其次,将表格第二栏"开放性译码"划分为"贴标签(定义现象)"和"初步概念化"两部分内容,体现研究的递进性;再次,用第二栏的"fx ＋概念"对应第一栏的"句子＋(fx)",于是,第一栏的整体内容就转换为由第二栏"贴标签(定义现象)"部分的概念群表示;最后,提炼中难免会出现多个标签指代同一现象的情况,或者多个标签具有本质一致性的情况,因此,对"贴标签(定义现象)"一栏的内容进行重新归类,并以"ffy＋概念"指代前面那些本质上类似的标签(比如 fx1、fx2、fx3 等),于是,ffy 就成为一个表达同类定义的初步概念,而这些定义的归类在本质上反映了对现象的归类。

总之,经过对资料进行逐句贴标签(定义现象)和初步概念化,最终得到131 个标签和 88 个初步概念。贴标签(定义现象)和初步概念化详见表10-2。

表 10-2 个案 E 的开放性译码表:贴标签(定义现象)和初步概念化

个案 F 的代际传承访谈资料	开放性译码	
	贴标签 (定义现象)	初步概念化
夏崇耀,生于 1959 年 11 月,宁波北仑人,本科学历,高级经济师(f1)。夏崇耀是那种从实践工作中经历很多磨难成长起来的企业家(f2),他是家里最小的孩子,本来父母心疼幼子为其谋了一份在机关里写宣传材料的工作,但夏崇耀却执意要进工厂,还毛遂自荐做起了营销(f3)。20 世纪 70 年代的营销工作,其实就是推销员,夏崇耀凭借自己的执着和闯劲,一跑就是 5 年(f4)。坐着最便宜的火车,背着各式各样的鞋,全国各地跑,白天推销产品(f5),晚上看电影,看电影时就开始思索顾客的需求与市场经济,总结自己心中的市场规律(f6)。5年的推销员经历,锻炼了夏崇耀的筋骨,也让其认识到了社会,逐渐摸索出了市场规律。后来,夏崇耀开始负责工厂的物资供应工作,当时生产用的塑料是塑料再生料,工厂本身没有加工能力,要委托其他加工厂去加工,夏崇耀在这期间也练就了一身过人的本领:只要把产品放在其面前,他就可以把配方说出来,还能说出这种塑料的质量和价格。这种孜孜不倦的好学精神,为后来夏崇耀的创业奠定了坚实的基础(f7)。	f1 父专业知识 f2 父实践经验丰富 f3 父不甘平庸 f4 父持之以恒 f5 父吃苦耐劳 f6 父勤于思考 f7 父上进好学	ff1 父知识准备(f1 f6 f7 f37) ff2 父经验获得(f2 f4 f5) ff3 父创新精神(f3 f11 f31 f35)
1985 年,夏崇耀被调到宁波东方通信电缆厂工作,并当上了厂长(f8)。计划经济时代,产品不愁销路,唯一稀缺的是铜和塑料这些原材料,找计划外的原材料便成为夏崇耀的重要工作。这期间,夏崇耀想尽各种办法,吃了不少的苦,但迫于计划经济的限制,工厂发展缓慢(f9)。当时没有技术,没有齐备的型号规格,没有知名度,夏崇耀开始在自己的优势——销售上下功夫,为上海劳务塑料厂负责销售业务,成绩突出。之后工厂又与上海劳务塑料厂进行联营,方站稳脚跟(f10)。在此基础上,夏崇耀进一步思考工厂的未来,在 1990 年果断与台湾商人进行合作,由台湾商人投入总资产的25%,成立宁波东方电线电缆有限公司(f11)。合资使得夏崇耀有了大发展的信心和勇气,宁波东方集团有限公司开始起步。这在当时属于比较冒险的一步,现在看来也是领先其他企业的一步。当时在宁波,像夏崇耀这样的企业家数量上千,大家都在为生存而拼搏,东方电缆能够生存下来已足以让人欣喜。夏崇耀在宁波当地的企业家中学历绝非	f8 父具备领导能力 f9 父勇于面对问题 f10 父善用自身优势 f11 父选择合资方式发展公司	ff4 父远见卓识(f11 f20 f22 f31 f44) ff5 父领先意识(f12 f25 f43 f47) ff6 父性格特征(f3 f5 f36 f39 f112)

续表

最高,经历也不是最丰富,背景则更谈不上,之所以能够脱颖而出成为优秀创业企业家,在于他"永远领先别人一步"的创业理念(f12)。1993年,公司发展迅速,改名为宁波东方集团有限公司,夏崇耀担任公司总裁、董事长,公司开始从事通信器材的研制开发(f13);1996年,夏崇耀带领东方集团走到了通信行业的产业顶峰——光通信缆的生产(f14)。	f12 父经营公司的领先意识 f13 公司业务转型 f14 公司业绩突出	ff7 父人才意识(f16 f17 f18)
在重视产品质量的同时(f15),夏崇耀也非常重视人才(f16)。一方面,夏崇耀认为待遇是留住人才的重要因素,要满足员工基本的物质需要。除了工资待遇外,夏崇耀还为在公司工作5年以上的员工提供近100平方米的完全产权住房,员工对这个条件非常满意(f17)。另一方面,夏崇耀认为留住人才的关键是知人善任、唯才是用,公司应提供一个平台让每一个人充分发挥自己的才能,体会到工作的成就感(f18)。如有一个技术人员,曾在国有企业工作,后来义无反顾地来到了东方集团,夏崇耀曾问他:"是为了好的待遇来到东方吗?"这名技术人员直言不讳地答道:"在东方集团可以从事自己喜欢的开发新产品的项目。"	f15 父重视产品质量 f16 父重视人才 f17 父用待遇留人 f18 父用平台留人 f19 父思维敏捷、商业意识敏锐	ff8 父产品意识(f15 f35 f41) ff9 父技术战略意识(f30 f42 f43 f48)
夏崇耀是一个善于思考、商业思维敏锐的商人(f19),在公司发展旺盛时思考公司未来的发展方向(f20),在公司遇到困难的时候则思考解决这些困难的办法(f21),这种思维模式使东方电缆能够在不同的时期、不同阶段找到自身的增长点,从而实现可持续发展(f22)。1997年2月的一天,夏崇耀在办公室里思索:公司在国内通信市场中可以说已经站稳了脚跟,产品有较好的销路、企业有较高的经济效益,但每年的1—3月份生产淡季是否意味着我们还忽略了什么? 在这期间我们还能做些什么(f23)? 这时一条信息惊醒了夏崇耀:某通信设备生产厂家产品外销量占总产量的90%以上。夏崇耀的脑海迅速掠过四个字——国际市场(f24)! 公司的产品要走进国际市场,首要的途径就是外贸。虽然当时有人提出,走进国际市场利润比较低,而且对产品质量要求更高,但夏崇耀坚定地说,进入国际市场的时机我们已经失去,不能再犹豫,这是与国际接轨提升产品质量、提高公司知名度的重要途径(f25)。1996年,公司的出口额只有23万港币(约3万美元),1997年飙升至100万美元,1998年超过200万美元,2000年则直接突破了500万美元大关(f26)。更重要的是,通过出口	f20 父眼光长远 f21 父善于解决问题 f22 父寻求公司的长远发展 f23 父善于思考问题 f24 父具备超强捕捉信息能力 f25 父欲进军国际市场 f26 公司外贸业绩突飞猛进	ff10 父市场意识(f19 f34) ff11 父全局意识(f9 f10 f21 f23 f28 f29) ff12 父管理风格(f16 f17 f18 f109 f112)

业务的发展,公司产品的质量进一步提高,国际知名度提升,发展商机也随之而来,如美国金华公司开始跟东方电缆合作,投资 5000 万美元开发光机光缆(f27)。	f27 出口业务带动公司知名度	
在东方电缆员工眼里,夏崇耀不仅总经理,更是一个"船长"(f28)。夏崇耀的"5 万与 50 万"理论(f29),员工们都熟知。他说,一个年产 50 万辆农用拖拉机的厂家在产品知名度、经济效益上肯定不如年产 5 万辆小汽车的厂家,为什么? 技术含量不一样! 夏崇耀本着技术引领方向的理念(f30),不断调整着东方电缆的发展方向,从开始的数据化智能电缆的规模生产,到 2005 年将目光瞄准海底电缆的生产,到现在走差异化发展道路,将公司建成集设计、研究、生产、销售、施工敷设和技术服务于一体的专业化海缆系统集成供应商,无不体现出夏崇耀抢先一步的经营理念(f31)。	f28 父经营公司方向明确	
	f29 父有独到的见解	
	f30 父明确技术引领方向的理念	ff13 父企业家精神(f108)
	f31 父抢先一步,瞄准"蓝海"	
1998 年 10 月,宁波东方电缆材料有限公司成立,注册资本 120 万元。公司在夏崇耀的带领下,迎来了高速发展的时机,公司的员工不断增加,公司的业绩突飞猛进(f32)。到了 2004 年,全国电缆行业竞争加剧,开始出现产品趋同、产品附加值降低的现象,电缆企业有 7000 家以上(f33)。夏崇耀又敏锐地嗅到了来自惨烈竞争的硝烟味(f34),2005 年稳重而踏实的夏崇耀获悉舟山群岛的供电部门准备更新其老旧的海底电缆时,他的脑海里立即闪过"海底电缆"这四个字,这或许是公司转移发展方向的最佳时机(f35)。传统的电线电缆制造业并不是一个技术含量很高的行业,进入门槛较低,到 2005 年时中国电线电缆行业已经趋向饱和。经过仔细的论证(f36),夏崇耀发现能够设计制造海底电缆的中国企业屈指可数,这些企业的规模并不大,技术水平也乏善可陈(f37)。但困难也是显而易见的,海底电缆生产所需的技术和设备与传统电缆不尽相同,且其客户比普通电缆客户严苛很多,进入这个新的领域壁垒很高,退出壁垒非常之高(f38)。面对这些困难,夏崇耀认真分析,细致考察(f39),最终发现客户普遍反映的是海底电缆的维修问题(f40),而东方电缆位于北仑区,在维修方面有着得天独厚的条件,因此夏崇耀最终决定涉足海底电缆,通过差异化实现业务的纵深延展。这一决定又领先了其他企业不止一步(f41)。	f32 公司业绩突出	
	f33 公司竞争环境加剧	
	f34 父商业嗅觉敏锐	
	f35 父欲开展海底电缆的研发与生产	
	f36 父理性、求真	
	f37 父仔细研究	
	f38 父分析转型面临的困难	
	f39 父谨慎细致	ff14 父机会识别行为(f24 f34 f38)
	f40 父发现切入海底电缆的角度	
	f41 父又抢先一步,涉足海底电缆	
夏崇耀深知,海底电缆的技术突破是东方电缆未来发展的核心(f42),于是在 2005 年果断决定投	f42 父明确需技术引领	

续表

资 3 亿元用于海底电缆的研发(f43),这不仅体现出夏崇耀涉足海底电缆的决心,也表现出其敏锐的商业意识和对公司未来发展方向的把握(f44)。 　　2007 年 9 月,公司更名为宁波东方电缆股份有限公司,注册资本增加到 9000 万元(f45)。公司不断发展壮大,夏崇耀的独生子夏峰也于 2007 年 7 月大学毕业(f46),这时夏崇耀已经在思考儿子接班的问题了(f47)。夏峰在大学期间学习工业工程专业,属于理工科(f48),但他在大学期间对自家的企业关注较少,夏崇耀于是决定让夏峰到英国留学,攻读先进制造工程硕士(f49)。夏崇耀一方面是想让儿子去英国这个装备制造业发达国家学习其最精深的专业(f50),另一方面是想提高夏峰的语言能力(f51),引导其关注东方电缆公司的业务和海底电缆的发展趋势,期望他将来回国接管东方电缆的业务(f52)。 　　夏峰,1985 年出生,理性、沉稳,富有创新精神(f53)。夏峰在中学时代就非常优秀(f54),由于父母经常出差,初中时他就开始住校,这也间接培养了夏峰独立生活、独立思考和独立决策的能力(f55)。由于成绩优异,初中毕业后被直接保送到万里高中(f56),2003 年考入浙江科技学院,攻读工业工程专业(f57)。虽然杭州距离宁波很近,但作为家中独子的他在大学期间很少回家,在学校里和同学一起过着无忧无虑的生活(f58),而大学四年的学习培养了他求真、务实、理性的理工科思维模式(f59)。2007 年夏峰大学毕业,此时东方电缆的发展正如火如荼,但也面临着技术创新和转型升级的困境,父亲夏崇耀对已经大学毕业的儿子期望很高(f60),但其大学期间所学知识与东方电缆的现实要求相去甚远,因而在父亲的引导下,夏峰申请到英国拉夫堡大学留学,攻读机械工程大类中的先进制造工程专业硕士(f61)。之所以没有选择其他二代们热衷的管理或金融专业(f62),是他其从内心里不喜欢管理和金融专业,他认为管理更需要通过实践等多种渠道学习,需要通过自己的感悟去领会,金融专业则更加宽泛,而自家企业是做实业的,他更喜欢求真、务实的理工科专业(f63)。英国留学的一年时间很短,但夏峰学到了很多,其所学专业与东方电缆的业务相关,学成之后可以直接应用到家族企业的发展中(f64),而英国学者严谨的科研态度和作风也让夏峰受益匪浅(f65)。在采访中夏峰提到,英国的研究生教育与国内区别很大,	f43 父花巨资用于海底电缆研发 f44 父远见卓识 f45 公司规模扩大 f46 子大学学历 f47 父计划公司传承问题 f48 父考虑子大学理工科背景 f49 父子协商,留学英国,学习先进制造专业 f50 拓展子专业知识 f51 提高子语言能力 f52 父引导方向,盼子归国接班 f53 子理性沉稳,富于创新精神 f54 子学习优秀 f55 子独立性强 f56 子成绩优异 f57 子大学理工科背景 f58 子大学生活充实 f59 子理性思维模式 f60 父期望子早日接班 f61 子英国攻读先进制造专业 f62 子不跟风,有主见 f63 子骨子里求真务实 f64 子所学专业与公司吻合 f65 子留学收获颇丰	ff15 子知识准备 (f46 f54 f56 f57 f58 f61 f64 f66 f68 f70) ff16 子经验获得 (f71 f72 f73 f74 f75 f79) ff17 子创新精神 (f53 f67 f70 f102) ff18 子理性思维 (f59 f61 f110) ff19 子个人声誉 (f124 f126 f127 f128)

续表

国内以授课为主,英国是以项目的方式上课,一个项目一上就是 7 天,接下来给 7 天时间学生自己完成项目任务,和做课题一样(f66)。这种独特的授课方式教的是一种方法和理念,重在培养学生的独立思考能力和创新思维,加之国外教学相对严谨(f67),他在留学期间学得非常投入,花了很多精力,当然收获也很大(f68)。一年的时间很快就过去了,接下来就是做毕业论文,国外的毕业论文要求比较高(f69),而且绝对不能抄袭,夏峰的论文写作花了三四个月,定期要向导师汇报,导师要把握论文方向有没有偏离。夏峰的论文由于质量较高,答辩时他又发挥不错,最终被评为优秀毕业论文,这在中国留学生中还是比较少的(f70)。	f66 子接受英国项目化教学	ff20 子性格特征(f55 f62 f63 f75)
	f67 子独立思考,创新意识增强	
	f68 子留学专业知识深化	
	f69 硕士毕业论文要求颇高	
	f70 子硕士论文答辩获得优秀	ff21 子价值观(f80 f82)
2008 年夏峰硕士毕业后,恰逢英国一家与电缆行业相关的企业招聘实习生,他顺利进入这家公司实习(f71),主要负责设备的安装和调试(f72)。实习的这一年夏峰吃了不少苦,也积累了丰富的实践经验(f73)。安装设备的工作要求很高,每天的工作就是跟着有经验的老师傅,戴着安全帽、防护镜,穿着专业的背心和铁鞋,总共加起来十多斤(f74),因为设备很大,安装的时候要爬上爬下,每天如此,这个工作做起来是很辛苦的,但也正因为如此,夏峰中午的胃口特别好,吃得很香(f75)。虽然每天的食物都是肯德基、必胜客等快餐,但夏峰对这种食物还是比较习惯的(f76)。一年的实习,夏峰吃了很多苦,不仅对设备安装了如指掌(f77),语言能力也大为提高(f78),更重要的是,这些设备和东方电缆的设备类似,属于同一个行业,这对他后来经营家族企业有很大的帮助(f79)。实习阶段的生活非常充实,但结束后直接留在那里的难度比较大,而且夏峰认为在英国融入不了主流社会,感觉很不好(f80);更为重要的是,父亲夏崇耀早已在电话中催促他回国进入企业准备接班(f81)。于是在 2009 年实习结束后,夏峰回国,进入东方电缆(f82)。	f71 子进入英国企业实习	
	f72 子深入一线安装设备	
	f73 子通过实习积累实践经验	ff22 子自我定位(f101 f117 f118)
	f74 子有吃苦精神	
	f75 子乐观实干	
	f76 子习惯西式饮食	ff23 子技术战略意识(f104 f110 f113 f126)
	f77 子熟悉设备安装	
	f78 子语言能力提高	
	f79 子实习期受益匪浅	ff24 子市场意识(f100)
	f80 子不习惯西方生活	
	f81 父催促子回国接班	
	f82 子不抵制,回国进入公司	
与其他的创二代不同,夏峰进入东方电缆后,并没有从传统的车间开始,而是结合自身在英国所学,根据东方电缆的实际情况,从技术创新切入(f83),亲自招聘大学毕业生(f84);为了组建海缆研究院,培养一支高水平的研究团队,身为集团副总裁的夏峰跟随父亲东奔西走,四处寻访专家(f85)。在拜访了多位海缆研究专家后,夏峰向父亲提议"柔性引智",即与专家维系一种"似紧非紧、	f83 子以技术创新切入公司	
	f84 子招聘科研团队成员	ff25 子全局意识(f107 f123)
	f85 子重视科研团队建设	

续表

似松非松"的管理合作关系(f86),这样既可一同攻克海洋难题,又不占用他们太多的科研时间。征得父亲同意后,夏峰一次次赶赴全国各地,给清华大学、哈尔滨工业大学、浙江大学等高校及科研机构的18位专家一一送上了公司聘书(f87)。最终,依托中国海缆前沿生产技术,汇集以院士为代表的20多名国内知名专家,以及该企业50余名技术骨干的海缆研发团队——宁波海缆研究院成立了,夏峰任院长(f88)。通过近年来的不懈努力,夏峰成功牵手中国工程院院士、国内电缆电线行业领军人物黄崇祺,并在公司成立了院士工作站(f89),开展国家科技支撑计划项目"220kV及以下光电复合海底电缆、海底交联电缆及生产装备开发"(f90)。不仅如此,他还领衔起草了海底电缆国家标准,使东方电缆成为国内唯一掌握海洋脐带缆设计分析技术,并能进行自主生产的民营企业(f91)。海缆研究院主要承担公司的科研项目研究和技术开发,夏峰担任院长后,父亲夏崇耀非常支持他的工作,完全放手让他去干,从来不过问细节(f92)。经过六七年的沉淀和积累,夏峰基本熟悉了这方面最前沿的研究领域和发展方向(f93)。	f86 子亲力亲为,柔性引智 f87 聘请专家 f88 子组建成立海缆研究院 f89 子成立院士工作站 f90 掌握前沿,开展研究 f91 起草海缆国家标准,引领行业发展 f92 父大胆放手 f93 子技术积累和沉淀	ff26 子管理风格(f63 f128) ff27 子社会责任感(f122 f123 f124 f125) ff28 子机会识别行为(f126) ff29 父亲开明(f44 f47)
2009年夏峰从英国回来时,开发海洋经济与新能源建设的国家战略地位日益凸显,东方电缆的业务已经开始向海底电缆转移。当时,海洋领域研究对国内企业而言,还属于高精尖科学前沿项目(f94)。由于一些重要的尖端技术长期被国外企业所垄断,对于国内民营企业而言,人才和资本短缺更是严重。但夏峰却激流勇进,看准时机,适时转型升级。他回国时就带了一个项目,包括很多图纸和照片,他又找了一些企业一起研发,研发出来后即投入生产。在英国时他就是负责设备安装的,因此该项目的安装都是他亲自负责,这样海底电缆这一块的生产线就完成了,当时在国内属于比较领先的海缆业务也能满足要求了(f95)。海底交联电缆极易受到意外撞击及许多未知因素的影响,其制造装备和技术一直是世界公认的大型复杂技术工程。2010年,国内首根220kV光电复合海底电缆在东方电缆诞生,一举打破了国外电缆巨头多年的垄断(f96)。 之后,东方电缆开始了脐带缆的研究。在夏峰躬身领衔下,东方电缆开始了海洋深水脐带缆的研发(f97)。"水下生产系统脐带缆关键技术研究项目(Ⅱ期)"被列为"863计划"子课题,并成为国家海	f94 公司项目前沿、高精尖 f95 子通过研发海缆投入生产 f96 打破国外垄断 f97 子研发海洋深水脐带缆	ff30 家庭信任(f92) ff31 放手转交业务(f82) ff32 继承人早期实践(f71 f72 f73 f74 f75) ff33 继承人独立性(f55 f62)

续表

洋局示范产业化项目。2009 年,夏峰带领团队开始了"超高压光电复合海底电缆以及海洋深水系统脐带缆"的研发,经过两年多的坚持与努力,东方电缆终于成为中国首家脐带缆生产企业。2013 年海缆研究院又在夏峰的带领下,在 220kV 海底电缆、海洋平台用深水海缆等方面获得授权专利 7 项,东方电缆的核心竞争力和知名度大幅提高(f98)。	f98 子研发成果显著	ff34 继承人责任感(f118 f119)
由于在研发方面的突出成就,国家科技部、海洋局对东方海缆研究院的实力深信不疑,2014 年又将新的科研项目委托东方电缆来做(f99)。这样,东方电缆在科技研发的同时,既获得了国家的资金支持,又实现了核心业务的产业化,进而借助国家的力量提高了公司的知名度和声誉,公司的市场营销局面也就自然地打开了(f100)。	f99 研究开发良性循环	ff35 家族沟通模式(f49 f52 f81)
	f100 研发带动市场营销	ff36 家族气氛(f111 f114 f115)
作为一个学院派的创二代(f101),夏峰善于思考,在经营管理中独辟蹊径(f102),通过差异化创新,找到与其他电缆企业不同的发展方向(f103)。未来中国海底电缆市场竞争将越来越激烈,对于海缆的研究,夏峰将重点放在海上石油勘探和海上风电领域(f104),启动"高电压等级柔性直流输电海缆"项目的研发(f105)。作为海洋经济的践行者,东方电缆目前已将业务从陆地拓展至海洋,并组建了宁波东方道柯海洋技术有限公司等涉海企业,以形成产业链互补、技术互补的海陆并进发展方向(f106)。公司主攻脐带缆系列产品,推进深海生产系统关键设备国产化(f107)。	f101 子自我认知清晰	ff37 父母影响力(f116 f108 f20)
	f102 子富创新精神	ff38 社会资源传递(f120 f121)
	f103 公司差异化经营	
	f104 子研发重点明确	ff39 公司早期阶段性成长(f13 f14)
	f105 子不断启动新项目	
	f106 成立宁波东方道柯海洋技术全资子公司	ff40 技术创新成果(f42 f43)
在夏峰的眼里,父亲夏崇耀身上的务实、智慧、创新的精神(f108),包括父亲创业年代那种吃苦的精神、把握机遇的能力、与员工同甘共苦的工作方式(f109),都值得自己去学习。但随着时代的发展,环境的变化,对 21 世纪的创二代而言,除了这些特质外,拥有核心技术,理性创业,才是现代企业可持续发展的源泉所在(f110)。据夏峰介绍,在进入企业后,他和父亲经常发生分歧、冲突,这也是难免的(f111),毕竟一个是凭着踏实的敬业精神一步一步将企业做起来(f112),一个是从高端的技术创新切入并接管公司(f113),这就需要有一个磨合的过程(f114),父子二人最终找到了一种解决争端的方式,即技术方面父亲听夏峰的意见多一点,其他方面夏峰听父亲的意见多一点(f115)。父子二人的性格比较相像,且都相对理性,遇到分歧除了母亲从中调和外,父子会考虑彼此的出发点,只要是	f107 子公司发展方向明确	ff41 公司声誉(f27)
	f108 父企业家精神	
	f109 父工作作风	ff42 公司规模扩大(f26)
	f110 子重技术、偏理性	
	f111 父子分歧、冲突	
	f112 父踏实敬业	ff43 技术人才引入(f18)
	f113 子懂技术重前沿	
	f114 父子磨合	
	f115 父子折中的争端解决方式	ff44 员工满意度(f17)

续表

为公司好,都可以摆上桌面讨论(f116)。　　夏峰的信念和使命感比较强烈,在接班的过程中,他将自己的位置摆得很正,就做创二代(f117)。虽然一开始也谈不上对公司有感情,但通过做事,通过与公司元老及其他员工的磨合,通过与公司共同成长,这种责任感和使命感越来越强烈(f118);加上自己的技术真正实现了产业化、产品化,其工作成就感油然而生(f119)。同时,在继承的过程中,父亲夏崇耀也主动将自己的社会网络资源引荐给儿子夏峰(f120),但夏峰有自己的看法,父亲的人脉自己只是认识而已,又因为是长辈,对话起来地位上的不平等肯定会造成障碍,因此夏峰更愿意开拓自己的社会网络,这样就可以站在一个平等的位置对话、做事(f121)。	f116 父子性格相似 f117 子自我定位清晰,传承使命感强 f118 子对公司责任感增强 f119 子工作成就感 f120 父引荐传承社会资源 f121 子亲自开发社会资源	ff45 产品升级(f32 f33 f45) ff46 市场成效(f28) ff47 公司持续成长(f103) ff48 团队建设(f84 f85 f86 f87)
除了脚踏实地做事、做企业之外,夏峰也积极承担社会责任,热心公益事业(f122)。在企业内部,夏峰致力于创建和谐企业,通过设立"困难互助资金",专门资助重病员工和特殊困难员工,并坚持每年春节走访慰问困难员工,把温暖和关爱送到每一名需要帮助的员工心中(f123)。除在公司任职外,夏峰还担任宁波市政协委员、市工商联执委、市"创二代"联谊会副会长等多个社会职务(f124)。一直以来,夏峰始终把公益慈善、环境保护、安全生产和关怀员工等视为己任,也作为企业发展的重要目标。近几年,公司先后设立了慈善帮困基金、未成年人重大病救助基金、新农村建设等一系列公益项目。正是在夏峰的极力倡导下,2013年东方电缆等4家公司联合发起设立了润慈公益基金会,基金会秉承"扶贫助教、关爱民生"的宗旨,积极扶贫助残,资助弱势群体(f125)。	f122 子热心公益事业 f123 子关心公司员工 f124 子社会任职 f125 子成立公益基金会	ff49 社会资源拓展(f120 f121) ff50 生产成效(f105 f95)
2014年6月,东方电缆公司承担的"大长度高电压光电复合海底电缆关键技术研发与产业化"项目,因攻克了大长度高电压光电复合海底电缆关键技术难题,实现大长度高电压光电复合海缆的国产化,为解决孤岛供电、发展海洋经济、维护海洋权益作出了突破性贡献,获国家能源科技进步二等奖(f126)。其中夏峰功不可没,时年29岁的夏峰已然成为国内知名海缆品牌的代言人(f127)。经过多年的深造和实践研究,他最终打下了深厚的专业基础。如今,在他的带领下,东方电缆成为宁波乃至浙江地区海洋装备产业发展的领跑者(f128)。　　夏峰从企业的技术角度切入,以技术创新带动市场营销、品牌建设和人力资源建设,从仅仅负责	f126 子克服技术难题,获国家能源科技进步奖 f127 子年轻有为 f128 子领导有方	ff51 市场成效(f88 f89 f100) ff52 技术创新突破(f91 f93 f94 f96 f97 f98)

续表

企业的研发到全面负责公司的各项事务,目前已经成为公司的副董事长和副总经理,完全可以独当一面,这样的代际传承不仅自然、水到渠成,而且是宁波家族企业代际传承的典范(f129)。在采访中,夏峰不断提到两点:一是现代企业尤其是电缆行业要实现可持续发展,必须有技术方面的沉淀和积累,从而形成企业的核心竞争力,只有这样其他企业就不可能在短时间内进行复制和模仿(f130);二是他从内心里不喜欢经济、金融这类专业,而对理工科知识非常感兴趣,特别是技术方面,钻研得比较深入,这也促成了他从技术创新切入,逐渐实现代际传承(f131)。	f129 聚焦传承典范	ff53 品牌建设(f90)
	f130 技术积累和沉淀形成公司核心竞争力	
	f131 理工科背景造就技术聚焦模式代际传承	ff54 专注技术产业化(f95 f97 f105)

二、开放性译码的概念化和范畴化

个案 F 的资料开放性译码分析的第二步为对初步概念化进行概念化和范畴化,具体分析思路如下:对已经得出的初步概念继续提炼和归类,这里之所以经由初步概念再过渡到概念,而不是从现象直接跨越到概念,目的是使资料的概括、精炼过程自然舒缓,不至于造成太大的跳跃。概念化和范畴化对英文字母标识的使用与贴标签部分同理,也是使用字母代替后面引领的句子或词语进行缩编。

由于研究的重点是家族企业传承的资源和路径,所以对于传承前后的企业发展状况我们只缩编到初步概念,用于体现传承的效果。对于家族企业传承资源和路径的相关内容,经过概念化和范畴化这一过程,我们得到44 个概念和 21 个范畴,于是概念和范畴都逐次暂时替代了资料内容,从而我们对资料的精炼和缩编也在逐渐深入,我们分析和研究复杂庞大资料数据的任务转而简化为考察这些概念,尤其是范畴间的各种关系和联结。初步概念的概念化以及概念的范畴化具体见表 10-3 和表 10-4。

表 10-3 个案 F 的开放性译码表(续):初步概念的概念化

初步概念	概念化
ff1 父知识准备(f1 f6 f7 f37)	F1 父经验丰富(ff1 ff2)
ff2 父经验获得(f2 f4 f5)	F2 父创新精神(ff3)
ff3 父创新精神(f3 f11 f31 f35)	F3 父眼光长远(ff4)
ff4 父远见卓识(f11 f20 f22 f31 f44)	F4 父领先意识(ff5)
ff5 父领先意识(f12 f25 f43 f47)	F5 父开明兼听(ff6 ff29)
ff6 父性格特征(f3 f5 f36 f39 f112)	F6 父以人为本(ff7 ff12)

续表

初步概念	概念化
ff7 父人才意识(f16 f17 f18)	F7 父重视产品升级(ff8)
ff8 父产品意识(f15 f35 f41)	F8 父技术战略意识(ff9)
ff9 父技术战略意识(f30 f42 f43 f48)	F9 父市场竞争理念(ff10 ff14)
ff10 父市场意识(f19 f34)	F10 父领导才能(ff11)
ff11 父全局意识(f9 f10 f21 f23 f28 f29)	F11 父企业家精神(ff13)
ff12 父管理风格(f16 f17 f18 f109 f112)	F12 子知识储备(ff15)
ff13 父企业家精神(f108)	F13 子社会经验积累(ff16 ff32)
ff14 父机会识别行为(f24 f34 f38)	F14 子富创新精神(ff17)
ff15 子知识准备(f46 f54 f56 f57 f58 f61 f64 f66 f68 f69 f70)	F15 子个人禀赋(ff18)
ff16 子经验获得(f71 f72 f73 f74 f75 f79)	F16 子个人声誉提升(ff19)
ff17 子创新精神(f53 f67 f70 f102)	F17 子性格内敛(ff20)
ff18 子理性思维(f59 f61 f62 f110)	F18 子定位二次创业(ff21 ff22)
ff19 子个人声誉(f124 f126 f127 f128)	F19 子重视技术创新(ff23)
ff20 子性格特征(f55 f62 f63 f75)	F20 子以技术创市场(ff24)
ff21 子价值观(f80 f82)	F21 子全局意识强(ff25)
ff22 子自我定位(f101 f117 f118)	F22 子重现代企业管理(ff26)
ff23 子技术战略意识(f104 f110 f113 f126)	F23 子社会责任感(ff27)
ff24 子市场意识(f100)	F24 子市场意识(ff28)
ff25 子全局意识(f107 f123)	F25 家庭信任(ff30 ff31)
ff26 子管理风格(f63 f128)	F26 子家族传承责任(ff34)
ff27 子社会责任感(f122 f123 f124 f125)	F27 家庭沟通文化(ff35)
ff28 子机会识别行为(f126)	F28 家庭和谐氛围(ff36)
ff29 父亲开明(f44 f47)	F29 家族传承计划(ff37)
ff30 家庭信任(f92)	F30 公司早期成长(ff39)
ff31 放手转交业务(f82)	F31 公司技术创新成果卓著(ff40)
ff32 继承人早期实践(f71 f72 f73 f74 f75)	F32 公司持续发展(ff41 ff42 ff47)
ff33 继承人独立性(f55 f62)	F33 重视技术人才引进(ff43)
ff34 继承人责任感(f118 f119)	F34 子重视一线员工(ff44)
ff35 家族沟通模式(f49 f52 f81)	F35 子从技术部门顺利切入(ff16)
ff36 家族气氛(f111 f114 f115)	F36 传承时公司运营平稳(ff46)
ff37 父母影响力(f116 f108 f20)	F37 公司产品、技术、品牌升级(ff45 ff51 ff52)
ff38 社会资源传递(f120 f121)	F38 市场开拓(ff46)
ff39 公司早期阶段性成长(f13 f14)	F39 公司团队建设(ff48)
ff40 技术创新成果(f42 f43)	F40 社会网络资源拓展(ff49)
ff41 公司声誉(f27)	F41 持续关注技术产业化(ff46)
ff42 公司规模扩大(f26)	F42 子以技术创新为导向的经营理念(ff40)

续表

初步概念	概念化
ff43 技术人才引入(f18)	F43 企业家精神传承(ff13)
ff44 员工满意度(f17)	F44 技术聚焦的传承典范(ff9 ff23 ff13)
ff45 产品升级(f32 f33 f45)	
ff46 市场成效(f28)	
ff47 公司持续成长(f103)	
ff48 团队建设(f84 f85 f86 f87)	
ff49 社会资源拓展(f120 f121)	
ff50 生产成效(f95 f105)	
ff51 市场成效(f88 f89 f100)	
ff52 技术创新突破(f91 f93 f94 f96 f97 f98)	
ff53 品牌建设(f90)	
ff54 专注技术产业化(f95 f97 f105)	

表 10-4　个案 F 的开放性译码表(续):概念的范畴化

概　念	范畴化
F1 父经验丰富(ff1 ff2)	FF1 经验型专业知识积累与传承(F1 F7 F12 F13)
F2 父创新精神(ff3)	FF2 以技术创新为主导的理念(F8 F19 F20)
F3 父眼光长远(ff4)	FF3 以人为本的理念(F6 F33 F34)
F4 父领先意识(ff5)	FF4 社会责任感(F11 F23)
F5 父开明兼听(ff6 ff29)	FF5 市场领先意识(F4 F9 F24)
F6 父以人为本(ff7 ff12)	FF6 业务交接时公司稳步上升(F18 F30)
F7 父重视产品升级(ff8)	FF7 企业传承责任感的培养(F12 F15 F26 F29)
F8 父技术战略意识(ff9)	FF8 家族信任(F25)
F9 父市场竞争理念(ff10 ff14)	FFF9 创新精神传承(F2 F19 F22)
F10 父领导才能(ff11 ff12)	FF10 家庭沟通文化(F27 F28)
F11 父企业家精神(ff13)	FF11 以科学研发、技术创新为主导的家族企业聚焦发展(F19 F31 F35 F42)
F12 子知识储备(ff15)	FF12 技术切入顺利传承(F35 F36)
F13 子社会经验积累(ff16 ff32)	FF13 企业情感(F29 F30)
F14 子创新精神(ff17)	FF14 知识、经验与企业产品紧密契合(F12 F13 F37)
F15 子个人禀赋(ff18)	FF15 家族企业实力提升(F32 F33 F34)
F16 子个人声誉提升(ff19)	FF16 个人禀赋(F14 F15 F17 F21 F22 F24)

续表

概　念	范畴化
F17 子性格内敛(ff20)	FF17 两代人的特质契合性(F2 F4 F8 F14 F20 F21)
F18 子定位二次创业(ff21 ff22)	FF18 技术聚焦的传承典范(F8 F19 F20 F31 F33 F41)
F19 子重视技术创新(ff23)	FF19 社会网络资源传承与拓展(F38 F39 F40)
F20 子以技术创市场(ff24)	FF20 企业家精神传承(F11 F14 F24 F43)
F21 子全局意识强(ff25)	FF21 成功代际传承(F32 F37 F42 F44)
F22 子重现代企业管理(ff26)	
F23 子社会责任感(ff27)	
F24 子市场意识(ff28)	
F25 家庭信任(ff30 ff31)	
F26 子家族传承责任(ff34)	
F27 家庭沟通文化(ff35)	
F28 家庭和谐氛围(ff36)	
F29 家族传承计划(ff37)	
F30 公司早期成长(ff39)	
F31 公司技术创新成果卓著(ff40)	
F32 公司持续发展(ff41 ff42 ff47)	
F33 重视技术人才引进(ff43)	
F34 子重视一线员工(ff44)	
F35 子从技术部门顺利切入(ff16)	
F36 传承时公司运营平稳(ff46)	
F37 公司产品、技术、品牌升级(ff45 ff51 ff52)	
F38 市场开拓(ff46)	
F39 公司团队建设(ff48)	
F40 社会网络资源拓展(ff49)	
F41 持续关注技术产业化(ff46)	
F42 子以技术创新为导向的经营理念(ff40)	
F43 企业家精神传承(ff13)	
F44 技术聚焦的传承典范(ff9 ff23 ff13 ff40)	

三、宁波东方电缆股份有限公司的代际传承主轴译码分析

经过对个案 F 相关实地资料的开放性译码分析,研究者提炼出了 21 个范畴,实现了对案例的初步归纳,但这些范畴还是孤立的,其内部关系并不能识别。而主轴译码的任务就是将这些独立的范畴联结起来,选择性译码

则能进一步对资料进行重新整合和提炼。

主轴译码阶段主要使用典范模型分析工具来引导研究者对范畴关系的系统梳理。研究者根据典范模型在因果条件、现象、脉络、中介条件、行为（互动）策略、结果六个方面的要求，将开放性译码中的范畴编排到相对应的位置，对建立范畴关系。主轴译码阶段的每一个典范模型都会对应一个主范畴，而被安置于模型中不同位置的、源自开放性码分析的那些范畴则称之为副范畴。运用典范模型对个案 F 的范畴关系进行识别，得出 2 个主范畴，分别为"基于技术知识资源的代际认同"典范模型及"技术创新为主导的聚焦"典范模型。范畴关系如表 10-5、表 10-6 所示。

表 10-5　主范畴："基于技术知识资源的代际认同"典范模型

因果关系	FF8 家族信任（F25）	现　象	FF7 企业传承责任感的培养（F12 F15 F26 F29）
脉　络	FF1 经验型专业知识积累和传承（F1 F7 F12 F13） FF10 家庭沟通文化（F27 F28）	中介条件	FF16 个人禀赋（F14 F15 F17 F21 F22 F24） FF14 知识、经验与企业产品紧密契合（F12 F13 F37）
行为（互动）策略	FF9 创新精神传承（F2 F19 F22） FF12 技术切入顺利传承（F35 F36） FF2 以技术创新为主导的理念（F8 F19 F20） FF3 以人为本的理念（F6 F33 F34）	结　果	FF21 成功代际传承（F32 F37 F42 F44） FF17 两代人的特质契合性（F2 F4 F8 F14 F20 F21） FF15 家族企业实力提升（F32 F33 F34）

表 10-6　主范畴："技术创新为主导的聚焦"典范模型

因果关系	FF13 企业情感（F29 F30）	现象	FF12 技术切入顺利传承（F35 F36）
脉络	FF2 以技术创新为主导的理念（F8 F19 F20） FF3 以人为本的理念（F6 F33 F34） FF14 知识、经验与企业产品紧密契合（F12 F13 F37）	中介条件	FF6 企业交接时公司稳步上升（F18 F30） FF7 企业传承责任感的培养（F12 F25 F26 F29） FF16 个人禀赋（F14 F15 F17 F21 F22 F24）
行为（互动）策略	FF9 创新精神传承（F2 F19 F22） FF4 社会责任感（F11 F23） FF17 两代人的特质契合性（F2 F4 F8 F14 F20 F21）	结果	FF11 以科学研究、技术创新为主导的家族企业聚焦发展（F19 F31 F35 F42） FF15 家族企业实力提升（F32 F33 F34） FF18 技术聚焦的传承典范（F8 F19 F20 F31 F33 F41）

　　对于东方电缆第一代创业者而言,诚信经营、领先意识和技术创新是其成功不可或缺的因素。家族团结和睦、分工明确和家族成员间顺畅的沟通坚定了继承人继承父业的信心。父子两代经过冲突与磨合之后配合得更加默契,对科学研发、技术革新引领企业发展的理念更加认同,在传承意愿、经营理念和价值观等方面达成共识,继承人逐步建立起了传承责任感。在这种责任感的引领下,继承人结合自身所学,从技术创新顺利切入,认真钻研,既完成了经验型专业知识的传承,又打造了一支本领过硬的技术团队。而继承人的个人禀赋和家族社会网络资源的共享和拓展,使父子之间产生了广泛的协同效应,包括领导风格、经营理念、沟通方式等,从而顺利实现家族企业的传承。

　　虽然从小生活在父母创业的环境中,天天和工厂、电缆打交道,但继承人在求学期间很少参与家族企业的经营,中学期间对家族企业的情感还较浅。而大学本科和远赴英国攻读硕士及毕业后的实践,均与电缆这种产品相关,这一时期继承人已经开始主动关注家族企业的发展及其技术进展,有目的地在国外掌握了不少技术知识和经验,逐渐对电缆产业产生了一定的产业情感,这种产业情感引领着继承人专注行业并进行长远规划,避免了发展过程中的短视现象。在技术创新和以人为本理念的指引下,继承人顺着企业交接时良好的发展态势,抓住新机遇,践行企业的社会责任感,使企业走上了聚焦技术创新的可持续发展道路,综合实力得到提升并顺利上市。因此,"基于技术知识资源的代际认同"和"技术创新为主导的聚焦"是宁波东方电缆股份有限公司代际传承的主要特征。

四、宁波东方电缆股份有限公司的代际传承选择性译码分析

　　"基于技术知识资源的代际认同"和"技术创新为主导的聚焦"是宁波东方电缆股份有限公司代际传承的主要特征。在传承过程中,继承人与创始人对掌握技术知识资源的认同和对各自角色的正确定位,加之潜移默化的传承计划和整个家族对海底电缆产业的使命感,使继承人在成长过程中逐渐树立起传承家族企业的责任感。在传承初期,继承人利用自身技术优势,从技术部门顺利切入,带领技术部门屡攻技术难关,从技术延伸到市场和管理。继承人理工科专业背景和海外留学经历,个人禀赋,对创始人价值观、经营理念等的认同,使确定聚焦海底电缆业务之后家族企业在科研攻关、技术创新、产业化、管理改革方面获得了长足的发展。父子的共同努力为企业延伸产业链、积极上市积蓄了力量。在家族成员的全体努力下,东方电缆于

2014 年成功上市,成为全国乃至全球海底电缆行业的龙头企业。因此,可以用"基于技术知识资源的代际认同"和"技术创新为主导的聚焦"来描述宁波东方电缆股份有限公司代际传承的传承主线。

第四节　宁波东方电缆股份有限公司传承路径与模式分析

在这一节,我们基于扎根理论分析所得到的 21 个范畴,结合资源观视角下继承人的角色认知理论,对 21 个核心范畴从家族性资源、传承途径和传承效果三个方面进行分类,我们将东方电缆的"基于技术知识资源代际认同的技术创新为主导的聚焦传承"过程分为家族性资源、传承路径、内外因和传承绩效四个部分来进行分析和梳理,详见图 10-1。

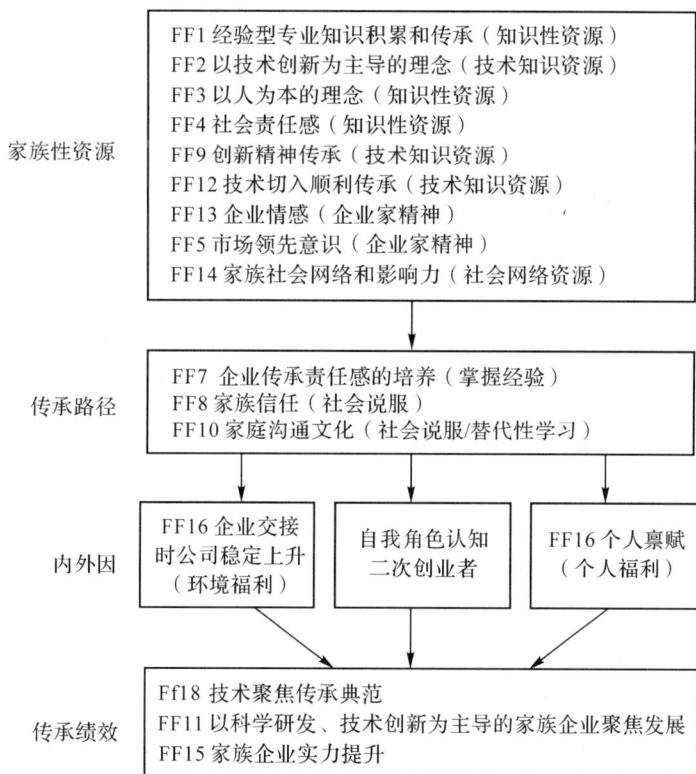

家族性资源
```
FF1 经验型专业知识积累和传承（知识性资源）
FF2 以技术创新为主导的理念（技术知识资源）
FF3 以人为本的理念（知识性资源）
FF4 社会责任感（知识性资源）
FF9 创新精神传承（技术知识资源）
FF12 技术切入顺利传承（技术知识资源）
FF13 企业情感（企业家精神）
FF5 市场领先意识（企业家精神）
FF14 家族社会网络和影响力（社会网络资源）
```

传承路径
```
FF7 企业传承责任感的培养（掌握经验）
FF8 家族信任（社会说服）
FF10 家庭沟通文化（社会说服/替代性学习）
```

内外因
```
FF16 企业交接时公司稳定上升（环境福利）    自我角色认知 二次创业者    FF16 个人禀赋（个人福利）
```

传承绩效
```
Ff18 技术聚焦传承典范
FF11 以科学研发、技术创新为主导的家族企业聚焦发展
FF15 家族企业实力提升
```

图 10-1　"基于技术知识资源代际认同的技术创新为主导的聚焦传承"过程分析

一、家族性资源的代际认同

上一节基于对东方电缆原始访谈资料的初步概念化、概念化和范畴化的逐级梳理,提炼出了东方电缆能够顺利实现代际传承的关键要素,即父辈的技术领先意识能够通过引导、潜移默化的途径传承给子辈继承者,继承人充分认识到技术创新对于公司发展的重要性,从而经过积累和沉淀,逐步提升公司的核心竞争力。这就要求继承人首先对家族企业具有强烈的责任感和使命感,对技术研发有兴趣并能沉下心来带领团队不断攻克技术难关,从而带动公司的市场营销创新、人力资源管理、品牌建设和公司制度建设,顺利完成家族企业的代际传承。在这种技术领先的理念指导下,继承人始终能清晰认识自身的优势所在,沿着这一主线不断积累和沉淀,从而成为行业的带头人,完成这种技术聚焦模式下的家族企业代际传承。

（一）创新精神

东方电缆的两代管理人身上共同的特质就是创新精神。夏崇耀从一个推销员做起,不断积累经验,利用自身的优势,逐渐开始创业,这在当时的时代背景下是很艰难的选择。在创业的过程中夏崇耀以其特有的创新精神,在不同的阶段选择通信电缆作为公司主业,毅然开展外贸业务,走向国际市场,果断成立集团公司,看准海底电缆并投入巨资用于研发,使公司在同行中处于领先地位。夏峰结束海外学习后,并没有直接回到家族企业,而是选择在一家没有任何关系的英国制造业公司,身穿十多斤重的防护设备从事大型设备的安装与调试,锻炼了实际操作能力;之后回国进入公司后,他更是选择了一种不同于其他二代的传承方式,即利用自身的技术优势,亲自带领公司团队从事研发,不断创新,多次承接国家科技部的科研项目并获奖,继而逐渐全面接管公司的业务,既让人信服,又稳健地实现了代际传承。这种创新精神来源于传承过程中创始人的引导,更来源于继承人对技术和研发的浓厚兴趣。

（二）以技术和团队为导向的经营理念

东方电缆两代管理人共有的家族资源是以技术和团队为导向的经营理念。夏崇耀自创办东方电缆公司和提议组建东方海缆研究院以来,始终坚持技术战略理念,注重将技术作为企业发展的核心,除斥巨资用于技术研发外,还重视团队建设并利用团队的能力实现了以技术打开市场的目标。在这种思路下,最初举步维艰的线缆材料公司慢慢发展成为今天的东方电缆集团公司。与之不同的是,夏峰对技术创新的重视一方面来源于自身的理工科背景，另一方面则来源于其沉稳、务实的性格。夏峰进入东方电缆的第一个部门就是研发部，为了站稳脚跟并打开公司的发展局面，在父亲的支持下，他奔赴全国各大高校招聘相关专业的应届毕业生，打造属于自己的科研团队，与他们一起"摸着石头过河"，一点一滴地积累。此外，夏峰还提出"柔性引智"策略，给全国各地的专家送去聘书，共同开发海底电缆和脐带缆等填补国内空白的科技项目。夏峰带着他的团队从参与国家"863计划"科技项目到亲自主持国家"863计划"科技项目，凭的就是不断开拓的创新精神和"核心技术不会被其他企业短时间复制"的理念。正是这种求真务实的做事风格，使他主持的项目不仅多次获奖，而且实现了海底电缆和脐带缆项目的产业化，打破了国外巨头的垄断，东方电缆也因此成为国内电缆行业的"领头羊"。

(三)强调企业社会责任的企业家精神

企业社会责任要求企业在创造利润、对股东承担法律责任的同时，还要承担对员工、消费者、社区和环境的责任。同时，企业的社会责任要求企业必须超越把利润作为唯一目标的传统理念，关注人的价值。夏崇耀在管理东方电缆的过程中，注重对员工的人文关怀；为了更好地服务海上石油平台和海上风电平台，努力提高技术水平；坚持回报社会，投身公益事业。受父亲企业家精神的影响，夏峰在进入家族企业后积极承担社会责任。在企业内部，夏峰致力于创建和谐企业，通过设立"困难互助资金"，专门资助重病员工和特殊困难员工，并坚持每年春节走访慰问困难员工，把温暖和关爱传递给每一位需要帮助的员工。除在公司任职外，夏峰还担任宁波市政协委员、宁波市工商联执委、宁波市"创二代"联谊会副会长等社会职务。一直以来，夏峰始终把公益慈善、环境保护、安全生产和关怀员工等视为己任，也作为企业发展的重要目标。近几年，公司先后设立了慈善帮困基金、未成年人重大病救助基金、新农村建设等一系列公益项目。正是在夏峰的极力倡导下，2013年东方电缆等4家公司联合发起设立了"润慈公益基金会"，秉承"扶贫助教、关爱民生"的宗旨，积极扶贫助残，资助弱势群体。企业的社会责任在东方电缆的两代管理人身上得到了很好的诠释，这种企业家精神也在企业传承过程中实现了资源的代际传承。

(四)善于利用自身优势和永远领先别人一步的意识

东方电缆两代管理人身上还有一种共同资源，即善于利用自身优势和永远领先别人一步的意识。在公司成立之初，夏崇耀就是利用自身在销售方面的优势,与上海一家塑料厂联营,使公司站稳脚跟。后来他又领先别人一步,与台商合资,从而打开了公司的发展局面。2005年,夏崇耀看到国内电缆行业激烈竞争的态势,利用公司距离海洋近、海缆维修方便的优势,领先其他企业一步,将业务重点向海底电缆转移,找到新的利润增长点。夏峰进入公司后,凭借着自身的技术优势,同研发部门的员工一起摸索,找到公司未来的发展方向,成立海缆研究院专门负责公司的科研项目开发和技术创新。经过持续的积累和沉淀,夏峰带领团队领先其他企业一步研发了海底电缆,填补了国内和国际上的技术空白,且多种产品为国内首创,多个科研项目获奖。如2014年,公司的33kV光纤复合海底电力电缆(含工厂接头)通过荷兰KEMA检测机构的型式试验,并取得检测报告;"水下生产系统脐带缆关键技术研究(Ⅱ期)"课题被列入国家"863计划"课题并正式启动。通过潜移默化的方式和有意识的培养,这种善于利用自身优势和永远领先别人一步的意识在两代人之间实现传承,这也是东方电缆成功传承的重要因素之一。

二、有效的传承路径

(一)基于技术创新的传承计划

家族企业的传承需要两代人的共同努力才能实现,传承人良好的计划安排往往会使传承顺利很多。在东方电缆的案例中,父亲作为第一代创业者,从实践中一路走过来,无论是在公司的产品开发、市场营销上,还是在品牌建设乃至管理建设上,他更多的是通过经验在管理。中国传统文化对夏崇耀有一定的影响,因此当企业发展壮大到一定程度,而自己又到了一定年纪时,他自然是希望子女来继承自己一手打下的基业。夏崇耀在看准"蓝海",斥巨资用于海底电缆的技术开发时,深深体会到了技术对于公司未来发展的重要性,因此当儿子夏峰大学毕业后,他并没有急于让其接班,而是通过引导的方式鼓励其出国留学,学习先进制造专业。而夏峰本科学习的就是工业工程专业,其个人也喜欢务实的理工科专业,于是父子俩一拍即合。作为家中的独子,夏峰心里也明白,自己迟早是要接父亲的班的,因此在英国留学期间非常刻苦、用心,认真学习技术知识,在实习期间积累了丰富的实践经验,为之后的顺利接班奠定了良好的基础。

(二)良好的传承沟通

家庭关系和家族成员的沟通在中国的家族企业经营中发挥着重要作用,是家族企业传承成功的润滑剂。东方电缆的传承过程中,夏峰与父母住在一起,父子二人经常会因为意见分歧而产生冲突,但经过母亲的调和及父子之间的不断磨合,他们最终形成一种折中的争议解决方式,即公司在技术方面的问题以夏峰的意见为主,其他经营方面的问题以夏崇耀的意见为主。因为二人的出发点都是使公司能够良性运转和持续发展,所以慢慢地,父子二人做到了相互理解、相互信任、相互支持。夏崇耀对公司发展方向的把握在潜移默化中影响着夏峰,在夏峰的眼里,父亲善于用人的功夫、创新的精神、智慧的头脑、务实的作风,永远都是自己要学习和继承的。正是基于这种深层次的沟通,父子采用了技术切入的方式逐渐过渡进行企业传承。

(三)继承人企业外部锻炼

企业外部锻炼是提升管理能力和培养管理素质的一种常用方式。继承人夏峰在取得硕士学位后选择到英国一家制造企业实习锻炼,负责大型制造设备的安装与调试。这一年夏峰吃了不少苦,但其语言能力大为提高,也积累了丰富的实践经验。安装设备的工作要求很高,每天的工作就是跟着有经验的老师傅,戴着安全帽、防护镜,穿着专业的背心和铁鞋(总共加起来有十多斤),在大型设备上爬上爬下,安装设备并不断调试。而这些设备和东方电缆的设备类似,因此这一阶段积累的经验对后来夏峰进入东方电缆从事技术研发有很大的帮助。在回国进入家族企业后,夏峰对家族企业有了良好的能力准备和技术准备,顺利接手并负责东方电缆研发部门的运作,以科研项目开发为主要手段,使东方电缆的品牌迅速推广开来。

三、重要的传承中介

(一)继承人循序渐进的接班意识

实现家族企业的成功传承,仅仅有创业者对家族成员承接事业的愿望、信心和计划是远远不够的,还需要家族成员有意愿从事家族事业。作为家族企业的接班人,夏峰从小耳濡目染,传承了父亲务实、低调的作风,加之中学阶段、大学阶段都住校,父母经常在外出差,夏峰又养成了独立自主的性格,对待任何事情有自己独到的见解和看法。虽然一直到大学阶段,夏峰对父亲创建的企业并没有太多的感情,但毕竟是家族企业,夏峰还是经常会有接班的念头。因此,在求学阶段,夏峰逐渐形成了严谨的理工科思维模式,理性、不冲动,对自己定位清晰,不断积累优势。在留学回国后,他以一个学习者的心态进入公司的研发部,建立自己的研发团队,成立海缆研究院和院士工作站,一步一步全面接管公司业务。正是这种不急于求成、循序渐进的接班意识,使夏峰的每一步都走得很稳健。在这个过程中,他虚心向公司老员工学习,在父亲身边耳濡目染并且逐渐被父亲身上的人格魅力所感染,加上工作带来的成就感和自豪感,他不仅坦然接受了接班的现实,而且二次创业的责任感和使命感愈发强烈。

(二)创始人的信任

创始人的信任在东方电缆的传承中有着典型的呈现。夏崇耀和夏峰两代人有着不同的成长背景、知识背景和学习背景,因此父子二人在看待问题、解决问题的方式上有着很大的不同。但因为夏峰从小学习成绩优秀,而且独立性强,特别是在英国留学的两年,夏峰不仅选择了与东方电缆相关的专业,而且对学业特别投入,所以在他回国进入企业后,夏崇耀对他非常信任,很多业务都大胆放权让他放心去干;加之夏峰本身的业务能力突出、科研水平较高,夏崇耀在各项工作中继续放权,自己则在儿子需要帮助的时候给予指导和建议。因此,在沟通和信任的条件下,夏峰在海缆研究院的工作中技术水平快速提升,结合公司发展方向,不断承接国家科技部和国家海洋局的科研项目,并实现海缆产品的国产化和产业化,得到父亲的认可后逐渐全面接手公司业务,代际传承可谓水到渠成。

第五节 宁波东方电缆股份有限公司代际传承总结与评价

东方电缆的传承可以概括为"基于技术创新提升核心竞争力的家族企业聚焦传承模式",这是一种典型的通过技术聚焦(聚焦于技术创新)的方式,培养与提升接班人能力,使其最终具备接班条件的传承模式。在这种模式下,家族企业的成功传承以创新精神为核心,以技术创新为主线,以传承沟通为载体。

(一)以创新精神为核心的资源传承

在这种传承模式下,对家族资源的传承是以创新精神为核心的一种资源传承。东方电缆的创始人夏崇耀从推销员做起,后来创立企业,其发展方向明确,每一步都走在别人的前面,现在公司发展成为国内电缆行业的龙头企业,其创新精神始终贯穿其中。公司从一开始与工厂联营到后来与台商合资,从进军国际市场到看准海底电缆业务,从注重企业生存到斥巨资用于产品研发,这些进步无不体现出创始人的创新精神。在企业传承的过程中,夏崇耀也有意识地将这种精神传承给儿子夏峰。无论是引导其到英国留学攻读硕士学位,还是说服其通过研发部门切入公司,无不体现出夏崇耀的良苦用心。而夏峰也在接班的过程中将这种创新精神逐渐继承下来。夏峰进入公司后就利用自身的长板——技术优势切入,这已经非常不同于其他二代。之后,他组建了海缆研究院和院士工作站,开展科技项目的研发,填补了不少领域的技术空白,获得国家科技部的各种奖项,打破了国外企业对一些产品的垄断,这些成就的取得也正源于其不断进取、勇于创新的精神。正是这种创新精神的传承,使夏峰选择了以聚焦传承的方式逐渐接手家族企业,汇聚优势重点发力,用新的技术和理念发展新事业,从而顺利完成家族企业的代际传承。

(二)以技术创新为主线的聚焦传承

夏崇耀、夏峰两代人共同聚焦于科技研发和新产品的开发,在技术创新过程中夏峰的能力得到提升。夏崇耀在夏峰进入公司并顺利接管公司的过程中,主要扮演了引导者和铺垫者的角色,如引导夏峰选择先进制造工程专业作为英国留学的专业,待其留学归来后以海缆研究院为平台,将其培养成为公司的技术带头人,逐渐树立起了夏峰在公司中的威信。技术创新和新产品开发带动了公司的转型升级,夏峰进而从海缆研究院的院长晋升为公司的副董事长和副总经理,全面负责公司的运营和管理。在这个过程中,两代人紧紧围绕海底电缆产品的技术密集型特征,逐渐将业务重点从陆地向海洋转移,创始人将重视技术的理念顺利传承给继承人,继承人充分认识到技术的不可复制性后,着眼于技术创新和新产品的开发,从而形成聚焦于海底电缆的代际传承模式。

(三)以传承沟通为载体的传承计划

由于夏崇耀忙于经营公司,夏峰忙于完成学业,加上两人性格特征相似,父子二人面对面的沟通不是很多,更多的是电话沟通,但即使是不多的沟通,夏峰也能感受到父亲的良苦用心。在夏峰进入公司前,父子二人的沟通更多体现为父亲对他的引导,在夏峰进入公司之后,父子二人的沟通则体现为不同意见的碰撞和冲突之后的磨合,但这种冲突实际上是一种深层次的沟通和交流,更有利于公司的长远发展,因为两人的出发点是相同的,都是为公司的未来考虑。作为家中独子的夏峰,很理解也很佩服父亲,不仅对继承家业没有任何抵触情绪,而且随着工作的深入,他对公司的责任感和使命感越来越强烈,并很快将自己定位为创业者角色,这也充分体现了良好的传承沟通的重要性。

第十一章　基于资源基础观的宁波家族企业传承模式比较与总结

　　由前文分析可知,资源作为家族企业传承全过程的重要要素,在传承前后发挥着重要的作用。具体来讲,家族企业传承过程中资源的差异性,将会使家族企业在传承过程中发生业务形态的变革。也就是说,家族企业传承中继承者对家族性资源所接受、掌握的不同,将直接影响其对企业资源的支配方式,进而出现不同的企业资源使用效果。从继承者对企业资源支配方式不同的角度出发,家族企业传承呈现出不同模式,与传承前企业原有业务相比发生了转移、演进或精简等改变。

　　转移传承模式是指继任者在代继传承的过程中组建尚未成为成熟事业部门的单位,其产品、技术或服务与母体组织具有明显差异,具有相对独立权利和义务,且隶属于母体组织的内部组织单元。广义上,转移传承表现为新产品、新服务,新开拓的市场,或者新创办的企业。本书所介绍的转移传承模式主要是继承者在传承过程中创办新的企业,母体组织对处于初创阶段的新业务提供场地、设施以及新业务成长所需的"营养"等。一般而言,继任者可以选择创建和母体企业完全不一样的业务,称为"裂变型创业";也可以作为母体企业的供应商或客户的上下游配套互补企业,称为"互补型创业"。

　　演进传承模式是指家族企业的传统产业,也就是父辈经营的核心业务,通过继承者在传承过程中的一系列变革举措得以延续和发展,从而形成一个规模更大、现代化水平更高的企业。演进传承的核心在于家族企业的原有业务不变,寻求产品、技术、市场、企业规模、管理、品牌等方面的持续发展和转型升级,使企业的优势资源进一步拓展,从而使家族企业在代际传承过程中仍然能够保持其行业内的竞争优势,基业长青。

聚焦传承模式是指在传承过程中聚焦于家族产业的某一块业务,一般是家族企业中最具有核心竞争力的某种产品类型、某一品牌或者某种服务,以此来带动整个家族产业的复兴或者腾飞;或者是对家族产业进行整合调整,形成一个企业结构更为精简,产业更为专注,核心竞争力更强的家族企业。聚焦模式中创始人和继承者一起根据市场行情和经济形势锁定某一个业务领域作为切入点,投入资源,获得该业务领域的先发优势以提升整个家族企业的竞争优势。

概括而言,转移继承主要是基于新业务的家族企业传承,而演进传承和聚焦传承则是基于原有业务的家族企业传承。这三种家族企业的传承模式在宁波家族企业的传承过程中都具有典型性。

第一节　宁波家族企业演进传承模式的比较与总结

一、家族企业演进传承的特性机理分析

野马和华联的代际传承都属于演进传承。野马二代继承人接管企业,使野马走上了以技术创新为主的全方位演进路程,其传承属于技术演进的传承模式;华联二代继承人接管家族企业后,使企业在管理、市场、技术等方面得到了长足的发展,其传承属于管理演进的传承模式。两位二代继承人都走上了继续创新的企业家之路。野马和华联的代际传承同属演进传承模式,但因家族性资源的传递效率不同及选择了不同的演进模式,使它们在代际传承中又体现出各自的特点。图 11-1 展示了野马(案例 A)和华联(案例 B)在代际传承过程中的不同之处,具体如下。

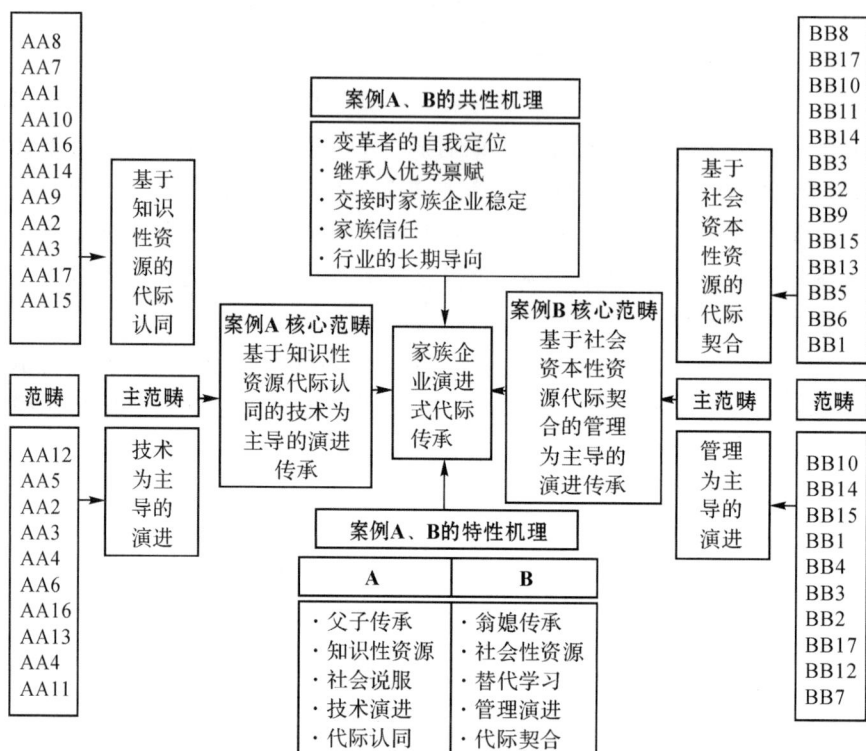

图 11-1   基于案例 A、B 的家族企业演进式代际传承机理分析

（一）不同家族性资源在不同路径下的有效传承

野马的案例向我们展示的是以知识性资源传承为主导的资源观，其之所以能被有效传承，源于传承途径以"社会说服"为主。野马案例中创始人的信任和继承人的责任感是知识转移的动力所在；和谐的家族晚餐文化、明确的分工避免了知识转移中的不信任和不确定，为知识转移提供了良好的情境；此外，和谐的家族沟通氛围提升了创始人与继承人之间的沟通效率，为知识转移提供了快速通道，继承人对创始人的经营理念、价值观等诸多方面都高度认同，故以"社会说服"为主的传承途径是野马以形成知识性资源为主导的家族性资源传承的主要原因。

华联的案例向我们展示的是以社会资本性资源传承为主导的资源观，其之所以能被有效传承，源于传承途径以"替代性学习"为主。继承人通过观察创始人的活动，获得了对自己能力的一种间接评估和经验，它使继承人相信，当自己处于类似的活动情境时，也能获得同样的成就。华联案例中，两代人特质的契合性、创始人的创业故事和创始人对社会性资源的维护,对继承人来说都是一种"替代性学习":创始人看似不经意安排的实习机会,让继承人在实践中掌握了经验,为继承人在员工中树立管理者形象提供了平台,为企业内社会资本网络的传递奠定了基石;继承人接管企业后,创始人坚持"扶上马再送一程",使继承人在打理企业的同时,间接地学习企业与金融机构、政府部门等社会网络关系的维护。当这些社会性资源最终被交到继承人手上时,继承人知道如何维系与拓展。故以"替代性学习"为主的传承途径是华联形成社会资本性资源为主导的家族性资源传承的主要原因。

野马在代际传承中选择了以"社会说服"为主导的传承途径,使得以知识性资源为主导的家族性资源在两代人之间实现了交接。华联电子在代际传承中选择了以"替代性学习"为主导的传承途径,使得以社会资本性资源为主导的家族性资源在两代人之间实现了交接。

（二）不同的演进模式

野马案例中,基于知识性资源的有效传承路径保证了父子两代人在传承过程中形成具有其家族共性特征的经营理念和价值观。在经营理念上,父子二人都重视技术创新。他们认为只有创新才能使企业实现稳健发展。余谷峰重视自主知识产权,坚持走原始创新之路。在价值观上,和父亲创业初期将盈利所得首先投入在技术和人才上一样,余谷峰投入 5 年时间和巨额资金研发了国内首条碱性电池生产线,并申报了相关技术专利。父辈知识性资源的传递,使余谷峰在传承过程中以家族企业变革者的角色定位自我,从而在传承模式上选择了以技术演进为主导的传承路径。

华联案例中,基于社会资本性资源的有效传承路径确保了应氏翁媳两代人在传承过程中形成具有其家族共性特征的经营理念和价值观。例如,二人都重视产品质量、技术创新及员工培训,都开朗豁达、乐于助人、行善好施、善交朋友,这些共性特征让翁媳俩在引领企业发展之路上不断积累社会网络资本资源。一路走来,继承人冯炜炜都坚信社会资源的重要性,不管是内部社会资本性资源还是外部社会资本性资源。冯炜炜知道自己对产品构架、产品性能等的了解不是最专业的,也达不到父辈的水平,但她有自信能像父辈一样管理好家族企业,甚至管理得更好。进入企业以后,冯炜炜调整了原来传统滞后的平面管理结构,建立了块状新型管理制度,使公司实现了管理现代化,员工与员工之间、员工与领导之间、管理层与管理层之间的关系处理更合理。冯炜炜从父辈中极好地传承了社会资本性资源,在传承过程中以家族企业变更者定位自我,从而在传承模式上选择了以管理演进为主导的传承路径。

二、家族企业演进传承的共性机理分析

(一)行业长期导向下的变革者自我定位

自古以来,华人家族企业有"富不过三代"之说,其原因即继承人在传承过程中创新活动的断裂,在传承后甚至在传承过程中就让企业失去了其在市场上的灵活性、先动性及创新性。纵观野马、华联的代际传承,电池产业和电子产业都属于高新科技产业,具有很好的发展前景,野马二代继承人余谷峰接手公司后,凭着自己对电池产业的深厚感情,以技术为主导,经过几年的独立经营,实现了家族企业的演进式发展。华联由儿媳接棒的模式更是被业界广泛赞誉。冯炜炜接手华联后,秉承了创始人稳打稳扎做实业的作风,不向房地产、金融业等进行多元化扩张,而是以管理变革来接轨国际市场,将原本庞大繁杂的管理结构,变革成新型管理体系。传承后企业在内部管理、产品研发、市场拓展、技术革新等方面都得到了长足的发展。野马及华联的成功传承呈现了家族企业在二代传承后的变革属性,即创新活动的再延续。

(二)继承人优势禀赋——个人福利

两个案例中继承人都有个人的优势禀赋。野马案例中,继承人注重实干,同时幽默健谈。实干表现在继承人在基层踏踏实实工作了 6 年;幽默健谈的性格表现在,继承人在社交方面比父亲更具开拓力,所以在宁波二代企业家的圈子里已经颇具影响力。此外,继承人还在上海交通大学接受进一步的学习,并将课堂上所学的知识和理念在企业管理中付诸实践,做到了活学活用。

华联案例中,继承人是复旦大学管理学专业的高才生,毕业后又在公婆的支持下出国深造,因此具有管理学专业背景和海外背景。在学校里,继承人就是学生干部、学生会成员,是社会活动的积极分子,具有领导才能和较强的人际交往能力。由此可见,继承人具有接手华联的潜质,继承人的这些个人禀赋也为家族企业的持续发展提供了个人福利。

(三)交接时企业的稳定状态——环境福利

两个案例中,家族企业在交接之时企业都处于蓬勃发展时期。野马在交接之时已经是一家成熟稳定的家族企业,拥有稳定的市场份额和管理队

伍,并且刚刚搬迁新址,正是继承人大展宏图之时。华联在交接之时发展井然有序,规模扩大,技术革新,外贸业务拓展,市场前景乐观,而且企业内部凝聚力强,核心团队稳定,团队成员忠诚度高、执行力强。应该说两家企业的创始人是在企业运作健康、成长势头良好的情况下决定将企业放手交给继承人,使得继承人在接班初期不必面对复杂局面,并能在企业稳定的状态下进行技术研发、市场拓展和管理体制改革,为传承后企业的演进式发展带来了环境福利。

（四）家族信任

家族信任是顺利传承的基础。野马案例中,创始人的彻底放权、家族成员明确的分工和有效的沟通机制都是家族信任的具体表现;华联案例中,家族信任体现在非血缘关系的传承、公婆的放权以及传承初期的扶持和鼓励。家族信任是家族性资源代际传承的润滑剂,其在潜移默化中强化了继承人的自我效能感和传承责任感。

三、家族企业演进传承的总结

对两个案例的深入分析可知,家族企业在二代传承后能否获得传承绩效受多方面因素的影响。其中最主要的是家族性资源中网络、知识、文化等资源会通过家族成员特别是创始人所设定的传承计划及不同的传承途径,如社会说服、掌握经验、替代性学习等,将资源有效传递给继承人。继承人结合自身的优势禀赋,如扎实的学习基础、多年的工作经历及广阔的视野等,在有利的创新创业时机下,将自己定位为家族企业的变革者,从而在传承过程中形成特有的传承模式,此即演进式的创新传承。

家族性资源的有效传承能够使家族企业在代际发展中延续一代创业者的冒险精神和商业头脑,增强企业对抗风险、抵御不确定性的能力以及持续创新能力,进而获取市场竞争优势。同时,在家族性资源的传承过程中,不同的传承途径会产生不同的传承效果,在自我效能感驱使下,继承人拥有了具有自身特色的变革者属性,最终选择了不同的演进模式。

第二节　宁波家族企业转移传承模式比较与总结

一、家族企业转移传承的特性机理分析

易中禾和夏厦的代际传承属于转移传承。夏厦二代继承人成功接管企业，使企业走上了以产品转型为主的全方位创业之路，其传承是产品转型升级的创业传承模式。

易中禾二代继承人与母亲一起合作创建了新业务，丰富了企业的产品系列，完成了产业联盟的构建，其传承模式可以归为构建产业战略联盟的转移传承。两位二代继承人都走上了继续创新创业的企业家之路。易中禾、夏厦的代际传承同属转移传承模式，但因家族性资源的传递效率不同及选择了不同的转移模式，使它们在代际传承中又体现出各自的特点。图 11-2 展示了易中禾（案例 C）和夏厦（案例 D）在代际传承过程中的不同之处，具体如下。

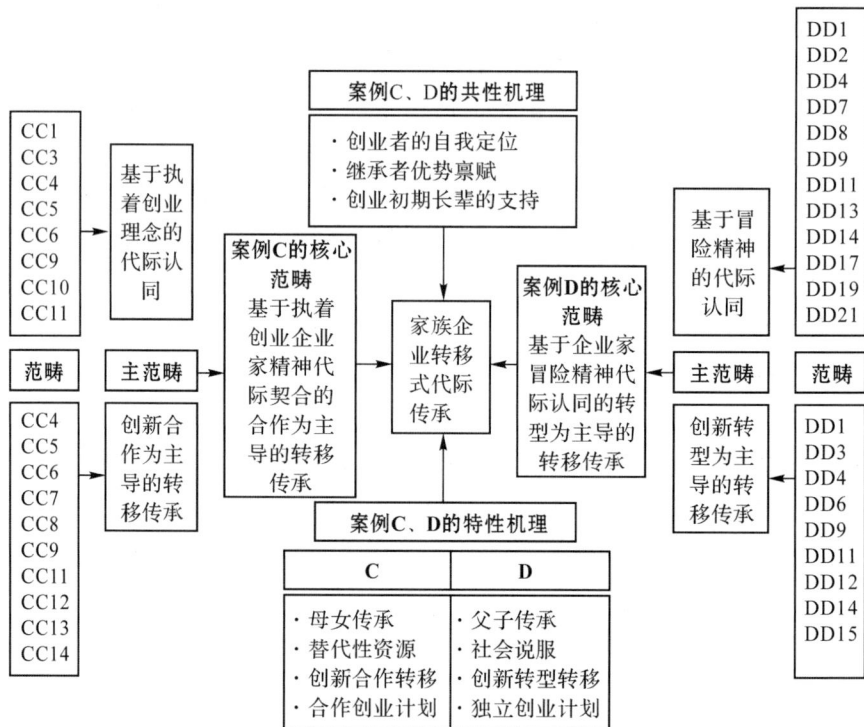

图 11-2　基于案例 C、D 的家族企业转移式代际传承机理分析

（一）相似家族性资源在不同路径下的有效传承

易中禾的案例向我们展示的是以创新合作的企业家精神资源传承为主导的资源观，其之所以能被有效传承，源于传承路径以"替代性学习"为主。这里的"替代性学习"是指，继承人通过观察创始人的活动，获得对自己能力的一种间接评估和相关经验，它使继承人相信，当自己处于类似的活动情境时，也能获得同样的成就。易中禾案例中，周芳和肖艺母女选择通过合作创业逐步过渡实现家族企业的传承，这对创始人是全新的挑战，对继承人而言，与母亲平起平坐进行合作也是不小的历练。但母女俩平等的地位也更有利于肖艺传承前的学习：母亲的人生哲学、处事方式都是肖艺学习的宝贵资源，而肖艺在传承过程中所实施的创新式管理，所采用的营销方式、经营理念等，又能得到母亲的检验和指导。因此，以"替代性学习"为主的传承途径是易中禾实现以企业家精神资源为主导的家族性资源传承的主要原因。

夏厦的案例向我们展示的是以创新冒险的企业家精神资源传承为主导的资源观，其之所以能被有效传承，源于传承途径以"社会说服"为主。作为家族企业传承的重要途径，这里"社会说服"是指个体在工作中获得了一定的成功，业绩受到了对个体来说比较重要的人的肯定，其自我效能感从而获得提升。夏厦的继承人在创业之初克服了诸多困难，在自己独创的新业务（雅仕得）中组建了创业团队，研发新技术新产品，走上了实业创业之路。继承人夏挺在初尝创业成功的滋味后，又创办了第二个新业务，此新业务取得了当年办厂、当年产出、当年销售产品的极好业绩。新业务的成功让夏挺信心倍增，父亲对其接管整个家族企业的能力给予充分肯定。此外父子行之有效的沟通方式、和谐的家族氛围、新老业务的合理分工及合作，也为企业家精神的快速传承提供了通道，让父子二人对创新创业的家族精神表现出了更高的认同。因此，以"社会说服"为主的传承途径是夏厦家族性资源成功传承的主要原因。

（二）基于不同培养计划的转移传承

易中禾案例中，创始人邀请女儿共同创建新业务，在新业务的开展中培养女儿的能力。在新业务的准备、成立和发展过程中，创始人只是扮演铺垫、辅导和帮衬的角色，女儿主管一切核心事务。在新业务的创建过程中，创始人始终相信女儿并鼓励女儿独立自主，磨炼其意志，培养其能力，并让其独立负责企业管理。在这一安排下，女儿逐渐培养出接班人应有的素质及企业家精神，推动了易中禾的成长。

　　夏厦案例中,创始人对继承人实施的是独立创业、创业实验的传承培养计划。继承人夏挺在接班之前,就能在母公司大力支持的创业平台下,独立负责新创业务的运营管理,父辈对其不加干涉,使其得以脱离家族企业原有的组织关系、业务网络等,放手去干。在新业务中,继承人直接获得了行业经验、创业经验、管理经验,特定的技术研究经验,与相关客户打交道的独特经验,等等。此种培养计划为夏厦齿轮的成功传承奠定了良好的基础。

　　易中禾案例中,创始人大力扶持女儿,与女儿共同创业,使易中禾在代际传承中选择了"替代性学习"为主导的传承途径,实现了以创新合作为主导的企业家精神的有效传承。夏厦创始人大胆放手,让儿子独立创业,使夏厦在代际传承中选择了以"社会说服"为主导的传承途径,实现了创新冒险为主导的企业家精神的有效传承。两位创始人对二代采用不同的培养方式,经由不同的传承途径,均实现了家族企业的有效传承。

二、家族企业转移传承的共性机理分析

(一)产业联盟导向下的创业者自我定位

　　易中禾、夏厦的创始人长期专注于所从事的行业,在本行业中不断进行技术革新、产品研发、经营理念变革等。一代创始人专注行业、发展实业的精神让继承人在潜移默化中慢慢接受并将之传承。继承人认为有责任也有义务将父母一辈专注本行业的企业家精神传承下来,并发扬光大。在此基础上,易中禾继承人选择了与母公司相关联的延伸产业来开展新业务,夏厦继承人选择了母公司主导产品的延伸项目来开展新业务。

　　两个案例中,继承人均以创业者定位自身,通过创建新业务,实现了家族产业的联盟,为家族企业的成功传承奠定了扎实的基础。

(二)继承人优势禀赋——个人福利

　　两个案例中继承人都有个人的优势禀赋。

　　易中禾继承人肖艺个性独立,从小就有商业头脑。在英国读书期间她半工半读完成学业。婚后又自力更生,与丈夫一起做小生意。结束海外学习回国后,她没有直接回到家族企业,而是选择到其他公司积累外贸知识和工作经验。可见,继承人肖艺在接手企业前的实践历练,使其完成了实业创业的前期准备。肖艺的管理学知识背景、实习经历及工作锻炼使其工作能力及管理者素质快速提升,具有了接班易中禾的能力。

　　夏厦的继承人夏挺从小生活在父母身边,伴随着家族企业成长而成长。幼时看着父母干活,他总是主动帮忙,完成学业回国后便留在企业实习。可

见夏挺在接手企业前的实践历练，是其完成实业创业的前期准备。夏挺的海外留学背景、实习经历及工作锻炼使其工作能力及管理者素质快速提升，具有了接班夏厦的能力。

(三)创业初期父母长辈的扶持

易中禾的传承过程中，创始人与女儿共同创业、开辟新业务。在新业务的准备、成立和发展过程中，创始人主要扮演铺垫、辅导和帮衬的角色，在实际操作中女儿独立负责企业管理。

夏厦的传承过程中，夏建敏与儿子夏挺之间难免会有磕磕碰碰，但父子二人总能找到适当的解决办法。父亲充分理解信任儿子，如当初儿子在英国选择专业时，父母没有任何干预，只想让其到国外历练一下；新业务创立之初，创始人给了继承人很大的支持，不仅提供资金、设备及技术，还给足发展空间，即便儿子有了不同的想法，也绝对不干涉。

(四)家族信任

家族信任是顺利传承的基础。易中禾案例中，家族信任体现在血缘关系的传承、创业初期的扶持、包括公婆在内的全体家族成员的共同参与；夏厦案例中，父亲的彻底放权、家族成员的明确分工和有效的沟通机制都是家族信任的具体表现。家族信任是家族性资源代际传承的润滑剂，其在潜移默化中强化了继承人的自我效能感和传承责任感。

三、家族企业转移传承的总结

易中禾和夏厦两个案例中，家族企业转移传承的共同特点是，传承人均开辟了不同于家族企业原有产业的新的经营领域；传承人和创始人之间始终保持着一种平等的伙伴关系。两位传承人的共同特点是：都是在经历创业历练后接手家族企业；没有或者较少参与家族企业的经营管理；都接受过国外先进经营管理理念的熏陶，有自己独立的思想；个性独立；具有企业家精神。当然，两位传承人的创业路径存在明显不同，易中禾是母女合作创业，传承人在替代性学习中获得了管理技能和家族性资源；夏厦是在父辈支持下的独立创业，在这个过程中传承人树立了自我效能感，增强了发展家族企业的责任感和使命感。由此，两位传承人形成了具有自身特色的创业者特质，最终形成了不同的转移传承模式。

第三节　宁波家族企业聚焦传承模式比较与总结

在聚焦传承模式下,继承人针对企业外部经济环境、社会需求和经济发展趋势,结合企业发展实际,聚焦于更为理想的销售模式、优势产品,或产业链中的某个环节,对家族企业的产业资源进行整合调整,从而使家族企业产品结构更精简、销售模式更专业、产业专注度更高、核心竞争力更强的家族企业。聚焦传承模式主要体现在一个"精"字,如有的企业整合原有的销售模式,聚焦于自身具有优势的销售模式,进行深度开发,从而提高企业的销售业绩和知名度,形成"销售聚焦传承"模式;也有企业在传承中清理掉原有的庞杂业务,选取优势产业或产业链中的某个环节,专注于优势产业或者优势环节的拓展,形成"产业聚焦传承"模式。

一、家族企业聚焦传承的特性机理分析

爱妻电器和东方电缆企业在代际传承中都采用了聚焦式传承模式。在家族性资源观基础下,爱妻电器二代传承人在企业危机时全面接管企业,利用自身的经验和能力,从企业产品和市场入手,抛弃技术含量低、市场占有率低的产品,退出国外市场,集中力量提高优势产品的国内市场占有率和品牌知名度,从而使企业走上了以产品聚焦和市场聚焦为主的全方位聚焦传承之路,其传承属于以产品和市场聚焦为主导的传承模式。东方电缆二代继承人利用自身的理工科背景和技术优势,巧妙地从技术部门顺利切入,逐渐从技术覆盖到市场,进而涉足公司管理,在一代创业者的扶持下,使企业在技术、管理、市场等方面得到了长足的发展,其传承属于以技术创新为主导的聚焦传承模式。两位二代继承人都使企业走上了继续创新之路。两大家族企业在代际传承中同属聚焦传承模式,但因家族性资源的传递效率不同及选择了不同的聚焦方式,使两大企业的代际传承又体现出各自的特点。图 11-3 展示了爱妻电器(案例 E)和东方电缆(案例 F)在代际传承过程中的不同之处,具体如下。

（一）不同家族性资源的有效传承

同为家族企业的聚焦传承,爱妻电器是翁婿传承(岳父传承给女婿),这在一定程度上是现实所迫,但更加显示了传承人的独特眼光,尤其是在业务全面交接后,传承人对继承人给予了充分的信任,并全面放权,同时将自身

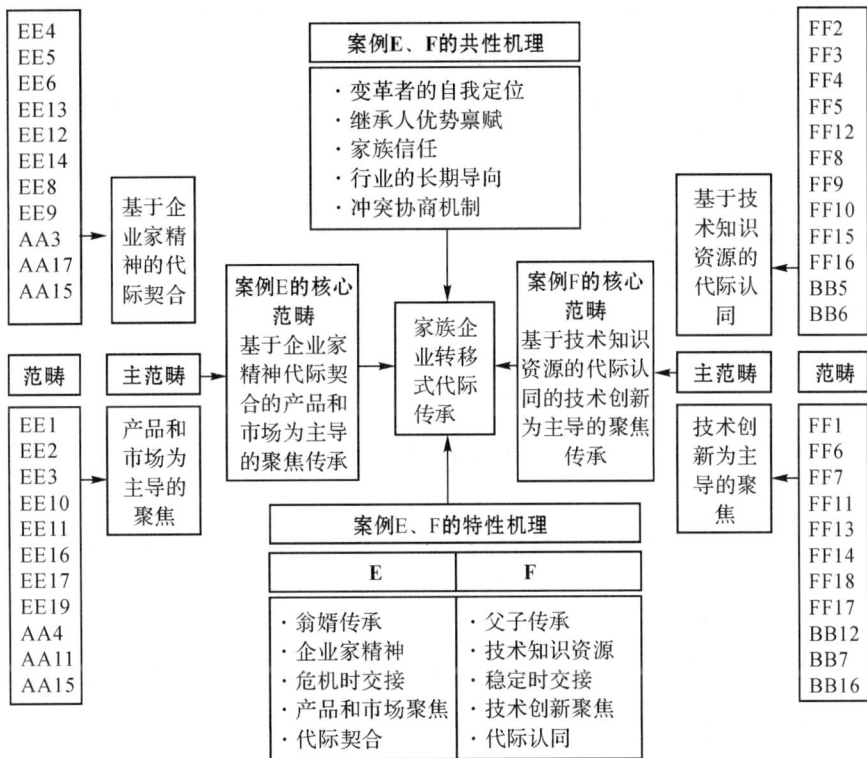

图 11-3　基于案例 E、F 的家族企业聚焦式代际传承机理分析

的社会网络资源、知识资源等逐一传递给继承人。继承人鄂大川没有因为自己的女婿身份，放松对爱妻电器的管理，而是一心一意、倾尽全力、兢兢业业地经营着爱妻电器。同时，他将自己定位为创业者，从品牌、技术、营销等方面进行创新，用实际行动和公司的业绩向岳父证明了自己的实力。爱妻电器的案例向我们展示的是以企业家精神传递为主导的资源观，创始人的充分信任和继承人的责任感是企业家精神传承的动力所在；和谐的家庭沟通氛围，消除了翁婿之间可能存在的不信任；此外，创始人的完全放手给继承人提供了充分的施展空间，使其在不受外界干扰的情况下独立管理、自主决策，遇到疑惑时及时求教，继承人对创始人的经营理念、价值观、创新意识等诸多方面都高度认同，以创新精神为核心的企业家精神在两代人之间顺利实现传承。

　　与爱妻电器不同，东方电缆是典型的父子传承（父亲传承给儿子）。一方面，父辈有具体的传承计划（如送儿子到英国留学等）；另一方面，相比于岳父与女婿之间的沟通，父子之间的沟通会更加深入，虽然有时会体现为激烈的争论甚至争吵。继承人夏峰自初中起开始住校，独立性强，大学的理工科专业背景和在英国留学的经历对其后来顺利继承家族企业有很大的帮助。同时，夏峰从小在父母经商的氛围中长大，对家族企业的感情较深，从英国留学回国后，继承企业的责任感和使命感逐渐变强。因此，自进入公司研发部后，夏峰专注于国际和国内在电缆方面的研究前沿与动态，一点一滴积累和沉淀，找到东方电缆未来的发展方向——海底电缆，联合国内高校和科研院所的专家，成立宁波海缆研究院，集中精力研究海底电缆的技术难题，获批了多项国家"863 计划"项目，实现了科技项目的产业化。东方电缆的案例向我们展示的是以技术知识资源传递为主导的资源观。电缆行业在国内竞争激烈，创始人深刻认识到核心技术对于企业未来发展的重要性，这种认识也影响了继承者，因此继承者一方面通过学习，使自己所掌握的知识与公司的生产技术逐渐匹配，为后来进入技术部门奠定了基础；另一方面，进入公司技术部门后，在创始人的支持下，继承人组建了东方电缆研究院，招募技术人才，开展技术攻关。两代人对核心技术的共识使技术知识这一资源实现了代际传递，为家族企业成功传承奠定了基础，让传承顺利完成，也使技术知识这种资源在两代人之间得以传递。

（二）不同的聚焦方式

在聚焦方式上，爱妻电器既有产业方面的聚焦（结合当时经济形势和未来发展趋势，充分挖掘公司现有的技术优势、品牌优势和资本优势，整合企业资源，将原有的庞杂业务进行精简，集中优势生产和销售电压力锅、电磁炉和电饭煲等小家电），又有市场销售模式上的聚焦（继承人在分析了公司外贸业务的投入产出比后，果断放弃外贸业务，集中精力做内销），从而带领公司摆脱困境，迅速成长并快速发展。

而东方电缆由于其产品的技术含量较高，加上当时国内电缆行业的激烈竞争，最终选择了技术创新聚焦传承方式。夏峰在进入企业时就结合自身的技术背景和优势，选择进入公司的核心部门即研发部，脚踏实地，和技术人员一起搜集资料、了解前沿、申报项目，逐渐赢得技术部门员工的信任，继而带领研发部门攻克一项项技术难题（如海底电缆方面的项目等），并辐射到公司的生产、销售等各方面，进而全面管理公司。这种方式既可以说是对产业链上技术和研发环节的聚焦，也可以说是对海底电缆业务的聚焦，继承人通过整合公司的资源和优势，集中精力做好海底电缆，大大提高了公司的核心竞争力,而继承人的经营管理能力也逐渐得到提升,进而顺利接班。

(三)不同的传承时机和过程

爱妻电器的代际传承中,继承人是在企业经营处于危机时接班,继承人有一种临危受命的责任感。相应地,其传承采取了全面接班的方式。虽然继承人在进入公司时只是从事销售工作,但他很快熟悉了公司的整个环境和运营情况,一年后公开身份并全面管理公司。他向创始人学习,并继承了创始人身上可贵的企业家精神、宝贵的知识资源和社会网络资源。接手公司后,继承人并没有将自己定位为守业者和继承人,而是定位为二次创业者,他集中精力对企业进行改革和创新,加强品牌、技术和营销的管理与创新,公司经营业绩非常突出,不仅赢得了家族内部成员的信任,还在各个方面得到了社会的认可。

与爱妻电器不同,东方电缆在传承时企业正处于稳步上升期,继承人则从英国学成回国,相应地,其传承采取了循序渐进的方式。继承人始终认为,父亲身上的敬业精神和领先意识需要自己一辈子去学习,但在社会网络方面,父辈的资源毕竟是父辈的,只有自己开拓的才是自己的,才可以平等对话。而对于知识资源,继承人很自信,因为这是他的强项,也是整个公司的核心竞争力所在。可以说,整个传承过程是一个循序渐进、水到渠成的过程,其中父子二人有碰撞、冲突,但更多的是理解、沟通和协商。全面负责公司业务后,继承人在技术创新和加大研发的基础上,以国家的科技创新为平台,扩大公司在国内和国际的影响,加强品牌、营销的管理与创新,使公司成为国家创新型企业,经营业绩突飞猛进,而他本人也赢得了社会各界的认可和赞誉。

二、家族企业聚焦传承的共性机理分析

(一)行业长期导向下的二次创业者自我定位

爱妻电器的继承人鄂大川在进入公司之前并没有太深的产业情感,但在进入公司后,他逐渐树立起对公司的责任感和使命感,从而一心一意经营公司。接管公司后,鄂大川将自己定位为二次创业者,在父辈的基业上开拓创新。东方电缆的继承人夏峰虽从小在父母的创业环境中长大,但上大学以前他对家族企业并没有深刻的认识;上大学之后,夏峰开始逐渐了解家族企业,包括其产品和技术,因而去英国攻读硕士时自然地选择了与公司产品生产相关的专业。进入东方电缆的技术部后,夏峰更是静下心来,不断积累,从而在技术研发上攻克了一个又一个难关,实现了产品的技术创新和技术升级。夏峰认为,现在的社会环境和父辈当时的创业环境大为不同,靠守是肯定守不住的,而且现在的市场竞争更为激烈,在父辈肩膀上进行二次创业才是立足之本。

（二）继承人优势禀赋——个人福利

两个案例中,继承人都有个人的优势禀赋。

爱妻电器案例中,继承人实干、兢兢业业,说得少、做得多,在品牌、技术、营销等各个方面进行改革,用实际行动和公司的业绩向社会证明了一个优秀企业家的实力。

东方电缆案例中,继承人内敛、稳重,在浙江科技学院读工业工程专业,毕业后又在父母的支持下出国深造,因此具有理工科背景和海外背景,在技术知识的掌握上具有绝对优势。在父母创业的影响下,继承人练就了不随波逐流的创新精神。继承人的这些个人禀赋也为家族企业的持续发展提供了个人福利。

（三）家族信任

无论是爱妻电器还是东方电缆,其创始人在继承人进入公司后,均给予了充分的信任,才使得继承人有信心、无后顾之忧地对企业的经营管理进行创新,从而取得成功。

（四）优势聚焦

虽然爱妻电器和东方电缆的聚焦方式不同,但都是聚焦于自身的优势产品或环节。

爱妻电器继承人鄂大川在接管公司后,结合当时的经济形势和公司的实际情况,找准两个优势,其一是优势产品,其二是优势环节即内销,集中精力生产电压力锅、电磁炉、电饭煲等优势产品,专门从事内销,从而带领企业走出困境并迅速发展。

东方电缆继承人夏峰进入企业后进入企业研发部,专注于技术创新和研究开发工作,组建东方电缆研究院,聚焦海底电缆业务,攻克一道道技术难关,解决了国内海底电缆生产的技术难题,从而顺利实现家族企业的代际传承。

（五）冲突协商机制

爱妻电器和东方电缆在传承过程中均建立了良好的冲突协商机制,两个家族都非常重视家庭晚餐文化,即在饭桌上沟通、协商,从而解决问题,这种机制可以说是极为有效的。

三、家族企业聚焦传承的总结

从对以上两个案例的分析可知,二代传承后家族企业能否获得传承绩效受多方面因素的影响。其中最主要的是家族性资源中网络、知识、文化等资源会通过家族成员,特别是创始人所制订的传承计划及设定的传承途径,如社会说服、掌握经验、替代性学习等,将资源有效传递给继承人。继承人结合自身的优势禀赋,如扎实的知识基础、海外工作经验、产业远见及广阔的视野等,在有利的创新创业时机下,将自己定位为家族企业的变革者,从而在传承过程中形成特有的传承模式,此即聚焦式的创新传承。

第十二章 基于资源基础观的宁波家族企业传承要素总结与讨论

本章结合资源观视角，整合国内外对家族企业成功传承要素研究的相关文献，将影响家族企业有效传承的因素分为两类：一是继承者的资源获取和积累，包括正规教育和培训、企业外工作经历、初入企业工作定位、企业内工作年限、动机和自我效能感；二是家族资源输入，包括家族凝聚力、家族共同价值观、家族分工、社会关系网络构建、接班时机。本章将这 10 个要素和前述 6 个案例相结合，从资源要素视角来总结宁波家族企业成功传承的主要要素，详见表 12-1。

表 12-1　基于资源观的宁波家族企业传承要素梳理

影响因素		野马 A	华联 B	易中禾 C	夏厦 D	爱妻 E	东方 F	特点
继承人资源要素	教育和培训	国内本科；上海交通大学 MBA	复旦大学管理学本科，英国硕士；多次管理培训	英国本科及硕士；北大上市班培训	英国酒店管理专业硕士	国内大学本科	国外工学硕士	具有海外教育背景是主流（BCDF）
	企业外工作经历	早期社会磨炼；体会生活艰辛	早期体验社会生活；假期企业基层实习	先后进入两家大型外贸公司，从基础的外贸业务做起	硕士毕业后到工厂实习	早期在银行从事理财业务	继承人国外实习锻炼	具有企业外工作经历占多数（ABCEF）
	初入企业工作定位	基层技术型工作锻炼	任常务副总	组建外贸业务部，拓展海外市场	依托母公司创立新业务	经验型专业知识传承，基层销售工作	研发部门技术型工作	初入企业定位包括技术型（AF）、管理型（BD）、销售型（CE）
	企业内工作年限	进入 15 年；基层 6 年	进入 10 年	进入 7 年，创业 4 年	组建子公司 8 年	进入 8 年；基层 2 年	进入 6 年；基层 2 年	基层工作经验积累（ACFE）
	动机和自我效能感	传承责任（信任）；产业情感（兴趣）；变革者的自我定位	家族成员分工；传承人自身因素影响，变革者的自我定位	逐渐形成的传承意识；创业者的自我定位	传承沟通；新业务中的能力积累；创业者的自我定位	情感责任；传承责任的培养；二次创业者的自我定位	接班意识；父亲信任；二次创业者的自我定位	传承意愿和责任感形成；自我定位为变革者（AB）和创业者（CDEF）

续表

	影响因素	野马 A	华联 B	易中禾 C	夏厦 D	爱妻 E	东方 F	特点
家族资源输入要素	家族凝聚力	家族信任；基于晚餐沟通的家族文化	家族信任；家族和谐沟通模式	家族信任；基于家庭会议的传承沟通方式	家庭氛围潜移默化影响	家族信任；基于家庭沟通的家族文化	传承沟通；父子沟通磨合；基于技术创新的传承计划	家族信任和良好的沟通氛围
	家族共同价值观	以技术、人才、责任为导向的经营理念；行业创新精神；行业专注精神	以市场、客户、产品转型为导向的管理理念；行业创新、挑战精神	创新精神传承；企业社会责任；行业专注精神	以技术革新、产品转型升级为导向的经营理念	行业创新精神传承；以技术、人才、责任为导向的经营理念	创新精神；领先意识；行业专注精神	经营理念、创新精神和专注精神的一贯性
	家族分工	兄弟间分工明确，关系和谐	夫妻合理分工、互相合作	母女共同创业；基于能力培养的传承计划	父辈不干涉的培养模式；父子双方共同承诺各自发展	翁婿间分工明确，家庭关系融洽	父子合作，市场科研合力发展	父子分工；兄弟分工；夫妻分工；母女分工；翁婿公工
	社会关系网络构建	企业内部凝聚力；企业外部关系搭建	社会网络关系资源传递	社会网络关系资源传递和二次拓展	社会资本性资源传承；创业中社会网络关系重构	企业凝聚力；企业外部关系搭建	企业外部关系搭建；积极开拓社会资源	社会资源的传承和二次拓展
	传承时机	父亲 60 岁退休	接到国外大公司订单	企业上市	家族企业核心元老离职	爱妻电器经营遇阻	学成回国，引入技术竞争优势	关键事件在接班中的催化作用

第一节　继承人资源要素

本节从教育背景、企业外工作经历、初入家族企业的定位和内部锻炼三个方面来分析继承人资源要素。

一、继承人的教育背景

从 6 个案例中继承人的教育培训状况来看，有 4 位家族企业继承人拥有海外留学的经历，并以海归的身份继承家族企业，分别是案例 B、C、D 和 F，可见海外留学是当前家族企业继承人获取知识资源的主流途径，可以预见将来会有更多的家族企业继承人具有海外留学背景，所以非常有必要对海归继承人对家族企业传承的影响进行剖析。

海归领导力相关研究发现，管理者的人力资本（如他们的技术和管理技能）和社会资本（如他们与外界的联系）不仅能帮助技术型企业克服资源限制，而且能够积极探寻外部机会（Eisenhardt，Schoonhoven，1990；Li，Zhang，2007）。海归领导者通常能够通过他们在发达国家所接受的科学和技术类的系统教育获得先进的知识，在发达国家和在国内的经历往往能让海归意识到不同国家背景下，技术和商业实践之间的差距，而察觉这样的差距是非常重要的，因为这能让他们更容易辨识创业和革新的机会（Batjargal，2007）。当然海归领导者也有自身的短板，如他们面对的是一个看似相同，但事实上具有差异性的环境，他们回国后往往不能准确地理解市场和社会现状，也不能有效地将知识运用于商业中；此外，因为长时间离开母国，所以他们没有机会去建立本土的网络关系，积累社会资源，如与政府机构的关系和商业伙伴关系等（Qin，2007；Zhou，Hsu，2011）。案例 B 中继承人为企业带来了先进的管理体系，帮助家族企业走上规范化发展的道路；案例 C 中继承人辨识到创业的机会，并引入了先进的质量认证体系；案例 D 中继承人强调产品的升级和品牌化；案例 F 中继承人的留学经历为家族企业带来了先进的技术理念，组建研究院进行本土研发，抓住了技术革新的契机。由此可见，海外留学经历确实能在管理、理念、技术上为家族带来人力资本，包括自身人力资本和海外人力资本。当然，为了让海归继承人深入了解本土社会网络资源、本土市场和社会知识的缺乏，各个家族企业也有相应举措，这些举措可能是有意识的，也可能是无意识的。如案例 C 中，继承人在进入家族企业之前在外贸公司积累了一定的工作经验,有利于其本土知识的积累;案例 D 中,创始人支持继承人自己创业,因为创业的过程就是熟悉行业和社会的过程;案例 F 中,继承人自己创办研究院,这一过程就是对接国内外人力资本、熟悉行业、构建社会网络的过程。当然,4 个案例中,创始人在传递社会资本的过程中都对继承人进行了积极引导,弥补继承人因为留学而造成的社会资源的缺失,使继承人迅速掌握家族企业的资源,并进一步拓展。

二、继承人企业外工作经历

Cao(2015)的研究发现,继承人在家族企业之外工作的机会对家族企业的控制和管理以及传承决策都有显著影响。这种工作经历给了继承人必要的商业技能、管理技能、知识以及接手家族产业的态度倾向(Doescher,1993;Fenn,1994;Hyatt,1992;Osborne,1991)。案例 A、B、C、E、F 中,传承者在进入家族企业之前都有在外工作的经验。如案例 A 中,继承人 5 年多的社会磨炼让其认识到社会生存之不易,也更珍视家族产业;案例 C 中,继承人回国后在外贸公司工作 2 年,回到家族企业后,独当一面组建外贸事业部,从零开始,建设公司英文网站,翻译说明书、样本册,一个人到国外去参加展会,这个过程极大地提升了继承人的自我效能感,为后来易中禾的创立积累了经验;案例 E 中,继承人进入家族企业之前在银行工作,工作 1 年多就做了主管,正是这样出色的工作能力,使创始人在继承人进入公司 1 年以后就将家族产业全权交给其打理;案例 F 中,继承人在国外实习 1 年,吃了很多苦,但是他掌握了设备安装与调适的基本知识,为其后来对家族企业进行技术升级打下了扎实的基础。由此可见,家族企业外的工作经历让继承人获得了自我效能感,增强了其继承家族产业的信心,对自己也有了很好的定位;家族企业外的工作经历也有助于继承人积累行业和管理实战经验;此外,社会闯荡的经历也使继承人能更加果断地作出传承决策。

三、继承人初入家族企业的定位和内部锻炼

初入家族企业的工作定位和家族企业内部(包括在公司不同职能部门的不同层级)锻炼也是家族企业传承中不可缺少的环节。正如前文讨论的海归传承者回国后会遭遇本土社会网络资源、本土市场和社会知识的"再休克"一样,继承人在家族企业之外的工作经历也使其在回归家族企业之后遭遇家族企业内部社会网络关系、企业运作管理的"休克",所以一定时间跨度的内部锻炼非常有必要。6 个案例中,继承人分别有 2 年到 5 年甚至 5 年以上的家族企业内部锻炼。他们初入企业的定位也直接影响企业发展的主方

向,如案例 A、F 中,继承人初入企业时都以技术为导向进行定位,企业之后也围绕技术创新进行演进或者聚焦;案例 B、E 中,继承人初入企业时以管理改革者定位,企业之后也主要在管理上进行演进或者聚焦;案例 C、D 中,继承人初入企业时独立开发业务或者创业,所以企业之后也基于新业务进行了二次创业。

第二节　家族资源输入要素

家族企业文化是"对组织目标和远见的个人信念和支持,自愿为组织做贡献,以及与组织建立关系的意图"(Astrachan,2002)。家族企业文化是家族企业重要的禀赋,由此可以界定家族和企业体系如何共享前景和价值观(Fletcher,Melin,Gimeno,2012)。家族成员和关键人员在家族企业文化的感召下会更加服从于高层的需求和集体的利益(Klein,1991)。本节对家族凝聚力、家族共同价值观、家族分工、社会关系网络构建、传承时机等家族资源输入要素进行分析。

一、家族凝聚力

家族凝聚力主要是基于共同价值观的家族企业内的人际关系状况。其中最关键的要素是家族成员之间的信任、承诺和沟通(Brockow,1992;Kepner,1983;Ketsde Vries,1993),这是家族企业资源有效输入的渠道。

与家族和企业相连的规则通常会在家族企业中相互竞争,从而影响家族成员对企业的承诺和合作的意愿(Aldrich,Cliff,2003;Corbetta,Savato,2004)。即使家族成员在一开始对企业缺乏情感上和程序上的承诺,他们最终可能也会加入并留在家族企业中(Eddleston,Kidwell,2012)。也有研究认为,这些家族企业可以通过完成既定目标、获得巨大成长或者通过创业引导家族成员作出承诺(Eddleston 等,2012),如案例 C、D。信任可以表现在不同的层面如人与人之间、团队之间、组织之间或者整个社会(Eddleston,2010)。在我们选取的 6 个案例中,创始人对继承人都表现出"行动性信任",这种信任不是停留在语言上的,而是表现在创始人的实际行动中,使继承人真切感受到父辈和家族的期望,从而对家族企业有更强的使命感和责任感。如案例 A 中,创始人果断退休、彻底退出就是对儿子的信任;案例 B 中,继承人接任副总,半年后就接手了婆婆的财务审批权,而且公婆基本上不再过问公司的事情;案例 D、E、F 中,继承人基本上都有自己独立负责的公司或者机构,创始人给予激励或者资助但完全不插手。所以,创始人在行动上的实实在在的信任对继承人而言是莫大的鼓励和支持。当然,仅有信任是不够的,家族企业的成功传承还需要有持续的保障措施,所以创始人和继承人之间如何建立起有效的沟通模式,当继承人成为领导者,创始人如何以咨询者的身份出现,为家族企业的持续传承保驾护航,成为传承中后期需要面对的重要问题。6 个案例中,家族沟通方式比较相似,都是家庭用餐时家族成员间自然而然地沟通和交流,这种细水长流式的沟通避免了因长期沟通不畅导致的家庭关系或者家族企业的大问题。

二、以创新为核心的家族共同价值观

纵观 6 个案例,每个案例企业的家族价值观都有革新、创新这样的核心范畴。家族创新反映了一个企业重视技术发展、新产品、新服务或者完善生产线以提升企业竞争优势(Lumpkin,Dess,2005)。创新举措多种多样,包括改变现有产品,引入突破性技术,改变竞争领域的规则等。创新意识通常被视为能在任何市场提供竞争优势的关键(Avlonities,Salavou,2007)。案例 A 中继承人进行了生产技术流程的创新,案例 B 中继承人进行了管理创新,案例 C、D 中继承人进行了产品创新,案例 E 中继承人进行了品牌创新,案例 F 中继承人进行了技术创新,而且这种创新基因是从父辈一直延续下来的,也就是说父辈所强调的价值观在继承人身上也很好地保留下来。

家族共同价值观中,行业专注度也是非常重要的一个范畴。案例 A、D、F 均为子承父业,由于三位继承人从小就生活在家族产业的环境中,理解父辈创业的艰辛,对家族产业有了很深的产业情结,在继承过程中始终专注于该产业的创新。案例 C 虽然转变了产业发展方向,但是依然秉承家族企业所坚持的生命科学的理念,与原来的产业是互补的关系。

三、家族分工

对于企业来说,企业的成长不仅仅是规模的扩大,更多的还表现为内部专业化分工的深入,能够持续裂变出新的部门和岗位。建立在专门知识和技能基础上的分工可以带来"合作剩余",它是要素所有者凭借集体协作获得的超过各自单个活动收益的总和,不仅包括一般的企业剩余,还包括全部的要素准租金,由"协作力"和"集体力"产生的效益(黄桂田、李正全,2002)。家族企业内部专业化分工的发展,是家族企业适应外部环境变化的结果(丁建军、陈赤平,2007)。家族分工主要包括兄弟姐妹、父子、母子、夫妻等家族

关系之间的分工。

　　6 个案例家族中,有 4 个是独生子女家庭,2 个是非独生子女家庭。案例 A 中,兄弟间的分工非常明确,哥哥掌控全局,且主要管理内部生产环节,这也是技术出身的哥哥所擅长的,弟弟则主要管理外部市场,兄弟俩的妻子均不参与企业的经营,明确的分工使家庭关系和谐,内部纷争少。案例 E 中,女婿经营的是家族产业中相对独立的业务领域,即电器公司,这也是在征求了家族成员意见之后,做出的类似"分家"的决策,分开经营之后家族成员责任明晰,分工明确,减少了家庭矛盾。从另外四个案例来审视,我们发现,1979 年实施的独生子女政策对宁波家族企业的传承产生了重要的影响,因为目前宁波大部分接班的二代都出生于 1979 年之后,如案例 B、C、D 和 F 的继承人都是独生子女。家族分工主要表现为在传承过程中创始人和继承人的分工合作。从案例来看主要表现为以下两种形式:一是充分授权,提供经济上的支持,如案例 D 中传承人支持继承人独立创业,不过多干涉;案例 F 中,继承人主管技术研发,父亲充分授权。二是两代人共同合作,如案例 C 中,母女共同创业,母亲对外,女儿对内,在共同合作的过程中母亲逐步放权放手。

　　独生子接班使得家族企业产生了人力资本的限制,创始人的选择变少,有些家族企业甚至面临无人可传的局面(Bertrand,2008)。这种影响在案例中首先体现在女性企业家的出现。按照中国的文化,第一个出生的孩子(特别是男孩)被默认为继承人的第一选择,因为没有更多的可选因素,所以女孩子也成了家族企业继承的中坚力量,如案例 B 中当独生子对继承还未做好准备的时候,创始人将产业传给了儿媳,案例 C 中继承者从一开始对家族产业毫不关心到在父亲的催促下挑起继承的重担。女性传承人有助于营造和谐的企业文化,鼓励高层合作和文化交流。而且由母亲传给女儿,成功性更大(Itiberri,Rey－Biel,2012),这一点案例 C 最为典型。其次体现为跨血缘关系的传承。案例 B 中的儿媳接班、案例 E 中的女婿接班是宁波家族企业跨血缘关系传承的典范,在家族人力资本限制而创始人又坚持家族内传承的情况下,他们也逐步接受了跨血缘关系的传承方式,这一点也凸显了甬商的豁达。

四、社会关系网络构建

　　中国的商业环境深受政治气候的影响,因此创始人与政府部门建立的良好关系对家族企业而言无疑是一笔重要的资产,这样的家族企业可以获得比其他竞争对手更多的优势。研究发现,约40%的中国家族企业创始人具有强大的政治关系网络(Bertrand,2008;Bennedsen,2015);而具有政治关系的中国家族企业创始人更倾向于让他们的二代子女参与到家族企业的管理中,成为CEO或者董事会成员(Xu Nianhang等,2015)。6个案例中,企业的创始人均与地方政府保持着良好的关系,热心于地方公共事务,在当地拥有良好的社会声誉;有的创始人即使已经完成传承,也一如既然地热心于地方公共事务,出资出力,与政府各部门继续保持良性互动。当然,创始人的政府关系资产会在传承过程中逐步介绍给继承人,两代人合力维护。有的企业在管理权的交接上很迅速,但是在社会关系的交接上则会持续很长时间,因为而创始人往往会做足功课,循序渐进。

显然,社会网络资源远不止政治资源,还包括商业资源。家族企业的传承过程也是家族社会关系网络的再构建过程,因为继承人在继承家族社会资源的同时也会积极拓展自己的社会网络资源,案例C、D、E中,继承人均表示父辈的社会资源虽然在传承初期能为他们带去便利,但企业后续经营过程中所需的核心社会资源还需要他们自己去开拓,需要走出企业与外界进行积极互动,如加入一些企业家协会、接触做天使投资的专业人士、学习深造等,以此拓展自身的社会资源,并整合到家族已有的社会关系网络中,实现家族社会关系网络的再构建。

五、传承时机

独生子女因为在家族中无人与之竞争,一般都不急着接班(Cao,2015),因此,要促成继承人实质性的接班,需要具备一些关键性事件。例如,案例B中家族企业接手国外大公司的订单迫使留学归来的继承者紧急接班;案例C中,母公司新芝启动上市计划,产业的扩张成为关键一环,所以易中禾创立,继承人正式接受接班的系统锻炼;案例D中,公司核心人员的离职,继承人不得不带着对家族的责任感挑起家族企业发展重任;案例F中,企业面临转型升级的迫切需求,而继承人恰好从国外带来了新理念和新技术。当然,我们这里选取的案例都是接班较为成功和顺畅的,事实上有相当数量的宁波家族企业面临接班难题,如继承人不愿接班、没有能力接班、接班后绩效表现不佳等。

参考文献

[1] ALAN M, RUGMAN, ALAIN VERBEKE. Edith Penrose's contribution to the resource-based view of strategic management[J]. Strategic Management Journal, 2002, 23(8): 769-780.

[2] ALDRICH H, CLIFF J. The pervasive effects of family on entrepreneurship: Toward a family embeddedness perspective[J]. Journal of Business Venturing, 2003,18(5):573-596.

[3] ALVAREZ S A, BARNEY J B. Resource-based theory and the entrepreneurial firm[M]. //Hitt MA, Ireland R D, Camp S M, et al. ed. Strategic Entrepreneurship: Creating a New Mindset[M]. Oxford: Blackwell Publishers, 2002.

[4] AMIT R, SCHOEMAKER P J H. Strategic assets and organizational rent[J]. Strategic Management Journal, 1993,14(1):33-46.

[5] ASTRACHAN J H, KLEIN S B, SMYRNIOS K X. The F−PEC scale of family influence: Aproposal for solving the family business definition problem[J]. Family Business Review,2002,15(1),45-58.

[6] AVLONITIES G J, Salavou H E. Entrepreneurial orientation of SMEs, product Innovativeness and performance[J]. Journal of Business Research,2007,60(5):566-575.

[7] BANDURA A. Social foundations of thought and action: A social cognitive theory[J]. Pearson Schweiz AG, 1986.

[8] BARRY B. The development of organization structure in the family firm

[J]. Journal of General Management, 1975, 2(3): 42-60.

[9] BATJARGAL B. Internet entrepreneurship: Social capital, human capital, and performance of Internet ventures in China[J]. Research Policy, 2007, (36): 605-618.

[10] BENNEDSEN M, FAN J P H, JIAN M, et al. The family business map: Framework, selective survey, and evidence from Chinese family firm succession[EB/OL]. (2015-01-08)[2016-03-25]. http://dx. doi. org/10. 1016/j. jcorpfin.

[11] BERTRAND M, SCHOAR A, SAMPHANTHARA K, et al. Mixing family with business: A study of Thai business groups and the families behind them[J]. Finance Economy, 2008, (88): 466-498.

[12] BIRD, WELSCH, PISTRUI. Family business research: The evolution of an academic field[J]. Family Business Review, 2002, 15 (4): 337-350.

[13] BIRGER WERNERFELT. A resource-based view of the firm[J]. Strategic Management Journal, 1984, 5(2): 171-180.

[14] BJUGGREN P, SUND L. Strategic decision making in inter generational succession of small and medium-size family-owned business[J]. Family Business Review, 2001, (14): 11-23.

[15] BLOCK J H, MILLER D, JASKIEWICZ P, et al. Economic and technological importance of innovations in large family and founder firms: An analysis of patent data[J]. Family Business Review, 2013 (26): 180-199.

[16] BRUNO DYCKA, MICHAEL MAUWSB, FREDERICK A. STARKEA, et al. Passing the baton: the importance of sequence, timing, technique and communication in executive succession[J]. Journal of Business Venturing, 2002(17): 143-162.

[17] BUNKANWANICHA P, FAN J P H, WIWATTANAKANTANG Y. The value of marriage to family firms[J]. Journal of Financial and Quantitative Analysis, 2013(48): 611-636.

[18] BURKE A E, FITZ ROY F R, NOLAN M A. Self-employment wealth and job creation: the roles of gender, non-pecuniary motivation and entrepreneurial ability [J]. Small Business Economics, 2002, 19 (3):

255-270.

[19] CABRERA-SUA'REZ K, DE SAA'-PEREZ P, GARCA-ALMEIDA D. The succession process from a resource and knowledge-based view of the family firm[J]. Family Business Review, 2001(14):37-47.

[20] CARNEY M. Corporate governance and competitive advantage in family-controlled firms[J]. Entrepreneurship Theory and Practice, 2005 (29):249-265.

[21] CHANDLER G N,HANKS S H. Founder competence, the environment, and venture performance[J]. Entrepreneurship Theory and Practice, 1994(3):77-89.

[22] CHRISMAN J J, CHUA J H,SHARMA P. Trends and directions in the development of a strategic management theory of the family firm [J]. Entrepreneurship Theory and Practice, 2005, 29(3):555-575.

[23] DAS T K, TENG B-S. A Resource Based Theory of Strategic Alliances[J]. Journal of Management, 2000, 26(1):31-61.

[24] DEBICKI, MATHERNE, KELLERMANNS, et al. Family business research in the new millennium: An overview of the who, the where, the what, and the why[J]. Family Business Review, 2009, 22(2):151-166.

[25] DROZDOW N. What is continuity? [J]. Family Business Review, 1998,11 (4).

[26] DYER J W, SANCHEZ. M. Current state of family business theory and practice as reflected in Family Business Review[J]. Family Business Review, 1998(11):287-295.

[27] EDDLESTON K A, KELLERMANNS F W, ZELLWEGER T M. Entrepreneurial behavior of family firms: does stewardship perspective explain the difference? [J]. Entrepreneurship Theory and Practice, 2012(36): 347-367.

[28]EISENHARDT K M,SCHOONHOVEN C B. Organizational growth : Linking founding team, strategy, environment, and growth among US. semiconductor ventures, 1978-1988[J]. Administrative Science Quarterly,1990,35(3):504-529.

[29] ELLUL A, PAGANO M, PANUNZI F. Inheritance law and invest-

ment in family firms[J]. American Economic Review,2010（100）：2414-2450.

[30] ENSLEY M D,PEARSON A W. An exploratory comparison of the behavioral dynamics of top management teams in family and non family new ventures：Cohesion, conflict, potency, and consensus[J]. Entrepreneurship Theory and Practice,2005, 29(3):267-284.

[31] FENN D. Are your kids good enough to run your business? [J]. Inc, 1994：36-48.

[32] FLETCHER D,MELIN L,GIMENO A. Culture and values in family business—A reviewand suggestions for future research[J]. Journal of Family Business Strategy,2012,3(3):127-131.

[33] GALBRAITH C S,EHRLICH S B,DENOBLE A F. Predicting Technology Success：Identifying Key Predictors and Assessing Expert Evaluation for Advanced Technologies[J].Journal of Technology Transfer,2006,31(6):673-684.

[34] HABBERSHON T G. Commentary：A framework for managing the familiness and agency advantages in family firms[J]. Entrepreneurship Theory and Practice, 2005, 30(6)：879-886.

[35] HABBERSHON T G, WILLIAMS M, MAEMILLAN C. A unified systems perspective of family firm performance[J].Journal of Business Venturing, 2003, 18(4):451-465.

[36] HABBERSHON T G,Williams M L. A resource-based framework for assessing the strategic advantages of family firms[J]. Family Business Review,1999, 2(1):1-25.

[37] HAMMERSLEY M. The Dilemma of Qualitative Method：Herbert Blumer and the Chicago Tradition[M]. London:Routledge,1989.

[38] HANDLE W C. Methodological issues and considerations in studying family businesses[J]. Family Business Review, 1989, 2(3):257-276.

[39] HIGGINS M C. Career imprints：Creating leaders across an industry [J]. Family Businesses Review,2005,(16):235-240.

[40] HITT M A,CLIFFORD P G, NIXON R D,et al. Dynamic Strategic Resources：Development, Diffusion & Integration[M]. Chichester：John Wiley & Sons, 1999.

[41] IRIBERRI N, REY-BIEL P. Let's (not) talk about sex: The effect of information provision on gender differences in performance under competition[R]. Working Papers, 2011.

[42] JAY B BARNEY. Firm resources and sustained competitive advantage [J]. Social Science Electronic Publishing,1991(1):99-120.

[43] JERRY CAO, DOUGLAS CUMMING, XIAOMING WANG. Onechild policy and family firms in China[J]. Journal of Corporate Finance. 2015,(1):219-232

[44] JONES G. Socialization tactics, self-efficiency, and newcomers' adjustments to organizations[J]. Academy of Management Journal, 1986, 29(2):262-279.

[45] KATIUSKA CABRERA-SUAREZ, PETRA DE SAA-PEREZ, et al. The succession process from a resource and knowledge-based view of the family[J]. Business Review, 2001,14(1):37-47.

[46] KELLIN E GERSICK. Generation to generation: Life cycles of the family business, cambridge, massachustts [M]. Cmbridge: Harvard Business School Press, 1997.

[47] KEPNER E. The family and the firm: A coevolutionary perspective [J]. Organizational Dynamics,1983,(12):57-70.

[48] KETS DE VRIES, M F R,The dynamics of family controlled firms: The good news and the bad news[J]. Organizational Dynamics,1993, (21):59-71.

[49] KLEIN S B. Der Einflub von Werten auf die Gestaltung von Organisationen. Berlin: Duncker & Humblot,1991.

[50] LAMBREEHT J. Multigenerational transition in family businesses: A new explanatory model [J]. Family Business Review, 2005,18(4): 267-282.

[51] LI H, ZHANG Y. The role of managers' political networking and functional experience in new venture performance: Evidence from China's transition economy[J]. Strategic Management Journal,2007, 28(8):791-804.

[52] LITZ R A, KLEYSEN R F. Your old man shall dream dreams, your young man shall see visions: Toward a theory of family firm innovation

with help from the Brubeck Family[J]. Family Business Review,2001, 14(4):335-351.

[53] LONGENEEKER, SEHOEN. Management Succession in the Family Business[J]. Journal of Small Business Management,1978(3):1-6.

[54] MARGARET A PETERAF. The cornerstones of competitive advantage: A resource-based view[J]. Strategic Management Journal, 1993, 14(3):179-191.

[55] MARQUIS C, TILCSIK A. Imprinting: Toward a multilevel theory [J]. Social Science Electronic Publishing. 2013(7): 195-245.

[56] MILLE D,SHAMSIE J. The resource-based view of the firm in two environments: The Hollywood film studios from 1936 to 1965[J]. Academy of Management Journal, 1996, 39(3):519-541.

[57] MOORES K. Paradigms and theory building in the domain of business families[J]. Family Business Review, 2009, 22(2):167-180.

[58] MORRIS M H, WILLIAMS R O, ALLEN J A, et al. Correlates of success in family business transitions[J]. Journal of Business Venturing, 1997(12):385-401.

[59] MURRAY B. The succession transition process: A longitudinal perspective[J]. Family Business Review,2003,16(1):17-34.

[60] OSBORNE R L. Second-Generation Entrepreneurs: Passing the Baton in the Privately Held Company[J]. Management Decision,1991,29 (1):42-46.

[61] PENROSE E. The Theory of the Growth of the Firm[M]. New York: Oxford University Press, 1959.

[62] PETER JASKIEWICZ, JAMES G COMBS, SABINE B RAU. Entrepreneurial legacy: toward a theory of how some family firms nurture transgenerational entrepreneurship[J]. Journal of Business Venturing. 2015(30):29-49.

[63] POZA E,JOHNSON S, ALFRED T. Changing the family business through Action Research[J]. Family Business Review, 1998,(11):311-323.

[64] QIN F. Transnational mobility, social embeddedness,and new institutions: The return of Chinese engineers from the U S[R]. Working pa-

per,2007.

[65] ROBERT G DONNELY. The Family Business[J]. Family Business Review,1988,1(4):427-445.

[66] SANTIAGO A L. The family in family business: Case of the in-laws in Philippine businesses [J]. Family Business Review, 2011 (24): 343-361.

[67] SHAKER A ZAHRA,JAMES C HAYTON, CARLO SALVATO. Entrepreneurship in family vs. non-family firms:A resource-based analysis of the effect of organizational culture[J]. Entrepreneurship Theory and Practice, 2004, 28(4): 363-382.

[68] SHARMA P,CHRISMAN J J, CHUA J H. Predictors of satisfaction with the succession process in family firms[J]. Journal of Business Venturing, 2003,18(5):667-687.

[69] SHARMA P. An Overview of the Field of Family Business Studies: Current Status and Directions for the Future[J]. Family Business Review, 2004,17(1):1-36.

[70] SHARMA P, MANIKUTTY S. Strategic divestments in family firms: Role of family structure and community culture[J]. Entrepreneurship Theory and Practice, 2005(29): 293-311.

[71] SIEGER P,ZELLWEGER T,NASON R S,et al. Portfolio entrepreneurship in family firms : A resource-based perspective[J]. Strategic Entrepreneurship Journal,2011,5(4):327-351.

[72] SIRMON D,HITT M. Managing resources:Linking unique resources, management and wealth creation in family firms[J]. Entrepreneurship Theory and Practice, 2003.

[73] VENTER E, BOSHOFF C,MAAS G. The influence of successor-related factors on the succession process in small and medium-sized family businesses[J]. Family Business Review, 2005, 18(4):283-303.

[74] STEIER. Next-generation entrepreneurs and succession: An exploratory study of modes and means of managing social capital[J]. Family Business Review,2001,14(3):259-276.

[75] STEWART. Who could best complement a team of family business researchers—scholars down the hall or in another building? [J]. Family

Business Review，2008，21(4)：279-293.

[76] TAN W FOCKFT. Coping with growth transitions：The case of Chinese family businesses in Singapore[J]. Family Business Review，2001(14)：123-152.

[77] WOOD R，BANDURAB A. Social cognitive theory of organizational management[J]. Academy of Management Review，1989，14（3）：361-384.

[78] XU N，YUAN Q，JIANG X，et al. Founder's political connections，second generation involvement，and family firm performance：Evidence from China[J]. Journal of Corporate Finance，2015，33(3)：411-423.

[79] YIN R. Case Study Research-Design and Methods [M]. London：SAGE Publications，1994.

[80] ZAHRA A，HAYTON J C，SALVATO C. Entrepreneurship in family firms. a resource-based analysis of the effect of organizational culture [J]. Entrepreneurship Theory and Practice，2004，28(4)：363-381.

[81] ZAHRA，SHARMA. Family business research：A strategic reflection [J]. Family Business Review，2004，17(4)：331-346.

[82] ZHOU Y U，HSU J Y. Divergent engagements：Roles and strategies of Taiwanese and mainland Chinese returnee entrepreneurs in the IT industry[J]. Global Networks，2011，11(3)：398-419.

[83] Anselm Strauss，Juliet Corbin. 质性研究概论[M].徐宗国，译.台北：巨流图书公司，1997.

[84] 彼得·德鲁克.大变革时代的管理[M].赵干城，译.上海：上海译文出版社，1999.

[85] 丁建军，陈赤平. 信任、专业化分工与家族企业治理机制选择[J]. 财经科学，2007(12)：68-75.

[86] 黄桂田，李正全. 企业与市场：相关关系及其性质——一个基于回归古典的解析框架[J]. 经济研究，2002(1)：72-79.

[87] 克林·盖尔西克，等. 家族企业的繁衍——家庭企业的生命周期[M].贺敏，译. 北京：经济日报出版社，1998.

[88] 卡洛克等.家族企业战略计划[M].梁卿，译. 北京：中信出版社，2002.

[89] 雷丁.海外华人企业家的管理思想——文化背景与风格[M].上海：三联书店，1993.

[90] 李志刚,王迎军.继承式裂变创业的扎根理论方法研究[J].中国海洋大学学报,2007(2):68-72.

[91] 陈寒松.家族企业企业家精神的传承与创新研究[J].东岳论丛,2011(4):173-177.

[92] 陈文婷,杨学儒,李新春.基于过程视角的家族创业研究[J].外国经济与管理,2009,31(2):50-57.

[93] 陈文婷.创业学习与家族跨代企业家的创业选择[J].经济管理,2011(8):38-50.

[94] 陈文婷.家族企业跨代际创业传承研究-基于资源观视角的考察[J].东北财经大学学报,2012(4):3-9.

[95] 陈凌.信息特征,交易成本和家族式组织[J].经济研究,1998(6):27-33.

[96] 陈凌,应丽芬.代际传承:家族企业继任管理和创新[J].管理世界,2003(6):89-97.

[97] 陈凌.民营经济与中国家族企业成长[M].北京:经济科学出版社,2006.

[98] 陈凌,冯晞.2013中国家族企业健康指数报告[M].杭州:浙江大学出版社,2013.

[99] 陈凌.家族涉入、政治联系与制度环境——以中国民营企业为例[J].管理世界,2013(10):130-141.

[100] 陈忠卫,王志成.基于社会资本视角的企业成长模式研究[J].科技创业,2006(4):42-44.

[101] 陈忠卫,张琦.家族企业传承者与继任者间信任关系的研究述评[J].首都经贸大学学报,2014(6):96-103.

[102] 储小平,李怀祖.信任与家族企业的成长[J].管理世界,2003(6):98-104.

[103] 储小平.华人家族企业的界定[J].经济理论与经济管理,2004(1):49-53.

[104] 储小平.家族企业的成长与社会资本的融合[M].北京:经济科学出版社;2004.

[105] 窦军生,贾生华.家族企业代际传承影响因素研究述评[J].外国经济与管理,2006(9):52-58.

[106] 窦军生,贾生华.家族企业代际传承研究的起源、演进与展望[J].外国

经济与管理,2008(1):59-64.

[107] 窦军生.从"造神"到"传神"[J].北大商业评论,2011(4):71-75.

[108] 窦军生,贾生华."家业"何以长青?——企业家个体层面家族企业代际传承要素的识别[J].管理世界,2008(9):105-117.

[109] 窦军生,李生校,邬家瑛."家和"真能"万事"兴吗?——基于企业家默会知识代际转移视角的一个实证检验[J].管理世界,2009(1):108-120.

[110] 晁上.论家族企业权力的代际传递[J].当代财经,2002(5):47-51.

[111] 何轩,陈文婷,李新春.赋予股权还是泛家族化——家族企业职业经理人治理的实证研究[J].中国工业经济,2008(5):109-119.

[112] 何轩,宋丽红,朱坑,李新春.家族为何意欲放手?——制度环境感知、政治地位与中国家族企业主的传承意愿[J].管理世界,2014(2):90-101.

[113] 何莹,赵曙明,王德才.中国家族企业继任模式研究[J].华东经济管理,2013(5):51-57.

[114] 韩朝华,陈凌,应丽芬.传亲属还是聘专家:浙江家族企业接班问题考察[J].管理世界,2005(2):233-145.

[115] 贾生华,窦军生,邬爱其.企业文化供给与家族企业成长——对宁波方太厨具有限公司的案例研究[J].浙江经济,2005(5):40-41.

[116] 贾生华,窦军生,王晓婷.家族企业代际传承研究:基于过程观的视角[M].北京:科学出版社,2010.

[117] 刘学方,王重鸣,唐宁玉,等.家族企业接班人胜任力建模——一个实证研究[J].管理世界,2006(5):96-106.

[118] 李强.家族企业传承模式[J].企业管理,2006(02):88-90.

[119] 李先耀.企业家特异资源、代际传承和家族企业成长关系研究[J].对外经贸,2013(8):108-110.

[120] 吕福新.企业家行为格式——对角色人格管理的探究[J].北京:经济管理出版社,2003.

[121] 吕福新.家族企业的资源,短缺与理念接续[J].管理世界,2003(12):128-136.

[122] Michael Quinn Patton.质的评鉴与研究[M].吴芝仪,李奉儒,译.台北:桂冠图书公司,1990.

[123] 徐宗国.扎根理论研究法——渊源、原则、技术与涵意[J].香港科学

学报,1994(4):35-44.

[124] 宁泽逵.家族企业女儿继承问题研究述评[J].西安财经学院学报,
2011(2):61-65.

[125] 潘必胜.荣家企业组织研究[J].中国经济史研究,1998(2).

[126] 潘必胜.乡镇企业中的家族化经营问题——兼论家族企业在中国的历
史命运[J].中国农村观察,1998(1):14-20.

[127] 钱锡红,徐万里,李孔岳.企业家三维关系网络与企业成长研究—基
于珠三角私营企业的实证[J].中国工业经济,2009(1):87-97.

[128] 邱国珍,叶力前.从民俗学视野看女性在温州家族企业中的代际传承
[J].温州职业技术学院学报,2010(4):5-8.

[129] 宋丽红,李新春,张书军.从家族企业到企业家族:基于分家的多案例
研究[J].管理学报,2012(6):800-808.

[130] 孙海法,黄玉梅.家族企业继任者领导力发展的整合模型——基于李
惠森的案例研究[J].中大管理研究,2014(2):174-195.

[131] 孙治本.家族主义与现代台湾企业[J].社会学研究,1995(5):56-65.

[132] 苏启林,欧晓明.西方家族企业理论研究现状[J].外国经济与管理,
2002(12):6-12.

[133] 王福民.家族性资源、创业导向与企业绩效关系研究[D].长沙:中南
大学,2013.

[134] 王路庄,陈凌.中国家族企业成长中的障碍与出路——第二届"创业与
家族企业成长"国际研讨会侧记[J].管理世界,2006(8):136-139.

[135] 王晓婷.基于家庭视角的家族企业传承研究[D].杭州:浙江大
学,2010.

[136] 魏晋童.温州家族企业代际传承困境及模式演变[J].改革与战略,
2011(6):171-174.

[137] 魏志华,林亚,吴育辉,李常青.家族企业研究:一个文献计量分析[J].
经济学季刊,2013(10):27-56.

[138] 小艾尔弗雷德·D.钱德勒(1977):看得见的手——美国企业的管理
革命[M].重武,译.北京:商务印书馆,1987.

[139] 杨玉秀.家族企业代际传承中的社会资本及其继承与发展[J].南方论
丛,2012(2):81-90.

[140] 杨玥.国内外家族企业研究热点的文献计量分析[J].中国市场,2011
(52):38-39.

[141] 叶银华.家族控股集团、核心企业与报酬互动之研究——台湾与香港证券市场之比较[J].管理评论,1999(2).

[142] 于斌斌.家族企业接班人的胜任—绩效建模——基于越商代际传承的实证分析[J].南开管理评论,2012(3):61-71.

[143] 于飞,刘明霞.我国家族企业代际传承知识转移影响因素分析——一个实证研究[J].科技进步与对策,2013(20):133-139.

[144] 徐萌娜,李建林,王明琳.家族企业隐性知识代际转移研究[J].经济研究,2012(2):95-100.

[145] 余向前.家族企业代际传承与制度创新[J].学术月刊,2007(3):94-99.

[146] 余向前.家族企业子女接班意愿的影响因素分析:基于温州地区的调查[J].软科学,2008(8).

[147] 余向前.家族企业代际传承方式及其路径:152样本[J].改革,2008(3):113-118.

[148] 余向前,张正堂,张一力.企业家隐性知识、交接班意愿与家族企业代际传承[J].管理世界,2013(11):77-88.

[149] 张兵.家族企业代际传承模式研究[D].杭州:浙江大学,2004.

[150] 张珉.我国家族企业与职业经理之间的合作困境及其突破——从信任的角度[D].上海:复旦大学,2004.

[151] 章小兵.隐性知识视野下企业核心能力的提升[J].南京工程学院学报,2007,7(2):32-35.

[152] 朱素英.浙江省家族企业继任调查分析[J].财经论丛,2006(4):96-100.

[153] 朱素英.家族继任理论国际研究综述[J].现代管理科学,2006(7):39-42.

[154] 郑伯埙.差序格局与华人组织行为[J].本土心理学研究,1995(3):142-219.

索　引

后　记

　　本书是浙江万里学院承担的宁波市社会科学院研究基地"甬商研究基地"2014 年课题"宁波家族企业传承模式及典型案例研究"的研究成果。

　　本书写作过程中,得到了许多领导、专家、朋友的支持和帮助,也得到了所选择的案例家族企业的鼎力支持,他们为本书第一手资料的收集提供了非常大的帮助。浙江大学管理学院博士生导师、副院长陈凌教授在百忙之中抽出宝贵时间为课题研究提供指导;宁波市社会科学院林崇建副院长、俞建文处长从选题、立项、研究等方面对本书给予了深入指导;"宁波创二代联谊会"会长、华茂集团有限公司总裁徐立勋先生,宁波赛伯乐甬科投资基金总经理金晖先生,人民日报社宁波记者站负责人邓建军先生为案例企业的选择与论证、案例调研、校企合作等提供了大量直接的帮助和支持;宁波大学商学院彭新敏教授多次提供案例研究方法指导;宁波市社会科学院科研处顾晔老师对基地的研究工作给予了诸多关心和帮助;浙江大学出版社吴伟伟编辑为本书的出版付出了大量心血。甬商研究基地主任、浙江万里学院执行校长应敏教授,党委书记、副校长蒋建军教授,副校长闫国庆教授,校长助理林志华,科技部副部长徐侠民,商学院院长、甬商研究基地首席专家孟祥霞教授等对基地研究工作的开展给予了大力支持,是课题得以顺利完成的重要保障。在本书出版之际一并致以最真诚的感谢!

　　本书由王扬眉副教授负责全书的研究框架、写作思路、研究方法和写作格式的规范统一,并负责第四章、第十一章、第十二章的撰写以及最后定稿;刘美玲老师负责第一章、第二章、第三章的撰写;李爱君、王海波、焦百强分别撰写了第五章至第十章。本书的完成是团队精诚合作的结果,课题组全体成员积极沟通、互相协作、共同努力的结果。俞玥颖、胡梦梦、泮巧楠等同学参与了本书部分资料的收集、整理工作。

　　在调查研究和写作过程中,课题组全体成员多次就一些重大理论和实践问题展开讨论,并尽可能听取了来自各个方面的意见。但由于水平、能力和时间等客观条件的限制,本书难免存在不足,还请各位读者和专家不吝指正。

　　愿我们开展的这项研究伴随中国家族企业的成长和代际传承而不断走向深入。

作　者
2015 年 9 月